José Ortega y Gasset

La révolte des masses

&

Mirabeau ou le politique

Omnia Veritas

José Ortega y Gasset

LA RÉVOLTE DES MASSES

1929 - 1937 pour la première édition française.

Traduit de l'espagnol par LOUIS PARROT

Suivi de :

MIRABEAU OU LE POLITIQUE

Publié par

Omnia Veritas Ltd

www.omnia-veritas.com

PRÉFACE POUR LE LECTEUR FRANÇAIS 7
    1. 7
    2. 11
    3. 18
    4. 30
    5. 41

I. 45
LE FAIT DES AGGLOMÉRATIONS 45

II. 55
LA MONTÉE DU NIVEAU HISTORIQUE 55

III. 65
LA HAUTEUR DES TEMPS 65

IV. 75
LA CROISSANCE DE LA VIE 75

V. 85
UNE DONNÉE STATISTIQUE 85

VI. 93
OÙ L'ON COMMENCE LA DISSECTION DE L'HOMME-MASSE 93

VII. 101
VIE NOBLE ET VIE MÉDIOCRE OU EFFORT ET INERTIE 101

VIII. 109
POURQUOI LES MASSES INTERVIENNENT EN TOUT ET POURQUOI ELLES N'INTERVIENNENT QUE VIOLEMMENT 109

IX. 119
PRIMITIVISME ET TECHNIQUE 119

X 131
PRIMITIVISME ET HISTOIRE 131
XI 141
L'ÉPOQUE DU « SEÑORITO SATISFAIT » 141
XII 153
LA BARBARIE DU « SPÉCIALISME » 153
CHAPITRE XIII 161
LE PLUS GRAND DANGER : L'ÉTAT 161
XIV 171
QUI COMMANDE DANS LE MONDE ? 171
    I 171
    II 176
    III 181
    IV 186
    V 192
    VI 197
    VII 202
    VIII 219
    IX 226
XV 235
OÙ L'ON DÉBOUCHE DANS LA VRAIE QUESTION 235
MIRABEAU OU LE POLITIQUE 239
I 239
II 245
III 250

IV	256
V	262
VI	268
VII	271
VIII	274

José Ortega y Gasset

Préface pour le lecteur français

1

Ce livre, - à supposer que ce soit un livre – date... Il commença à paraître en 1926 dans un quotidien madrilène et le sujet qu'il traite est trop humain pour n'être pas trop affecté par le temps. Il y a des époques surtout où la réalité humaine, toujours mobile, précipite sa marche, s'emballe à des vitesses vertigineuses. Notre époque est de celles-là. C'est une époque de descentes et de chutes. Voilà pourquoi les faits ont pris de l'avance sur le livre. Bien des choses y sont annoncées qui furent très vite un présent et sont déjà un passé. De plus, ce livre ayant beaucoup circulé hors de France pendant ces dernières années, certaines de ses formules sont parvenues aux lecteurs français par des voies anonymes et sont maintenant de purs lieux communs. L'occasion eût donc été excellente de pratiquer ce genre de charité qui convient le mieux à notre temps ne pas publier de livres superflus. Je m'y suis employé de mon mieux, car voilà bien cinq ans que la Maison Stock m'a proposé cette traduction ; mais on m'a expliqué que le corps d'idées contenu dans ces pages n'a pas de réalité flagrante pour les lecteurs français et que, vrai ou faux, il serait utile de le soumettre à leur méditation et à leur critique.

Je n'en suis pas très convaincu ; mais qu'à cela ne tienne. Je voudrais néanmoins que le lecteur français n'aborde pas cette lecture avec des illusions injustifiées. Il s'agit, je le répète, d'une série d'articles publiés dans un journal madrilène à grand tirage et qui s'adressaient, comme presque tout ce que j'ai écrit, à une poignée d'Espagnols que le hasard avait placés sur ma route. Y-a-t-il quelque chance que mes paroles, changeant maintenant de destinataires, réussissent bien à dire à des Français ce qu'elles prétendent énoncer ? Je ne puis guère espérer mieux, car je suis persuadé que parler - comme du reste presque tout ce que fait l'homme - est une opération beaucoup plus illusoire qu'on ne le croit communément. Nous définissons le langage comme le moyen qui nous sert à exprimer nos pensées. Mais toute définition, à moins d'être trompeuse, est ironique, elle implique des réserves tacites et quand on ne l'interprète pas ainsi elle produit des résultats funestes. Comme les autres, notre définition du langage est ironique. Non pas tant parce que le langage nous sert aussi à cacher nos pensées, à mentir. Le mensonge serait impossible si le parler originel et normal n'était pas sincère. La fausse monnaie circule portée par la bonne. En fin de compte la tromperie n'est que l'humble parasite de la naïveté. Non : ce que cette définition a de vraiment dangereux, c'est ce que nous y ajoutons d'optimisme en l'écoutant ; car si elle ne va pas jusqu'à nous dire que grâce au langage nous pouvons exprimer toutes nos pensées avec une justesse suffisante, elle ne nous montre pas non plus la stricte vérité, à savoir qu'il est impossible à l'homme de s'entendre avec ses semblables, que l'homme est condamné à une solitude radicale et s'exténue en efforts pour parvenir à son prochain. De tous ces efforts, c'est le langage qui parfois arrive à exprimer avec le plus d'approximation quelques-unes des choses qui se passent en nous. Rien de plus. Mais d'ordinaire, nous ne faisons pas ces réserves. Au contraire, quand l'homme se met à parler, il le fait pare qu'il croit qu'il va pouvoir dire tout ce qu'il pense. Et voilà l'illusion ! Le langage n'en permet pas tant. Il dit, tant bien que mal, une partie de ce que nous pensons, mais il élève un barrage infranchissable à la transfusion du reste. Il fait l'affaire pour les énoncés et les démonstrations mathématiques. Dès qu'on aborde la physique il commence à devenir équivoque et insuffisant. Mais à mesure que la conversation passe à des thèmes plus importants, plus humains, plus « réels », son imprécision, sa rudesse, son obscurité vont croissant. Dociles au préjugé invétéré selon lequel nous nous entendons en parlant, nous disons et nous écoutons de si bonne foi que nous arrivons bien souvent à créer entre nous beaucoup plus de malentendus que si, muets, nous nous efforcions de nous deviner.

On oublie trop que tout « dire » authentique, non seulement dit quelque chose, mais est dit par quelqu'un à quelqu'un. Dans toute parole il y a un émetteur et un récepteur qui ne sont pas indifférents au sens des mots. Celui-ci varie quand ceux-là varient. *Duo si idem dicunt, non est idem.* Tout mot est occasionnel.[1] Le langage est par essence un dialogue et toutes les autres formes du discours affaiblissent son efficacité. C'est la raison pour laquelle le livre doit devenir de plus en plus comme un dialogue caché ; il faut que le lecteur y retrouve son individualité, prévue, pour ainsi dire, par l'auteur ; il faut que d'entre les lignes, sorte une main ectoplasmique qui nous palpe, souvent nous caresse ou bien nous lance, toujours poliment, de bons coups de poing.

On a abusé de la parole. C'est pour cela que le prestige des mots est tombé si bas. Comme pour tant d'autres choses l'abus a consisté ici à faire usage de l'instrument sans précaution, sans conscience de ses limites. Depuis bientôt deux siècles on croit que parler veut dire parler *urbi et orbi* c'est-à-dire à tout le monde et à personne. Pour ma part, je déteste cette façon de s'exprimer et je souffre quand je ne sais pas d'une manière concrète à qui je parle.

On raconte, - sans trop insister sur la réalité du fait - que pour les fêtes du jubilé de Victor Hugo, une grande réception fut organisée à l'Élysée à laquelle accoururent,

---

[1]. Essai de l'auteur intitulé *History as a system* dans le volume *Philosophy and History*. Mélanges Ernst Cassirer, London, 1936.

apportant leurs hommages, des représentants de toutes les nations. Le grand poète - en posture solennelle de statue, le coude appuyé au marbre d'une cheminée - se trouvait dans la salle de réception. Les délégués des nations se détachaient l'un après l'autre de la masse du public et présentaient leur hommage au Maître ; un huissier les annonçait d'une voix de stentor : « Monsieur le représentant de l'Angleterre », proclamait-il, et Victor Hugo, les yeux en extase, la voix parcourue de trémolos dramatiques, répondait : « L'Angleterre ! Ah, Shakespeare ! » L'huissier poursuivait : « Monsieur le représentant de l'Espagne » ; Victor Hugo, même jeu : « L'Espagne ! Ah, Cervantès ! » « -Monsieur le représentant de l'Allemagne. » - « L'Allemagne ! Ah, Gœthe !... » Mais un petit homme s'avança, lourdaud, jouffu, à l'allure rustique, et l'huissier annonça avec éclat : « Monsieur le représentant de la Mésopotamie. » Alors, Victor Hugo qui était resté jusqu'à ce moment impassible et sûr de lui, parut se troubler. Ses pupilles soudain anxieuses, jetèrent un grand regard circulaire qui paraissait embrasser l'univers, y cherchant en vain quelque chose. Mais il apparut bientôt aux spectateurs qu'il avait trouvé et qu'il dominait derechef la situation. Et avec le même accent pathétique, avec la même conviction, il répondit au représentant grassouillet par ces mots : « La Mésopotamie ! Ah, l'Humanité ! »

J'ai raconté ceci afin de déclarer, sans la solennité d'Hugo, que je n'ai jamais parlé ni écrit pour la Mésopotamie et que je ne me suis jamais adressé à l'Humanité. Cette coutume de parler à l'Humanité, qui est la forme la plus sublime et, pour autant, la plus méprisable de la démagogie, fut adoptée vers 1750 par des intellectuels fourvoyés, ignorants de leurs propres limites ; ces hommes voués par leur profession au discours, au *logos*, l'ont manié sans respect et sans réserve et n'ont pas su y reconnaître un sacrement qui ne doit être administré qu'avec une extrême délicatesse.

2

Cette thèse, qui tient pour si restreint le champ d'action accordé à la parole, pourrait sembler contredite par le fait même que ce livre a trouvé des lecteurs dans presque toutes les langues de l'Europe. Je crois cependant que ce fait est plutôt le symptôme d'une autre réalité, d'une réalité très grave : l'effroyable homogénéité de situation où le monde occidental tout entier sombre de plus en plus. Depuis que ce livre a paru, et par les effets de la mécanique qui y est décrite, cette identité s'est développée d'une manière angoissante. Je dis bien angoissante, car, en effet, ce qui dans chaque pays est senti comme une circonstance douloureuse, multiplie jusqu'à l'infini ses effets déprimants lorsque celui qui en souffre s'aperçoit qu'il n'est guère de lieux sur le continent où la même chose exactement ne se produise. Auparavant, lorsqu'un pays sentait le renfermé, on pouvait l'aérer en ouvrant les fenêtres sur les pays voisins. Mais, à présent, on n'a plus cette ressource. Dans les pays voisins l'air est devenu aussi irrespirable que dans le nôtre. On a l'anxiété de l'asphyxie. Job qui était un redoutable pince-sans-rire, demandait à ses amis, voyageurs et marchands qui avaient circulé de par le monde : « *Unde sapientia venit et quis est locus intelligentiae ?*, Connaissez-vous un lieu du monde où l'intelligence existe ? »

Il convient cependant de distinguer dans cette assimilation progressive des circonstances, deux directions bien distinctes et de sens contraire.

Cet essaim des peuples occidentaux qui prit son vol vers l'histoire sur les ruines de l'antiquité s'est en effet toujours caractérisé par une dualité dans sa forme de vie. Voici, en effet, ce qui s'est produit : en même temps que chacun d'eux forgeait son propre génie, et sur le même rythme, se créait, entre eux et au-dessus d'eux, un répertoire commun d'idées, de manières, d'enthousiasmes. Il y a plus. Ce destin qui les faisait à la fois progressivement homogènes et progressivement divers constitue un paradoxe achevé, il faut bien le comprendre. Chez ces peuples, l'homogénéité n'est jamais étrangère à la diversité, au contraire : chaque nouveau principe d'unité vient y fertiliser la diversité. L'idée chrétienne engendre les églises nationales ; le souvenir de *l'imperium* romain inspire les différentes formes de l'État ; la renaissance des lettres au XVe siècle déclenche les littératures divergentes ; la science et le principe de l'homme conçu comme « raison pure » créent les différents styles intellectuels qui impriment des modalités variées jusque dans les plus lointaines abstractions de l'œuvre mathématique. Enfin, et c'est le comble, l'idée extravagante du XVIIIe d'après laquelle tous les peuples doivent posséder une constitution identique a produit le réveil romantique de la conscience différentielle des nationalités et, en somme, a eu pour effet d'inciter chacun à suivre sa vocation particulière.

C'est que pour tous ces peuples dits européens, vivre a toujours voulu dire - et très nettement depuis le XIe siècle, - depuis Othon III - se mouvoir et agir dans un espace commun, dans une ambiance commune. C'est-à-dire que pour chaque peuple, vivre signifiait *vivre avec*, vivre avec les autres. Cette « vie avec », cette coexistence[2] prenait *indifférem*ment une forme pacifique ou une forme combative. Les guerres inter-européennes ont presque toujours montré un style curieux qui les fait ressembler beaucoup aux querelles domestiques. Elles évitent l'anéantissement de l'ennemi ; ce sont plutôt des épreuves, des luttes d'émulation comme celles qui mettent aux

---

[2] Le texte présente ici une difficulté insoluble. Le mot « convivencia » employé par l'auteur et qui en espagnol est d'usage tout à fait courant, n'a d'équivalent exact en français. Or c'est ici un point du texte qui réclame la plus grande exactitude par son laconisme et sa condensation mêmes. « Convivencia » signifie le fait *que* des êtres humains existent en relation active et mutuelle. Donc, un fait plus simple et antérieur à tout ce qu'on pourrait appeler communauté, société. - Une fois cette indication faite, nous croyons rester fidèles au texte en substituant le mot « coexistence » à celui de « convivencia ».

prises la jeunesse sur la place du village ou les membres d'une famille autour d'un héritage convoité. Chacun à sa manière, tous poursuivent le même but. *Eadem sed aliter.* Comme Charles-Quint disait de François I^e « Mon cousin et moi nous sommes d'accord, tous les deux nous voulons Milan. »

L'important n'est pas qu'à cet espace historique commun, où tous les hommes d'Occident se sentaient chez eux, corresponde un espace physique que la géographie appelle Europe. L'espace historique dont je parle se mesure à son rayon de coexistence effective et durable. C'est un espace social. Or, coexistence et société sont termes équipollents. La société est ce qui se produit automatiquement par le simple fait de la coexistence qui sécrète inévitablement par elle-même des coutumes, des usages, un langage, un droit, un pouvoir public. Une des plus graves erreurs commises par la pensée dite moderne - erreur qui a rejailli jusque sur nous et dont nous pâtissons encore - a été de confondre la société avec l'association, qui en est à peu près le contraire. Une société ne se constitue pas par l'accord des volontés. À l'inverse, tout accord de volonté présuppose l'existence d'une société, de gens qui vivent ensemble et l'accord ne peut consister qu'en une détermination des formes de cette coexistence, de cette société préexistante. L'idée de la société comme réunion contractuelle, donc juridique est la plus absurde tentative que l'on ait jamais faite de mettre la charrue avant les bœufs. Le droit, en tant que réalité - et non pas l'idée qu'en ont le philosophe, le juriste ou le démagogue - est, si l'on me permet l'expression baroque, une sécrétion spontanée de la société. Il ne peut pas être autre chose. Vouloir que le droit régisse les rapports entre des êtres qui ne vivent pas préalablement en société effective, suppose, à ce qu'il me semble - et que l'on me pardonne l'insolence - une idée assez confuse et ridicule du droit.

D'autre part, la prépondérance de cette opinion confuse et ridicule sur le droit ne doit pas nous étonner. Car une des plus grandes infortunes de ce temps c'est que les hommes d'Occident, se heurtant brusquement aux terribles conflits publics d'aujourd'hui, se sont trouvés équipés avec un arsenal archaïque et grossier de notions sur ce qu'est la société, la collectivité, l'individu, la coutume, la loi, la justice, la révolution, etc... Une bonne partie du désarroi actuel est dû à la disproportion entre la perfection de nos idées sur les phénomènes physiques et le scandaleux retard des « sciences morales ». Le ministre, le professeur, le physicien illustre, le romancier ont généralement sur toutes ces choses des idées dignes d'un coiffeur de faubourg. N'est-il pas tout naturel que ce soit le coiffeur de faubourg qui donne le ton à notre époque ? :[3]

Mais reprenons notre route. Je voulais insinuer que les peuples européens forment depuis longtemps une société, une collectivité dans le même sens qu'ont ces mots appliqués à chacune des nations qui la constituent. Cette société présente les attributs de toute société : il y a des mœurs européennes, des usages européens, une opinion publique européenne, un droit européen, un pouvoir public européen. Mais tous ces phénomènes sociaux se manifestent sous une forme appropriée au stade d'évolution atteint par la société européenne, stade qui n'est évidemment pas aussi avancé que celui des membres qui la composent : les nations.

---

[3] Il est juste de dire que c'est en France, et rien qu'en France qu'ont commencé l'éclaircissement et la mise au point de toutes ces notions. Le lecteur trouvera ailleurs des indications là-dessus et sur les causes qui ont amené l'insuccès de ces débuts. Pour ma part, j'ai tâché de collaborer à cet effort d'éclaircissement en partant de la tradition française récente qui, dans cet ordre d'idées, est supérieure à toutes les autres. Le résultat de mes réflexions est exposé dans un livre *L'Homme et les Gens,* qui va être publié incessamment. Le lecteur y trouvera le développement et la justification de tout ce que j'avance ici.

Par exemple, cette forme de pression sociale qu'est le pouvoir public fonctionne dans toute société, même dans ces sociétés primitives où n'existe pas encore un organe spécial chargé de son maniement. Si vous voulez appeler État cet organe différencié à qui l'exercice du pouvoir est confié, dites alors que dans certaines sociétés il n'y a pas d'État ; mais ne dites pas qu'il n'y a pas de pouvoir public. Là où il existe une opinion publique, comment pourrait-il ne pas y avoir un pouvoir public, puisque celui-ci n'est pas autre chose que la violence collective déclenchée par l'opinion ? Or, que depuis des siècles et toujours plus intensément, il existe une opinion publique européenne - et jusqu'à une technique pour influer sur elle - voilà ce qu'il ne serait pas commode de nier.

Je recommande donc au lecteur de réserver pour une meilleure occasion la malignité d'un sourire, lorsque, parvenu aux derniers chapitres de ce livre, il me verra affirmer avec quelque intrépidité, en face des apparences actuelles, une possible, une probable union des États de l'Europe. Je ne nie point que les États-Unis d'Europe sont une des fantaisies les plus pauvres qui existent et je ne me fais pas solidaire de ce que d'autres ont mis sous ces signes verbaux. Mais par ailleurs, il est extrêmement improbable qu'une société, une collectivité aussi mûre que celle que forment déjà les peuples européens, ne soit pas près de créer l'appareil politique d'un État, pour donner une forme à l'exercice du pouvoir public européen déjà existant. Ce n'est donc pas parce que je suis pris au dépourvu devant les sollicitations de la fantaisie, ni par l'effet d'une propension à un « idéalisme » que je déteste et que j'ai combattu toute ma vie, que j'en suis arrivé à parler ainsi. C'est le réalisme historique qui m'a appris à reconnaître que l'unité de l'Europe comme société n'est pas *un idéal* mais un fait d'une très ancienne quotidienneté. Et lorsqu'on a vu cela, la probabilité d'un État général européen s'impose mécaniquement. Quant à l'occasion qui subitement portera le processus à son terme, elle peut être Dieu sait quoi ! la natte d'un Chinois émergeant de derrière les Ourals ou bien une secousse du grand *magma* islamique.

La configuration de cet État supernational sera évidemment très différente des formes habituelles, comme l'État national lui-même l'a été - nous nous efforçons de le démontrer dans les derniers chapitres - de l'État-Cité que les anciens ont connu. J'ai tâché, dans ces pages, de libérer les esprits pour qu'ils puissent rester fidèles à la subtile conception de l'État et de la société que la tradition européenne nous propose.

Il n'a jamais été facile à la pensée gréco-romaine de concevoir la réalité comme dynamisme. Elle ne pouvait pas se déprendre du visible - ou de ce qu'elle y substituait - de même que l'enfant ne comprend bien, d'un livre, que les illustrations. Tous les efforts de ses philosophes pour vaincre cette limitation et passer outre furent vains. Dans toutes leurs tentatives agit, plus ou moins, comme paradigme, l'objet visuel qui, pour eux, est la « chose » par excellence. Ils ne peuvent concevoir qu'une société, un État dont l'unité ait le caractère de contiguïté visuelle, une cité, par exemple. La vocation intellectuelle de l'Européen est opposée. La chose visible lui apparaît, en tant que visible, comme un simple masque, apparence d'une force latente qui s'emploie continuellement à la produire et qui en constitue la véritable réalité... Là où la force, la *dynamis* agit uniformément, il y a une unité réelle, quoique nos yeux ne nous montrent comme manifestation de cette unité, que des choses éparses.

Nous retomberions dans les limitations des anciens si nous ne découvrions l'unité du pouvoir que là où ce pouvoir a déjà pris des masques connus, et pour ainsi dire figés, d'État, c'est-à-dire dans les nations particulières de l'Europe. Je nie résolument que le pouvoir public décisif agissant dans chacune d'elles, consiste uniquement dans son pouvoir public intérieur ou national. Il faut reconnaître enfin, une fois pour toutes, que depuis bien des siècles - et consciemment depuis quatre siècles - les peuples de l'Europe vivent soumis à un pouvoir public si purement dynamique qu'il ne supporte que des dénominations tirées des sciences mécaniques : équilibre européen, *balance of power*. Voilà le vrai gouvernement de l'Europe, celui qui, à travers l'histoire, règle le vol de cet essaim de peuples laborieux et combatifs comme des abeilles, échappé des ruines de l'ancien monde. L'unité de l'Europe n'est pas une fantaisie. Elle est la réalité même ; et ce qui est fantastique c'est précisément l'autre thèse : la croyance que la France, l'Allemagne, l'Italie ou l'Espagne sont des réalités substantives, indépendantes.

On comprend bien pourtant que tout le monde ne puisse percevoir clairement la réalité de l'Europe ; car l'Europe n'est pas une « chose », mais un équilibre. Déjà au XVIIIe siècle l'historien Robertson disait que l'équilibre européen est « *the great secret of modern politics* ».

C'est un secret, en effet, important et paradoxal, car l'équilibre ou la, balance des pouvoirs est une réalité qui consiste essentiellement dans l'existence d'une pluralité. Si cette pluralité se perd, l'unité dynamique s'évanouit. L'Europe est bien un essaim : beaucoup d'abeilles, mais un seul vol.

Ce caractère unitaire de la magnifique pluralité européenne est ce que j'appellerais volontiers la bonne homogénéité, l'homogénéité féconde et désirable, celle qui faisait déjà dire à Montesquieu : « L'Europe n'est qu'une nation composée de plusieurs »,[4] et qui amenait Balzac à parler plus romantiquement de « la grande famille continentale, dont tous les efforts tendent à je ne sais quel mystère de civilisation ».[5]

---

[4] *Monarchie universelle :* deux opuscules, 1891 ; p. 36.

[5] *Œuvres complètes* (Calman-Lévy). Vol. XXII, p. 248.

3

Cette multitude de modes européens surgissant constamment de son unité radicale et y revenant pour l'alimenter à nouveau, voilà le plus grand trésor de l'Occident. Les hommes d'esprit épais n'arrivent pas à concevoir une idée aussi déliée, aussi acrobatique, une idée où la pensée agile ne doit se poser sur l'affirmation de la pluralité que pour bondir sur la confirmation de l'unité, et vice versa. Ces têtes pesantes sont faites pour vivre courbées sous les tyrannies perpétuelles de l'Orient.

Sur toute la surface de l'Occident triomphe aujourd'hui une forme d'homogénéité qui menace de consumer ce trésor. Partout l'homme-masse a surgi - l'homme-masse dont ce livre s'occupe - un type d'homme hâtivement bâti, monté sur quelques pauvres abstractions et qui pour cela se retrouve identique d'un bout à l'autre de l'Europe. C'est à lui qu'est dû le morne aspect, l'étouffante monotonie que prend la vie dans tout le continent. Cet homme-masse, c'est l'homme vidé au préalable de sa propre histoire, sans entrailles de passé, et qui, par cela même, est docile à toutes les disciplines dites « internationales ». Plutôt qu'un homme c'est une carapace d'homme, faite de simples *idola fori*. Il lui manque un « dedans », une intimité inexorablement, inaliénablement sienne, un moi irrévocable. Il est donc toujours en disponibilité pour feindre qu'il est ceci ou cela. Il n'a que des appétits ; il ne se suppose que des droits ; il ne se croit pas d'obligations. C'est l'homme sans la noblesse qui oblige - *sine nobilitate* -le snob.[6]

---

[6] En Angleterre, les listes de recensement indiquaient à côté de chaque nom la profession et le rang de la personne. À côté du nom des simples bourgeois on mettait l'abréviation s *nob* (sans noblesse) ; d'où le mot snob.

Ce snobisme universel qui apparaît si nettement, par exemple, dans l'ouvrier actuel, a aveuglé les âmes et empêche de comprendre que si toute structure acquise de la vie continentale doit en effet être dépassée, encore faut-il que cela se fasse sans perte grave de sa pluralité interne. Mais le snob qui a été vidé de son propre destin, qui ne sent pas qu'il est sur la terre pour accomplir quelque chose de déterminé et d'inchangeable, est incapable de comprendre qu'il y a des missions spéciales et des messages particuliers. Pour cette raison, il est hostile au libéralisme, d'une hostilité qui ressemble à celle du sourd envers la parole. Liberté a toujours signifié en Europe, franchise, libération pour pouvoir être ce que nous sommes authentiquement. L'on comprend que ceux qui savent n'avoir pas d'authentique besogne à remplir aspirent à s'en débarrasser.

Avec une étrange facilité, tout le monde s'est mis d'accord pour combattre et accabler le vieux libéralisme. La chose est suspecte ! car d'habitude les gens ne tombent d'accord, que sur ce qui est un peu vil ou un peu sot. Je ne prétends pas que le vieux libéralisme soit une idée pleinement raisonnable. Comment le serait-il puisqu'il est vieux et que c'est un... « isme » ! Mais je pense qu'il contient une théorie sur la société beaucoup plus profonde et plus claire que ne le supposent ses détracteurs collectivistes - qui commencent par ne pas la connaître. Il y a de plus dans le libéralisme une intuition hautement perspicace de ce que l'Europe a toujours été.

Lorsque Guizot, par exemple, oppose la civilisation européenne à toutes les autres, en faisant remarquer que jamais en Europe aucun principe, aucune idée, aucun groupe, aucune classe n'a triomphé sous une forme absolue et que c'est à cela que sont dus son développement permanent et son caractère progressif, nous ne pouvons-nous empêcher de dresser l'oreille,[7] Cet homme sait ce qu'il dit. L'expression est insuffisante parce qu'elle est négative, mais les mots nous arrivent chargés de visions immédiates. On peut humer sur ceux qui remontent du fond des mers les odeurs abyssales ; des signes aussi subtils et aussi certains nous montrent en Guizot un homme qui revient vraiment des profondeurs du passé européen où il a su se plonger. Car il est incroyable, en effet, que pendant les premières années du XIXe siècle, époque de rhétorique et de confusion, un livre tel que l'Histoire de la civilisation en Europe ait pu être écrit. L'homme d'aujourd'hui y peut encore apprendre comment la liberté et le pluralisme sont deux choses réciproques et constituent toutes les deux l'essence permanente de l'Europe.

Mais Guizot a toujours eu une mauvaise presse, comme d'ailleurs tous les doctrinaires. Pour ma part, je n'en suis pas surpris. Quand je vois s'élancer vers un homme ou un groupe des applaudissements faciles et insistants, comme apprivoisés, je ne puis réprimer un sentiment véhément de défiance à l'égard de cet homme ou de ce groupe : je soupçonne qu'il s'y trouve, à côté peut-être de dons excellents, quelque chose de vraiment impur. Il se peut que je sois victime d'une erreur, mais en ce cas, elle n'a rien de voulu ; c'est l'expérience, au contraire, qui l'a déposée en moi au cours des années. Quoi qu'il en soit, je veux avoir le courage d'affirmer que ce groupe

---

[7] *La coexistence et le combat de principes divers*, p. 35. Nous retrouvons la même idée chez un homme bien différent de Guizot, chez Ranke : « Aussitôt qu'en Europe, un principe, quel qu'il soit, tente de dominer absolument, il se heurte toujours à une résistance qui surgit des profondeurs même de la vie «. (Œuvres complètes, 38, p. 110). Ailleurs (vol. 8 et 10, p. 3) il dit : « Le monde européen se compose d'éléments d'origine différente ; c'est dans leur opposition et leurs luttes que se développent justement les changements des époques historiques. « N'y a-t-il pas dans ces mots de Ranke une influence évidente de Guizot ? Une des causes qui empêchent de voir clairement certaines couches profondes de l'histoire du xlx siècle, c'est le manque d'une étude approfondie sur les échanges d'idées entre la France et l'Allemagne de 1790 à 1830 environ. Peut-être le résultat de cette étude révélerait-il que pendant cette période l'Allemagne a reçu de la France beaucoup plus que la France de l'Allemagne.

de doctrinaires, la risée de tous, l'objet des plus basses plaisanteries, représente à mon avis la plus haute valeur politique du continent au XIXᵉ siècle. Les doctrinaires ont été les seuls à percevoir clairement ce qu'il fallait faire de l'Europe après la grande Révolution ; et ce furent de plus des hommes qui imprimèrent à leur physionomie quelque chose de digne et de distant qui s'opposait à la frivolité et à la vulgarité croissantes du siècle. Les normes créées par la société pour donner une contenance à l'individu n'étaient plus en vigueur : on les avait rompues ; et pour se constituer une dignité l'individu était bien obligé de l'extraire du fond de soi-même. Or, cela ne pouvait aller sans quelque exagération, ne serait-ce que pour se défendre contre l'abandon orgiaque où vivait le milieu. Guizot a su être, comme Buster Keaton, l'homme qui ne rit pas[8]. Il ne s'abandonne jamais. Dans sa personne sont venues se condenser plusieurs générations de protestants nîmois qui avaient toujours vécu sur le qui-vive, sans pouvoir flotter à la dérive, sans se laisser jamais aller à la sollicitation du milieu social. L'impression radicale qu'exister c'est résister, était devenue chez eux un véritable instinct ; ils sentaient pour ainsi dire que la vie consiste à planter les talons dans le sol pour ne pas être entraînés par les courants. Dans une époque comme la nôtre, où tout est « courants » et « abandons », il est bon de prendre contact avec des hommes qui « ne se laissent pas entraîner ». Les doctrinaires représentent un cas exceptionnel de responsabilité intellectuelle ; c'est-à-dire de ce qui a le plus manqué aux intellectuels européens depuis 1750. Et ce défaut est en même temps une des causes profondes du présent désarroi.[9]

---

[8] Guizot, non sans un certain plaisir, raconte à Mme de Gasparin que le pape Grégoire XVI parlant de lui à l'ambassadeur de France, disait : « *E un gran ministro. Dicono che non ride mai* » *(Corresp. avec Mme de Gasparin,* p. 283).

[9] V. *Discours de la responsabilité intellectuelle,* de l'auteur.

Mais je ne sais pas si même en m'adressant à des lecteurs français, je puis parler du doctrinarisme comme d'une grandeur connue. Car, le fait est scandaleux mais vrai, il n'existe pas un seul livre qui s'efforce de préciser ce que pensait ce groupe d'hommes.[10] D'ailleurs, si incroyable que cela paraisse, il n'existe pas davantage de livre moyennement sérieux sur Guizot, ni sur Royer-Collard.[11] Il est vrai que ni l'un ni l'autre n'ont jamais publié un sonnet. Mais enfin, ils ont pensé ; ils ont pensé avec profondeur et originalité sur les problèmes les plus graves de la vie publique européenne ; et ils ont forgé la doctrine politique la plus estimable de tout le siècle. On ne pourra pas reconstruire l'histoire du XIXe siècle si l'on n'acquiert pas une connaissance intime des modalités sous lesquelles les grandes questions se posaient pour ces hommes.[12] Leur style intellectuel n'est pas seulement d'une

---

[10] Le lecteur qui voudra s'informer trouvera maintes fois répétée une formule qui ne fait qu'éluder la question : Que les doctrinaires n'avaient pas une doctrine identique, mais différente de l'un à l'autre. Or, n'est-ce pas là précisément ce qui arrive dans toute école intellectuelle ? N'est-ce pas là la plus importante différence qui distingue un groupe d'hommes d'un groupe de gramophones ?

[11] Dans ces dernières années, M. Charles H. Pouthas s'est voué à la tâche pénible de dépouiller les archives de Guizot et nous a offert dans une série de volumes un matériel absolument indispensable pour le travail ultérieur.de reconstruction. :Mais sur Royer-Collard il n'y a même pas cela. En fin de compte on en est réduit aux études de Faguet sur les idées de ces deux penseurs. C'est ce qui a été publié de meilleur sur la question, mais quoique extrêmement vivantes, ces études sont tout à fait insuffisantes.

[12] Par exemple, personne ne peut avoir la conscience vraiment tranquille - j'entends les personnes qui ont une « conscience » intellectuelle - après avoir interprété la politique de « résistance » comme purement et simplement conservatrice. Il est trop évident que des hommes comme Royer-Collard, Guizot, de Broglie, n'étaient pas des conservateurs sans plus. Le mot « résistance » - dont l'apparition dans le passage de Ranke déjà cité est comme la preuve documentaire de l'influence de Guizot sur le grand historien - acquiert un sens tout nouveau et, pour ainsi dire, nous découvre sa vie organique la plus cachée, lorsque dans un discours de Royer-Collard nous lisons : « Les libertés publiques ne sont pas autre chose que des résistances » (V. de Barante : *La vie et les discours de Royer-Collard*, 2, p.·180). Nous retrouvons encore ici l'inspiration européenne la meilleure, réduisant au dynamique tout le statique. L'*état* de liberté découle d'une multiplicité de forces qui se font résistance mutuellement. Mais les discours de Royer-Collard sont si peu lus aujourd'hui que peut-être semblerat-il impertinent au lecteur que je dise qu'ils

autre espèce, mais d'un autre genre, d'une autre essence même, que les styles qui triomphaient en Europe à cette époque. Aussi ces hommes n'ont-ils pas été compris malgré leur clarté classique. Et cependant il est bien possible que l'avenir appartienne à des tendances intellectuelles très semblables aux leurs. Du moins je puis garantir à celui qui voudrait formuler rigoureusement, systématiquement, les idées des doctrinaires, des plaisirs intellectuels inattendus et une intuition de la réalité sociale et politique complètement différente de l'ordinaire. En eux, s'est conservée active la meilleure tradition rationaliste où l'homme prend avec lui-même l'engagement de chercher des choses absolues. Mais, à la différence du rationalisme lymphatique des encyclopédistes et des révolutionnaires qui trouvent l'absolu dans des abstractions de pacotille, les doctrinaires découvrent que l'histoire est le véritable absolu. L'histoire est la réalité de l'homme. Il n'en a point d'autre. C'est en elle que l'homme est arrivé à se faire tel qu'il est. Nier le passé est absurde et illusoire car le passé c'est le naturel de l'homme qui revient au galop. Si le passé est là, s'il s'est donné la peine de « se passer », ce n'est pas pour que nous le reniions, mais pour que nous l'intégrions.[13] Les doctrinaires méprisaient les « droits de l'homme » parce que ce sont des absolus « métaphysiques », des « abstractions » et des irréalités. Les véritables droits sont les droits qui réellement se trouvent là, parce qu'ils sont apparus et se sont consolidés dans l'histoire ; tels : les « libertés », la légitimité, la magistrature, les « capacités ». S'ils vivaient aujourd'hui, les doctrinaires auraient reconnu le droit à la grève (non politique) et certaines formes du contrat collectif. Pour un Anglais rien de plus évident que tout ceci. Nous autres cependant, les hommes du continent, nous n'en sommes pas encore arrivés à ce stade. Peut-être

---

sont merveilleux, que leur lecture est un pur délice d'intellection, qu'elle est de plus divertissante et même réjouissante et que ces discours constituent la dernière manifestation du. meilleur style cartésien.

[13] V. l'essai déjà cité de l'auteur : *History as a system*.

depuis ainsi vivons-nous avec cinquante ans de retard au moins sur les Anglais.

Mais nos collectivistes actuels sont victimes d'une semblable ignorance de ce qu'était le vieux libéralisme lorsqu'ils supposent, sans plus, comme si la chose était indiscutable, qu'il était individualiste. Sur tous ces sujets, les notions, je l'ai déjà dit, sont des plus confuses. Les Russes de ces dernières années appelaient volontiers la Russie « le Collectif ». Ne serait-il pas intéressant de connaître les idées ou les images que ce mot magique déclenchait dans l'esprit un peu vaporeux de l'homme russe pour qui, très souvent, comme le capitaine italien dont parle Gœthe, *« bisogna aver una confusione nella testa »* ? En face de tout cela, je prierais le lecteur de tenir compte, non pour les accepter mais pour les discuter avant toute sentence, des thèses suivantes :

1° Le libéralisme individualiste appartient à la flore du XVIIIe siècle ; il inspire en partie la législation de la Révolution française, mais il meurt avec celle-ci.

2° La création caractéristique du XIXe siècle a été justement le collectivisme. C'est la première idée que ce siècle invente, dès sa naissance ; et cette idée n'a fait que grossir au cours de ses cent années jusqu"à inonder l'horizon tout entier.

3° Cette idée est d'origine française. Elle apparaît pour la première fois chez les archi-réactionnaires de Bonald et de Maistre. Elle est, dans son essence, acceptée immédiatement, par tout le monde, sans autre exception que Benjamin Constant, un « retardé » du siècle précédent. Mais elle triomphe chez Saint-Simon, chez Ballanche, chez Comte. Elle pullule un peu partout[14] Par exemple, un médecin de Lyon, M.

---

[14] Les Allemands prétendent avoir été les inventeurs du social comme réalité différente des individus et « antérieure » à ceux-ci. Le *Volkgeist* leur semble être une de leurs idées autochtones. Voici un de ces cas qui rendent si recommandable l'étude minutieuse des

Amard, parlera en 1821 du « collectisme » en l'opposant au « personnalisme ». [15] Lisez les articles que *l'Avenir* publie en 1830 et 1831 contre l'individualisme.

Mais voici qui est plus important. Lorsqu'en suivant le siècle, nous en arrivons aux grands théoriciens du libéralisme - Stuart Mill ou Spencer - nous sommes surpris de voir que leur prétendue défense de l'individu ne consiste pas à démontrer que la liberté est bienfaisante ou intéressante pour l'individu, mais au contraire qu'elle est bienfaisante ou intéressante pour la société. L'éclat agressif du titre que Spencer a choisi pour son livre - L'individu contre l'État - a causé l'incompréhension têtue de ceux qui ne lisent des livres que le titre. En effet, individu et État ne signifient, dans ce livre, que deux organes d'un même sujet : la société. Et l'objet de la discussion est de savoir si certaines nécessités sociales sont mieux servies par l'un ou par l'autre organe. C'est tout. Le fameux « individualisme » de Spencer se débat constamment dans l'atmosphère collectiviste de sa sociologie. Et en fin de compte, il résulte que Spencer, comme Stuart Mill, traite les individus avec la même cruauté socialisante que celle des termites envers certains de leurs congénères, qu'ils engraissent pour sucer ensuite leur substance. La primauté du collectif était donc, pour Spencer et pour Mill, la base évidente sur laquelle dansaient ingénument leurs idées.

---

rapports intellectuels franco-germaniques entre 1790 et 1830, dont j'ai parlé plus haut en note. Mais le mot même de *volkgeist* révèle trop clairement qu'il traduit simplement le voltairien « esprit des nations ». Que le collectivisme soit d'origine française n'est pas un pur hasard. Ici influent les mêmes causes qui ont fait de la France le berceau de la sociologie et de son renouveau vers 1890 (Durkhëim).

[15] : V. *La Doctrine de Saint Simon* avec une introduction et des notes de G. Gouglé et E. Halévy (page 204, note). Cette exposition du Saint-Simonisme, faite en 1929, est un des livres les plus géniaux du siècle. D'autre part, le labeur accumulé dans les notes de MM. Bouglé et Halévy représente une des contributions les plus importantes que je connaisse à l'éclaircissement de l'âme européenne entre 1800 et 1830.

Ainsi donc, ma défense du vieux libéralisme est - on le voit - toute chevaleresque, gratuite et désintéressée., car pour ma part, je ne suis rien moins qu'un « vieux libéral ». C'est que la découverte -sans doute glorieuse et essentielle - du social, du collectif, était alors trop récente. Et les libéraux tâtaient plus qu'ils ne voyaient ce fait que la collectivité est une réalité différente des individus et de leur total pur et simple. Mais ils ne savaient pas bien en quoi elle consiste et quels sont ses attributs véritables. D'autre part, les phénomènes sociaux du temps camouflaient la véritable physionomie de la collectivité parce qu'à ce moment, la collectivité avait intérêt à bien engraisser les individus. L'heure du nivellement, de l'expoliation, du partage dans tous les ordres n'avait pas encore sonné. Les « vieux libéraux » s'ouvraient donc au collectivisme qu'ils respiraient sans prendre assez de précautions. Mais, après avoir perçu clairement ce que, dans le phénomène social, dans le simple fait collectif en soi, il y a de bienfaisant, mais, d'un autre côté, de terrible, d'effroyable, nous ne pouvons adhérer qu'à un libéralisme de style radicalement nouveau, moins naïf, de plus adroite belligérance, un libéralisme qui germe déjà, près de s'épanouir, sur la ligne même de l'horizon.

Il était toutefois impossible que des hommes aussi perspicaces que ceux-là n'entrevissent pas à certains moments les angoisses que leur temps nous réservait. Contrairement à la croyance générale, il a été normal au cours de l'histoire de prophétiser l'avenir.[16] Chez Macaulay, chez Tocqueville, chez Comte, nous voyons le moment présent dessiné d'avance. Lisez, par exemple, ce que Stuart Mill écrivait, il y a plus de quatre-vingts ans : « À part les doctrines particulières des penseurs individuels, il y a aussi dans le monde une forte et

---

[16] Un travail facile et très utile - et que quelqu'un devrait entreprendre - serait de réunir les pronostics qui, à chaque époque, ont été faits sur l'avenir prochain. Pour ma part, j'en ai collectionné suffisamment pour être étonné du fait qu'il y a toujours eu des hommes capables de prévoir le futur.

croissante inclination à étendre d'une manière outrée le pouvoir de la société sur l'individu, et par la force de l'opinion et même par celle de la législation. Or, comme tous les changements qui s'opèrent dans le monde ont pour effet d'augmenter la force de la société et de diminuer le pouvoir de l'individu, cet empiétement n'est pas un de ces maux qui tendent à disparaître spontanément ; bien au contraire, il tend à devenir de plus en plus formidable. La disposition des hommes, soit comme souverains, soit comme concitoyens, à imposer leurs opinions et leurs goûts pour règle de conduite aux autres, est si énergiquement soutenue par quelques-uns des meilleurs et quelques-uns des pires sentiments inhérents à la nature humaine, qu'elle ne se contraint jamais que faute de pouvoir. Comme le pouvoir n'est pas en voie de décliner mais de croître, on doit s'attendre, à moins qu'une forte barrière de conviction morale ne s'élève contre le mal, on doit s'attendre, disons-nous, dans les conditions présentes du monde, à voir cette disposition augmenter. »[17]

Mais ce qui nous intéresse le plus chez Stuart Mill, c'est sa préoccupation devant cette homogénéité de mauvais aloi qu'il voyait croître dans tout l'Occident. C'est elle qui le poussa à se réfugier dans une grande pensée émise par Humboldt dans sa jeunesse. Pour que l'être humain s'enrichisse, se consolide et se perfectionne, il faut, dit Humboldt, qu'il existe une « variété des situations ».[18] Ainsi, lorsqu'une possibilité fait faillite, d'autres restent ouvertes. À l'intérieur de chaque nation et dans l'ensemble des nations il faut que des circonstances différentes se produisent. Rien n'est plus insensé que de jouer toute la vie européenne sur une seule carte, sur un seul type d'humanité, sur une « situation » identique. Éviter cela a été la secrète réussite de l'Europe jusqu'à ce jour ; et c'est la

---

[17] Stuart Mill : *La liberté,* trad. par Dupont-White, p. 131- 132.

[18] Gesammelte Schriften, I. p. 106.

conscience ferme ou hésitante de ce secret qui a toujours poussé à parler le *constant* libéralisme européen. En cette conscience, la pluralité continentale se reconnaît elle-même, comme une valeur positive, comme un bien et non comme un mal. J'avais intérêt à éclaircir ce point pour éviter que l'idée d'une super-nation européenne, postulée dans ce livre, ne puisse être mal interprétée.

À suivre la route où nous nous sommes engagés, nous aboutirons tout droit, par la diminution progressive de la « variété des situations », au Bas-Empire, qui fut lui aussi une époque de masses et d'effroyable homogénéité. Déjà sous le règne des Antonins on perçoit clairement un phénomène étrange qui aurait mérité d'être mieux mis en évidence et analysé par les historiens : les hommes sont devenus stupides. Le processus vient de loin. On a dit, avec quelque raison, que le stoïcien Posidonios, le maître de Cicéron, fut le dernier ancien capable de se planter devant les faits, l'esprit ouvert et actif, prêt à les soumettre à ses investigations. Après lui, les têtes s'oblitèrent et, sauf chez les Alexandrins, elles ne font rien d'autres que répéter, stéréotyper.

Mais le symptôme et, en même temps le document le plus accablant de cette forme à la fois homogène et stupide - et l'un par l'autre - que prend la vie d'un bout à l'autre de l'Empire se trouve où l'on s'y attendait le moins et où personne, que je sache, n'a encore songé à le chercher : dans le langage. Le langage, qui ne nous sert pas à dire suffisamment ce que chacun de nous voudrait dire, révèle par contre et à grands cris, sans que nous le veuillons, la condition la plus secrète de la société qui le parle. Dans la partie non hellénisée du peuple romain, la langue en vigueur est celle qu'on a appelée le « latin vulgaire », matrice de nos langues romanes. Ce latin vulgaire n'est pas très connu et nous ne parvenons à lui, en grande partie, que par voie de reconstruction. Mais nous en savons bien assez pour être épouvantés par deux de ses traits essentiels. Le premier est l'incroyable simplification de son organisme grammatical comparé à celui du latin classique. La savoureuse complexité indo-européenne, que la langue des classes supérieures avait conservée, est supplante par un parler plébéien, d'un mécanisme très facile mais aussi - ou par cela même - lourdement mécanique, comme matériel, d'une grammaire bégayante et périphrastique, faite de tentatives et de circuits, comme la syntaxe des enfants. C'est en effet une langue puérile qui ne peut rendre l'arête fine du raisonnement ni les miroitements du lyrisme ; une langue sans lumière, sans chaleur, où l'âme ne peut transparaître et qu'elle ne peut aviver, une langue morne, tâtonnante. Les mots y ressemblent à ces vieilles monnaies de cuivre crasseuses, bossuées et comme lasses d'avoir roulé par tous les bouges de la Méditerranée. Quelles vies évacuées d'elles-mêmes, désolées, condamnées à une éternelle quotidienneté ne devine-t-on pas derrière la sécheresse de cet appareil verbal !

Le second trait qui nous atterre dans le latin vulgaire c'est justement son homogénéité. Les linguistes qui, après les aviateurs, sont les moins pusillanimes des hommes, ne semblent pas s'être particulièrement émus du fait que l'on ait parlé la même langue dans des pays aussi différents que Carthage et la Gaule, Tingis et la Dalmatie, Hispalis et la Roumanie. Mais moi qui suis peureux et tremble quand je vois le vent violenter quelques roseaux, je ne puis, devant ce fait, réprimer un tressaillement de tout le corps. Il me paraît tout simplement atroce. Mais c'est vrai, que j'essaie de me représenter comment était « par dedans » ce qui, vu du dehors, nous apparaît tout bonnement comme de l'homogénéité ; je tâche de découvrir la réalité vivante et vécue dont ce fait est l'immobile empreinte. Nous savons, sans doute, qu'il y avait des africanismes, des hispanismes, des gallicismes dans le latin vulgaire, mais cela démontre justement que le torse même du langage restait commun à tous et identique pour tous, malgré les distances, la rareté des échanges, la difficulté des communications, malgré l'absence de toute littérature qui eût contribué à le fixer. Or, si le Celtibère coïncidait avec le Belge, l'habitant d'Hippone avec celui de Lutèce, le Mauritain avec le Dace, cette unanimité ne pouvait se produire que par un aplatissement général qui réduisait l'existence à sa simple base et annulait leurs vies. Et c'est ainsi que le latin vulgaire conservé dans nos archives témoigne, en une pétrification effrayante, que jadis l'histoire agonisa sous l'Empire homogène de la vulgarité parce que la féconde « variété des situations » avait cessé d'être.

4

Ni ce livre, ni moi nous ne faisons de politique. Le sujet dont je parle ici est antérieur à la politique ; il est dans le sous-sol de la politique. Mon travail est un labeur obscur et souterrain de mine. La mission de celui qu'on a nommé « l'intellectuel » est en un certain sens opposé à celle du politicien. L'œuvre de l'intellectuel aspire -souvent en vain - à éclaircir un peu les choses, tandis que celle du politicien consiste souvent à les rendre plus confuses. Être de gauche ou être de droite c'est choisir une des innombrables manières qui s'offrent à l'homme d'être un imbécile ; toutes deux, en effet, sont des formes d'hémiplégie morale. De plus, la persistance de ces qualificatifs ne contribue pas peu à falsifier encore davantage la « réalité » du présent, déjà fausse par elle-même ; car nous avons bouclé la boucle des expériences politiques auxquelles ils correspondent, comme le démontre le fait qu'aujourd'hui les droites promettent des révolutions et les gauches proposent des tyrannies.

Notre devoir est de travailler aux problèmes du temps. Cela est certain et quant à moi je l'ai fait toute ma vie. J'ai toujours été sur la brèche. Mais une des choses qu'on dit à présent - un des « courants » actuels - c'est que, même au prix de la clarté mentale, tout le monde doit aujourd'hui faire de la politique *sensu stricto*. Ceux qui le disent sont, naturellement, ceux qui n'ont rien d'autre à faire. Et ils le corroborent en citant Pascal et l'impératif de l'abêtissement. Mais il y a longtemps que j'ai appris à me mettre en garde, lorsque j'entends quelqu'un citer Pascal. C'est une élémentaire précaution d'hygiène.

Le politicisme intégral, l'absorption de tout et de tous par la politique n'est que le phénomène même de la révolte des masses, décrit dans ce livre. La masse en révolte a perdu toute capacité de religion et de connaissance, elle ne peut plus contenir que de la politique - une politique frénétique, délirante, une politique exorbitée puisqu'elle prétend supplanter la connaissance, la religion, la « sagesse », en un mot les seules choses que leur substance rend propres à occuper le centre de l'esprit humain. La politique vide l'homme de sa solitude et de sa vie intime, voilà pourquoi la prédication du politicisme intégral est une des techniques que l'on emploie pour le socialiser.

Lorsque quelqu'un nous demande ce que nous sommes en politique ou - prenant les devants, avec l'insolence inhérente au style de ce temps - nous inscrit d'office dans une politique déterminée, nous devons, au lieu de répondre à l'impertinent, lui demander ce qu'il pense qu'est l'homme et la nature et l'histoire, ce que sont la société, l'individu, la collectivité, l'État, la coutume, le droit ; mais la politique s'empresse de faire la nuit pour que tous ces chats soient gris.

Il faut que la pensée européenne projette sur toutes ces questions une clarté nouvelle. Elle est là pour ça et non pour se pavaner dans les assemblées académiques. Et il faut qu'elle se hâte ou, comme dit Dante, qu'elle trouve l'issue :

...studiate il passo
mentre cue l'Occidente non s'annera.
Purg. XXVII, 62-63.

Ce serait la seule chose dont on pourrait attendre - avec quelque vague probabilité - la solution du formidable problème que posent les masses actuelles.

Ce livre n'a pas, tant s'en faut, semblable prétention. Comme l'affirment ses derniers mots, il n'est qu'une première approximation au problème de l'homme actuel. Pour en parler plus sérieusement et plus à fond, il faudrait se résoudre à endosser la tenue des abîmes, vêtir le scaphandre et descendre jusqu'aux tréfonds de l'homme. Il faut le faire, sans prétentions mais résolument ; et je m'y suis efforcé dans un livre qui va paraître prochainement en d'autres langues et dont le titre traduit en français pourrait bien être : *L'homme et les gens.*

C'est lorsque nous nous serons bien pénétrés de la manière d'être de ce type humain qui domine aujourd'hui et que j'ai appelé l'homme-masse, que se lèveront les questions les plus fécondes et les plus pathétiques. Peut-on réformer ce type d'homme ? je veux dire les graves défauts qui sont en lui, si graves que, s'ils ne sont extirpés, ils produiront inexorablement l'annihilation de l'Occident - ces défauts peuvent-ils être corrigés ? Car, ainsi que le lecteur verra, il s'agit d'un type d'homme essentiellement fermé, hermétique, qui ne s'ouvre véritablement à aucune instance supérieure.

L'autre question décisive, celle dont dépend à mon sens toute possibilité de salut est la suivante : les masses peuvent-elles s'éveiller à la vie personnelle, même si elles le veulent ? Je ne puis pas développer ici ce redoutable problème qui est encore trop intact. Les termes dans lesquels il faut le poser n'existent pas encore dans la conscience publique. On n'a même pas esquissé d'étude pour évaluer la marge d'individualité que chaque époque ménage à l'espèce humaine.

Car c'est pure inertie mentale de supposer, selon le « progressisme », qu'à mesure que l'histoire avance, la marge s'élargit qui permet à l'homme d'être un individu personnel, comme le croyait Herbert Spencer, honnête ingénieur mais historien nul. Non, l'histoire dans cet ordre de choses est pleine de reculs ; et peut-être la structure de la vie à notre époque empêche-t-elle au plus haut degré que l'homme vive en tant qu'individu.

À considérer dans les grandes villes d'aujourd'hui ces immenses agglomérations d'êtres humains, allant et venant par les rues ou se pressant dans des fêtes ou des manifestations publiques, une pensée prend corps en moi, obsédante : comment un homme de vingt ans pourrait-il aujourd'hui se faire un projet de vie qui ait une figure individuelle et qui, par conséquent, puisse être réalisé de, sa propre initiative et par ses efforts personnels ? Lorsqu'il essaiera de développer imaginairement cette fantaisie, ne s'apercevra-t-il pas qu'elle est, sinon irréalisable, du moins fort improbable, puisque l'espace manque pour la loger, pour se mouvoir à son gré ? Il constatera bientôt que son projet se heurte à celui du voisin, il sentira combien la vie du voisin opprime la sienne. Le découragement le portera à renoncer, avec la facilité d'adaptation propre à son âge, non seulement à tout acte, mais encore à tout désir personnel ; il cherchera la solution contraire, et imaginera alors pour lui-même une vie *standard*, faite des desiderata communs à tous ; et il comprendra que pour obtenir cette vie, il doit la demander ou l'exiger en collectivité avec les autres. Voilà l'action en masse.

C'est une chose horrible ; mais je ne pense pas qu'il soit exagéré de dire qu'elle représente la situation effective où presque tous les Européens commencent à se trouver. Dans une prison où sont entassés beaucoup plus de prisonniers qu'elle n'en doit contenir, personne ne peut changer de position de sa propre initiative ; le corps des autres s'y oppose.

Dans de telles conditions, les mouvements doivent être exécutés en commun ; même les muscles respiratoires doivent fonctionner au rythme du règlement. Voilà ce que serait l'Europe convertie en termitière. Si encore ce tableau cruel était une solution ! Mais la termitière humaine est impossible, car ce fut ce qu'on a appelé l'individualisme qui a enrichi le monde et *tous* les hommes au monde ; et c'est cette richesse qui a si fabuleusement multiplié la plante humaine. Si les restes de cet « individualisme » disparaissaient, la famine gigantesque du Bas-Empire ferait sa réapparition et la termitière succomberait, emportée par le souffle d'un dieu haineux et vengeur. Il resterait beaucoup moins d'hommes, mais qui le seraient un peu plus.

Devant le pathétique féroce de ce problème - et il pointe déjà à notre horizon, qu'on le veuille ou non, - le thème de la « justice sociale », malgré ce qu'il a de respectable, pâlit et se dégrade au point de n'être plus que le soupir d'un romantisme rhétorique et insincère. Mais ce problème nous aiguille en même temps vers des voies qui peuvent conduire à ce qui est juste et possible dans cette « justice sociale », voies qui ne semblent pas vouloir passer par une misérable socialisation, mais se diriger en droite ligne vers un magnanime « solidarisme ». Le vocable d'ailleurs est encore inopérant, car, jusqu'à présent, on n'y a pas condensé un système énergique d'idées historiques et sociales, et il ne dégage qu'un vague relent de philanthropies.

La condition première pour arriver à une amélioration de la situation présente consiste à se rendre bien compte de son énorme difficulté. C'est alors seulement que nous serons à même d'attaquer le mal dans les profondes couches où il a son origine. Il est en effet très difficile de sauver une civilisation quand son heure est venue de tomber sous le pouvoir des démagogues. Les démagogues ont été les grands étrangleurs de civilisations. Les civilisations grecque et romaine succombèrent entre les mains de cette faune répugnante qui faisait dire à Macaulay : « Dans tous les siècles, les plus vils exemples de la nature humaine ont été trouvés parmi les démagogues ».[19] Mais un homme n'est pas un démagogue simplement parce qu'il s'est mis à crier devant la foule. Dans certains cas, s'adresser ainsi aux foules peut-être une magistrature sacro-sainte. La démagogie essentielle du démagogue, il la porte dans sa tête, elle prend ses racines dans l'irresponsabilité même du démagogue à l'égard des idées qu'il manie, idées qu'il n'a pas créées mais reçues de leurs véritables créateurs. La démagogie, est une forme de dégénération intellectuelle qui, en tant que vaste phénomène de l'histoire européenne, apparaît en France vers 1750. Pourquoi à ce moment ? pourquoi en France ? C'est là un des points névralgiques dans la destinée de l'Occident et spécialement dans la destinée française.[20]

C'est un fait que, depuis ce moment, la France et, par irradiation, presque tout le continent croient que la méthode pour résoudre les grands problèmes humains est la méthode de la révolution, entendant par ce mot ce que déjà Leibnitz appelait une « révolution générale »,[21] la volonté de tout transformer d'un seul coup et dans tous les genres.[22] C'est à cause de cela que cette merveille qu'est la France est arrivée en

---

[19] *Histoire de Jacques II.* - 1. p. 643.

[20] Je me suis permis d'avancer quelques remarques sur ce sujet dans le *Discours de la responsabilité intellectuelle.*

[21] « Je trouve même que des opinions approchantes s'insinuant peu à peu dans l'esprit des hommes du grand monde qui règlent les autres et dont dépendent les affaires, et, se glissant des livres à la mode, disposent toutes choses à la révolution générale dont l'Europe est menacée. » *(Nouveaux essais sur l'entendement humain,* IV, ch. 16). Ceci démontre deux choses : 1° qu'à l'époque où Leibnitz écrivait cela, vers 1700, un homme était capable de prévoir ce qui devait se passer un siècle plus tard ; 2° que les maux présents dont souffre l'Europe ont leur origine dans des régions plus profondes (chronologiquement et vitalement) que ce qu'on suppose d'ordinaire. (page d'avant)

[22] « notre siècle qui se croit destiné à changer les lois en tous genres... » D'Alembert, *Discours préliminaire à l'Encyclopédie,* Œuvres, I., p. 56 (1821).

de si mauvaises conditions à la conjoncture difficile du présent. Car ce pays possède - ou croit posséder - une tradition révolutionnaire. Et s'il est déjà grave d'être révolutionnaire, combien n'est-il pas plus grave de l'être, paradoxalement, par tradition ! Il est vrai qu'en France on a fait une grande révolution et plusieurs sinistres ou risibles. Mais si l'on s'en tient à la vérité toute nue des annales on voit que ces révolutions ont surtout servi à faire vivre la France pendant tout un siècle - sauf quelques jours ou quelques semaines - sous des formes politiques plus autoritaires et plus contre-révolutionnaires qu'en presque aucun autre pays. Et surtout le grand fossé moral de l'histoire française, les vingt années du second Empire furent évidemment la conséquence de la sottise et de la légèreté des révolutionnaires de 1848.[23] Bon nombre d'entre eux avaient appartenu à la clientèle de l'aliéniste Raspail qui l'a lui-même rapporté.

Dans les révolutions, l'abstraction essaie de se soulever contre le concret. Aussi la faillite est-elle consubstantielle à toute révolution. Les problèmes humains ne sont pas abstraits comme ceux de l'astronomie ou de la chimie. Ce sont des problèmes suprêmement concrets, puisque historiques. La seule méthode intellectuelle qui nous permette de les manipuler avec quelques chances de succès, c'est la « raison historique ». Quand on contemple en panorama la vie publique de la France pendant les derniers cent cinquante ans, un fait saute aux yeux : ses géomètres, ses physiciens, ses médecins se sont presque toujours trompés dans leurs jugements politiques ; par contre ses historiens sont tombés généralement plus juste. Mais le rationalisme physico-mathématique a été

---

[23] « Cette honnête, irréprochable mais imprévoyante révolution de 1848 eut pour conséquence, au bout de moins d'un an, de donner le pouvoir à l'élément le plus pesant, le moins clairvoyant, le plus obstinément conservateur de notre pays. » Renan, *Questions Contemporaines*, XVI. Renan qui, en 1848, était jeune et sympathisait avec ce mouvement, se voit à l'âge mûr obligé de faire quelques concessions en sa faveur en supposant qu'il fut « honnête et irréprochable ».

trop glorieux en France, pour n'avoir pas tyrannisé l'opinion publique. Malebranche rompt avec un ami sur la table duquel il a vu Thucydide.[24]

    Ces mois derniers, tout en traînant ma solitude par les rues de Paris, je découvrais qu'en vérité je ne connaissais personne dans la grande ville, personne sauf les statues. Parmi elles, du moins, je rencontrai de vieilles amitiés qui avaient stimulé ma vie intime ou en avaient été les maîtres durables. Et n'ayant personne à qui parler, c'est avec elles que je m'entretins sur de grands thèmes humains. Peut-être un jour, ferai-je imprimer ces *Entretiens avec des Statues* qui ont adouci une étape douloureuse et stérile de ma vie. On y verra les raisonnements que j'échangeai avec le marquis de Condorcet sur le quai de Conti, à propos de la dangereuse idée de progrès. Avec le petit buste de Comte, dans l'appartement de la rue Monsieur-le-Prince, j'ai parlé du « pouvoir spirituel » insuffisamment exercé par des mandarins littéraires et par une Université qui s'est déboîtée de la vie réelle des nations. J'ai eu en même temps l'honneur d'être chargé d'un message énergique que ce buste adresse à l'autre, au grand buste érigé place de la Sorbonne, au buste du faux Comte, du Comte officiel, du Comte de Littré. Mais il était bien naturel que j'eusse intérêt surtout à entendre une fois de plus les paroles de notre maître suprême, Descartes, l'homme à qui l'Europe doit le plus.

    Le hasard qui secoue les dés de mon existence, a voulu que j'écrive ces lignes devant les lieux mêmes de Hollande qui furent habités en 1642 par le nouveau découvreur de la « raison ». L'endroit, qui se nomme Endegeest et dont les arbres ombragent ma fenêtre, est aujourd'hui une maison de fous. Deux fois par jour, je vois passer, à proximité prémonitoire, des idiots et des déments qui sous le ciel bas font prendre le frais à leur humanité en faillite.

---

[24] J.-R. Carré, *La Philosophie de Fontenelle*, p. 143.

Trois siècles d'expérience « rationaliste » nous invitent impérieusement à méditer sur la splendeur et les bornes de cette prodigieuse « raison » cartésienne. C'est une « raison » exclusivement mathématique, physique, biologique. Ses triomphes fabuleux sur la nature dépassent tout ce que l'on pouvait rêver de plus grand. Ils n'en soulignent que mieux son échec en face des sujets proprement humains et la nécessité de l'intégrer dans une autre raison plus profonde et plus radicale qui est la « raison historique ».

Cette raison historique nous révèle la vanité de toute révolution générale, de toute tentative pour transformer subitement une société et pour recommencer l'histoire - comme prétendaient le faire ces hommes de 89, nourris d'idées confuses. À la méthode de la révolution, elle oppose la seule méthode digne de la longue expérience que l'Européen a derrière lui. Les révolutions incontinentes, dans leur hâte hypocritement généreuse de proclamer de nouveaux droits, ont toujours violé, foulé, détruit le droit fondamental de l'homme - si fondamental qu'il est la définition même de sa substance - le droit à la continuité. La seule différence radicale entre l'histoire humaine et « l'histoire naturelle » est que l'histoire humaine ne peut jamais commencer à nouveau. Le psychologue Köhler et bien d'autres encore, ont montré que le chimpanzé et l'orang-outang ne diffèrent pas de l'homme par ce que, rigoureusement parlant, nous nommons intelligence, mais plutôt parce qu'ils ont bien moins de mémoire que nous. Les pauvres bêtes se trouvent chaque matin devant l'oubli de ce qu'elles ont vécu la veille. Leur intellect doit travailler sur un matériel minime d'expériences. De même, le tigre d'aujourd'hui est identique à celui d'il y a six mille ans, parce que chaque tigre doit recommencer à être tigre comme s'il n'y en avait jamais eu avant lui. Mais l'homme, grâce au pouvoir qu'il a de se souvenir, accumule le passé, le sien et celui des ancêtres, il le possède et en profite. L'homme n'est jamais un premier homme ; il ne peut commencer à vivre qu'à un certain niveau de passé accumulé. Voilà son seul trésor, son privilège, son signe. Et la moindre richesse de ce trésor, c'est ce qui nous paraît juste et digne d'être conservé. Non, l'important, c'est la mémoire des erreurs : c'est elle qui nous permet de ne pas toujours commettre les mêmes. Le vrai trésor de l'homme, c'est le trésor de ses erreurs. Nietzsche définit pour cela l'homme supérieur comme l'être « à la plus longue mémoire ». Rompre la continuité avec le passé, vouloir commencer de nouveau, c'est aspirer à descendre et plagier l'orang-outang. Et il me plaît que ce soit un Français, Dupont-White, qui ait eu le courage de s'écrier, vers 1860 : « La continuité est un droit de l'homme ; elle est un hommage à tout ce qui le distingue de la bête. »[25]

J'ai sous les yeux un journal où je viens de lire le compte rendu des fêtes par lesquelles l'Angleterre a célébré le couronnement de son nouveau roi. On dit que depuis longtemps la monarchie anglaise n'est qu'une institution purement symbolique. Cela est vrai ; mais en présentant le fait de cette manière, on laisse échapper ce qu'il a de meilleur. Car, en effet, la monarchie n'exerce dans l'Empire britannique aucune fonction matérielle et tangible. Son rôle n'est point de gouverner, ni d'administrer la justice, ni de commander l'armée. Mais elle n'est pas pour cela une institution vide, en vacance de service. La monarchie exerce en Angleterre une fonction des plus déterminées et hautement efficace : la fonction de symboliser. C'est pourquoi le peuple anglais a, de propos délibéré, donné une splendeur inusitée au rite du couronnement. En face de la turbulence actuelle de tout le continent, il a voulu affirmer les normes permanentes qui règlent sa vie. Il nous a donné une leçon, comme toujours ! Car nous avons toujours pu voir l'Europe telle une troupe de peuples turbulents, - les continentaux - pleins de génie mais exempts de sérénité, jamais mûrs, toujours puérils, et derrière

---

[25] Dans son prologue de la traduction de *La Liberté*, de Stuart-Mill, p. 44.

eux, en fond de tableau, l'Angleterre... comme la *nurse* de l'Europe.

Voilà le peuple qui est toujours arrivé le premier à l'avenir, qui a devancé les autres dans presque tous les ordres. On devrait pratiquement omettre le presque. Or c'est ce peuple qui nous oblige aujourd'hui, non sans quelque impertinence du plus pur dandysme, à assister à un cérémonial vétuste, à voir fonctionner les outils les plus magiques et les plus anciens de son histoire : le Sceptre et la couronne, qui n'ont pour lui jamais cessé d'être actuels, alors que chez nous ils ne régissent plus que les hasards du jeu de cartes. L'Anglais tient à nous faire constater que son passé précisément parce qu'il s'est passé, parce qu'il lui est arrivé à lui, continue d'exister pour lui. D'un futur où nous ne sommes pas encore arrivés, il nous montre un passé en pleine force, en pleine vigueur :[26] Ce peuple circule dans tout son temps ; il est véritablement seigneur de ses siècles dont il conserve l'active possession. Et cela c'est être un peuple d'hommes : pouvoir prolonger son hier dans son aujourd'hui sans cesser pour cela de vivre pour le futur, pouvoir exister dans le vrai présent, puisque le présent n'est que la présence du passé et de l'avenir, le lieu où ils sont effectivement passé et avenir.

Avec les fêtes symboliques du couronnement, l'Angleterre a opposé une fois de plus, à la méthode révolutionnaire la méthode de la continuité, la seule capable d'éviter, dans la marche des choses humaines, cet aspect

---

[26] Ce n'est pas simple manière de parler mais littéralement vrai, car cela s'applique à la branche où les mots « en vigueur » ont aujourd'hui le sens le plus immédiat, c'est-à-dire en droit. En Angleterre, « aucune barrière entre le présent et le passé - sans discontinuité, le droit positif remonte dans l'histoire jusqu'aux temps immémoriaux. Le droit anglais est un droit *historique*. Juridiquement parlant, il n'y a pas « d'ancien droit anglais », « Donc, en Angleterre, tout le droit est actuel, quel qu'en soit l'âge. « Lévy-Ullmann : *Le système juridique de l'Angleterre*, I. p. 38-39.

pathologique qui fait de l'histoire une lutte illustre et sempiternelle entre les paralytiques et les épileptiques.

5

Puisque ces pages se proposent de faire l'anatomie du type humain dominant à notre époque, j'ai dû commencer par la périphérie, par la peau pour ainsi dire, pour pénétrer un peu plus avant dans la direction des viscères. Les premiers chapitres ont donc été nécessairement les plus prompts à vieillir. L'épiderme du temps a changé. Le lecteur devra les lire en se rapportant aux années 1926-1928. La crise avait déjà commencé en Europe, mais elle semblait encore être une crise comme les autres. Les hommes se sentaient encore en pleine sécurité. Ils jouissaient encore des luxes de l'inflation. Et surtout, pensaient-ils, l'Amérique est là ! C'était l'Amérique de la fabuleuse « prosperity ».

De tout ce que j'ai dit dans ce livre, la seule chose qui m'inspire quelque orgueil est de n'avoir pas succombé à l'inconcevable erreur d'optique dont presque tous les Européens, y compris les économistes eux-mêmes, furent alors victimes. Car, il ne faut pas l'oublier, on pensait alors très sérieusement que les Américains avaient découvert une nouvelle organisation de la vie qui annulait pour toujours ces perpétuelles plaies de l'humanité que sont les crises. Pour ma part, je rougissais de voir les Européens - inventeurs de la plus grande chose qui ait été inventée jusqu'à ce jour : le sens historique - s'en montrer si dépourvus en cette occurrence. Le vieux lieu commun : « l'Amérique est l'avenir », avait obscurci un instant leur perspicacité. J'eus alors le courage de m'inscrire en faux contre cette erreur et j'affirmai que l'Amérique, loin d'être l'avenir, était en réalité un passé lointain, puisqu'elle était une façon de primitivisme. Et - à l'encontre aussi de l'opinion courante - cela était et est resté vrai beaucoup plus de l'Amérique du Nord que de l'Amérique du Sud, l'Amérique hispanique. Aujourd'hui on commence à s'en rendre compte et les États-Unis n'envoient plus leurs jeunes filles à notre vieux continent dans le seul but - l'une d'elles me le disait à l'époque - « de se convaincre qu'en Europe il n'y a rien d'intéressant ».[27]

J'ai dû me faire violence, je l'avoue, pour isoler dans ce quasi-livre, du problème total qu'est pour l'homme, et surtout pour l'homme européen, son avenir immédiat, un seul élément : la caractérisation de l'homme moyen devant qui tout aujourd'hui succombe. Pour cela j'ai dû me plier à un dur ascétisme : m'abstenir d'exprimer mes convictions sur tous les sujets que je touche au passage. Plus encore : je me suis souvent vu contraint de présenter les choses sous une forme qui, si elle était la plus favorable pour éclaircir le thème exclusif de cet essai, me permettait moins qu'aucune autre de laisser entendre mes opinions sur ces choses. Un exemple suffira qui est d'ailleurs essentiel. J'ai mesuré l'homme moyen d'aujourd'hui dans sa capacité de continuer la civilisation moderne et dans son degré d'adhésion à la culture. On croirait à m'entendre que ces deux grandeurs - la civilisation et la culture - sont pour moi hors de cause. Or ce sont elles précisément qui sont mon problème et, en elles, la science et la démocratie libérale. Mais je ne devais pas compliquer les choses. Quelle que soit notre attitude vis-à-vis de la civilisation et de la culture, l'anomalie que représente l'homme-masse est là comme un facteur de premier ordre avec lequel il faut compter. Il était urgent d'en isoler crûment les symptômes.

Le lecteur français ne doit donc rien attendre de plus de ce volume, qui n'est, en fin de compte, qu'un essai de sérénité dans la tourmente.

---

[27] Voir l'essai de l'auteur : *Hegel et l'Amérique*, 1926 et les articles sur les États-Unis publiés peu après.

« Het witte Huis ».

Oegstgeest (Hollande).

Mai, 1937.

JOSÉ ORTEGA Y GASSET

I.

LE FAIT DES AGGLOMÉRATIONS

L'avènement des masses au plein pouvoir social - qu'on y voit un bien ou un mal - est le plus important des faits qui soient survenus dans la vie publique de l'Europe actuelle. Mais comme par définition, les masses ne doivent ni ne peuvent se gouverner elles-mêmes, et encore moins régenter la société, ce fait implique que l'Europe traverse actuellement la crise la plus grave dont puissent souffrir peuples, nations et cultures. Cette sorte de crise est survenue plus d'une fois dans l'Histoire. On en connaît la physionomie et les conséquences, on en connaît aussi le nom ; c'est la Révolte des Masses.

Pour la meilleure intelligence de ce phénomène, on évitera, tout d'abord, de donner aux mots « révolte », « masses », « pouvoir social », un sens exclusivement politique, ou tirant de la politique son origine. La vie publique n'est pas seulement politique, mais à la fois, et même avant tout, intellectuelle, morale, économique et religieuse ; elle embrasse toutes les coutumes collectives, et comprend jusqu'à la façon de se vêtir, jusqu'à celle de jouir de la vie.

Le meilleur moyen de prendre contact avec ce phénomène historique serait peut-être de nous reporter à une expérience visuelle de notre époque ; soulignons un de ses traits les plus caractéristiques, les plus frappants.

Ce trait, d'une analyse complexe, est bien facile à énoncer. Je le nommerai le phénomène de l'agglomération, du « plein ». Les villes sont pleines de population ; les maisons, de locataires. Les hôtels sont remplis de pensionnaires ; les trains, de voyageurs ; les cafés, de consommateurs ; les promenades, de passants. Les salles d'attente des médecins célèbres sont envahies de malades, et les spectacles - à moins qu'ils ne soient trop déconcertants, trop intempestifs - regorgent de spectateurs. Les plages fourmillent de baigneurs. Ce qui, autrefois, n'était jamais un problème, en devient un presque continuel aujourd'hui : trouver de la place.

Restons-en là. Existe-t-il dans la vie actuelle un fait plus simple, plus notoire et plus constant ? Creusons un peu cette observation, banale en apparence ; nous serons surpris d'en voir jaillir une source inattendue, où la lumière blanche du jour, de *ce* jour, du temps présent, se décompose en tout son riche chromatisme intérieur.

Que voyons-nous donc ? Pourquoi ce spectacle nous surprend-il ainsi ? La foule, en tant que foule, s'est tout naturellement appropriée des locaux et des machines créées par la civilisation. Mais à peine y réfléchissons-nous un instant, que nous nous surprenons de notre propre surprise. Eh bien ! quoi ! N'est-ce pas là l'idéal ? Le théâtre a des places pour qu'on les occupe, c'est-à-dire pour que la salle soit pleine ; pour la même raison, les wagons du chemin de fer ont leurs banquettes, et les hôtels leurs chambres. Sans doute, mais il est bien certain qu'autrefois, aucun de ces établissements et de ces véhicules n'était habituellement plein. Aujourd'hui, ils regorgent de monde, et, au dehors, grossit une foule impatiente d'en profiter à son tour. Bien que ce fait soit logique, naturel, il est hors de doute qu'il ne se produisait pas auparavant, et qu'il se produit aujourd'hui. Ainsi un changement est survenu, une innovation qui, tout au moins de prime abord, justifie notre surprise.

Être surpris, s'étonner, c'est déjà commencer à comprendre. L'étonnement est le sport, le luxe propre à l'intellectuel, dont l'attitude familière, la « déformation professionnelle », consiste à regarder le monde les yeux agrandis par la surprise. Tout ce qui existe au monde est étrange et merveilleux pour des pupilles bien ouvertes. Cet étonnement, jouissance interdite au footballeur, emporte l'intellectuel à travers le monde, dans une perpétuelle ivresse de visionnaire. L'étonnement est un de ses attributs. Et c'est pourquoi les anciens représentaient Minerve avec la chouette, l'oiseau dont les yeux sont toujours éblouis.

L'agglomération, le plein, ce phénomène n'était pas fréquent autrefois. Pourquoi l'est-il aujourd'hui ?

Les individus qui composent ces foules ne sont pourtant pas surgis du néant. Il y a quinze ans, il existait à peu près le même nombre d'êtres qu'aujourd'hui. Il semblerait naturel qu'après la guerre ce nombre eût diminué. Or, nous nous heurtons ici à une première remarque importante. Les individus qui composent ces foules existaient avant, mais non en tant que foule. Disséminés dans le monde, en petits groupes, ou isolés, ils menaient apparemment une vie divergente, dissociée, distante. Chacun d'eux - individu ou petits groupes - occupait une place, sa place légitime peut-être, à la compagne, au village, à la ville, dans le faubourg d'une grande cité.

Aujourd'hui, sans transition, ils apparaissent sous l'aspect de groupements et nous voyons des foules de tous côtés. De tous côtés ? Non pas. Mais précisément aux meilleures places, créations relativement raffinées de la culture humaine, aux places réservées auparavant à des groupes plus restreints, en somme à des minorités.

Brusquement, la foule est devenue visible, s'est installée aux places de choix de la société. Autrefois, si elle existait, elle passait inaperçue au fond de la scène sociale. Aujourd'hui, elle s'est avancée vers la rampe ; elle est devenue le personnage principal. Les protagonistes ont disparu ; il n'y a plus maintenant que le chœur.

La notion de foule est quantitative et visuelle. En la traduisant, sans l'altérer, dans une terminologie sociologique, nous y découvrons l'idée de masse sociale. La société est toujours l'unité dynamique de deux facteurs, les minorités et les masses. Les minorités sont des individualités ou des groupes d'individus spécialement qualifiés. La masse est l'ensemble de personnes non spécialement qualifiées. Il faut donc se garder d'entendre simplement par masses les seules « masses ouvrières » la masse, c'est l'homme moyen. C'est ainsi que ce qui était une simple quantité -la foule - prend une valeur qualitative : c'est la qualité commune, ce qui est à tous et à personne, c'est l'homme en tant qu'il ne se différencie pas des autres hommes et n'est qu'une répétition du type générique. Mais qu'avons-nous gagné à cette conversion de la quantité en qualité ? C'est bien simple. La qualité nous a fait comprendre la genèse de la quantité. Il est évident, et même enfantin, que la formation normale d'une foule implique une coïncidence de désirs, d'idées, de manières d'être, chez les individus qui la composent. On objectera que ceci se produit pour tous les groupes sociaux, aussi sélectionnés qu'ils se prétendent l'être. En effet, mais il y a ici une différence essentielle.

Dans les groupes dont le caractère est justement de n'être pas des foules, ni des masses, les coïncidences affectives de leurs membres consistent en quelque désir, en quelque idée ou idéal qui, de lui-même, exclut le grand nombre. Pour former une minorité, quelle qu'elle soit, il faut que tout d'abord chaque membre se soit séparé de la foule pour des raisons *spéciales,* plus ou moins individuelles. La coïncidence qui l'unit aux autres membres formant la minorité est donc secondaire, postérieure au moment où chacun d'eux s'est différencié de la masse ; elle est en grande partie, par conséquent, une coïncidence « à ne pas coïncider ». Il y a des cas où ce caractère de différenciation du groupe apparaît au grand jour : les groupes anglais qui se dénomment eux-mêmes « non-conformistes » sont composés d'individus qui ne s'accordent que dans leur « non-conformité », vis-à-vis de la foule illimitée. Cet élément qui produit l'union du petit nombre, pour mieux le séparer du grand nombre, est toujours implicite dans la formation de toute minorité. Parlant du public très restreint qui écoutait un musicien raffiné, Mallarmé notait avec esprit que ce public soulignait par sa rare présence l'absence multitudinaire de la foule.

La masse peut donc, à la rigueur, se définir en tant que fait psychologique, sans même attendre que les individus apparaissent sous forme de groupements. En voyant un individu, nous pouvons affirmer s'il appartient ou non à la masse, s'il est masse ou non. Un individu fait partie de la masse, lorsque non seulement la valeur qu'il s'attribue - bonne ou mauvaise - ne repose pas sur une estimation justifiée de qualités spéciales, mais lorsque, se sentant comme tout le monde, il n'en éprouve cependant aucune angoisse, et se sent à l'aise, au contraire, de se trouver identique aux autres. Imaginez un homme modeste qui, essayant d'estimer sa propre valeur, se demande s'il ne possède pas quelque talent, dans tel ou tel domaine et constate, en fin de compte, qu'il ne possède aucune qualité saillante. Cet homme se sentira médiocre, vulgaire, peu doué, mais il ne se sentira pas « masse ».

Quand on parle de « minorités d'élite », il est courant que les gens de mauvaise foi dénaturent le sens de cette expression et feignent d'ignorer que l'homme d'élite n'est pas le prétentieux qui se croit supérieur aux autres, mais bien celui qui est plus exigeant pour lui que pour les autres, même lorsqu'il ne parvient pas à réaliser en lui ses aspirations supérieures. Il est indéniable que la division la plus radicale qui se puisse faire dans l'humanité est cette scission en deux classes d'individus : ceux qui exigent beaucoup d'eux-mêmes, et accumulent volontairement devoirs sur difficultés, et ceux qui, non seulement n'exigent rien de spécial d'eux-mêmes, mais pour lesquels la vie n'étant à chaque instant que ce qu'elle est déjà, ne s'efforcent à aucune perfection et se laissent entraîner comme des bouées à la dérive.

Ceci me rappelle que le bouddhisme orthodoxe se compose de deux religions distinctes : l'une, rigoureuse et ardue ; l'autre, plus accessible et grossière : le Mahayana, « grand véhicule » ou « grand chemin » - et l'Hinayana, « petit véhicule » ou « petit chemin ». Ce qui est décisif c'est le choix que fait l'individu de l'un ou l'autre de ces véhicules, d'un maximum ou d'un minimum d'exigences.

La division de la société en masses et en minorités d'élites, n'est donc pas une division en classes sociales, mais plutôt en classes d'hommes, et cette division ne peut coïncider avec un tableau hiérarchique en classes supérieures et inférieures. Il est évident que l'on trouvera dans les classes supérieures, lorsqu'elles sont devenues vraiment supérieures, une plus grande quantité d'hommes qui adopteront le « grand véhicule », que dans les classes inférieures, normalement constituées par des individus neutres, sans qualité. Mais on pourrait trouver à la rigueur une masse et une minorité authentiques dans chaque classe sociale. Comme nous le verrons, une des caractéristiques de notre temps est la prédominance de la masse et du médiocre, jusque dans les groupes où la sélection était traditionnelle. Dans la vie intellectuelle qui requiert et suppose, par son essence, le discernement de la qualité, on remarque le triomphe progressif des pseudo-intellectuels non qualifiés, non qualifiables, et que la contexture même de leur esprit, disqualifie. Le même phénomène se produit dans les groupes survivants de la « noblesse » masculine et féminine. En revanche, il n'est pas rare de rencontrer aujourd'hui parmi les ouvriers, qui pouvaient autrefois être pris comme l'exemple le plus précis de ce que nous appelons « masse », des esprits au plus haut point disciplinés.

Or, il existe dans la société des opérations, des activités, des fonctions d'ordres les plus divers, qui, par leur nature même sont spéciales, et par conséquent ne peuvent être bien exécutées sans dons, eux aussi spéciaux. Par exemple, certains plaisirs de caractère artistique et luxueux, certaines fonctions de gouvernement et de jugement politique dans les affaires publiques. Ces activités spéciales incombaient autrefois à des minorités qualifiées – ou qui tout au moins avaient la prétention de l'être. La masse ne prétendait pas intervenir : elle se rendait compte que si elle voulait intervenir, il lui fallait nécessairement acquérir ces dons spéciaux et cesser d'être masse. Elle connaissait parfaitement son rôle dans une salutaire dynamique sociale.

Si nous revenons maintenant aux faits que nous avons énoncés au début, ils nous apparaîtront clairement comme les signes avant-coureurs d'un changement d'attitude dans la masse. Ces symptômes paraissent tous indiquer que la masse a résolu de s'avancer au premier plan social, d'en occuper les places, d'en utiliser les instruments et de jouir des plaisirs réservés autrefois au petit nombre. Il est évident par exemple que les édifices, étant donné leurs dimensions réduites, n'étaient pas prévus pour les foules ; et pourtant la foule en déborde constamment ; nous avons là une preuve visible de ce fait nouveau : la masse, sans cesser d'être masse, supplante les minorités.

Je crois que personne ne déplorera que les individus jouissent aujourd'hui de la vie, dans une plus grande mesure et en plus grand nombre qu'avant, puisqu'ils ont acquis les désirs et les moyens de le faire. Ce qui est déplorable est que cette décision prise par les masses d'assumer les activités propres aux minorités, non seulement ne se manifeste et ne peut se manifester que dans l'ordre des plaisirs, mais qu'elle est un signe général des temps. Ainsi - anticipons un peu sur ce que nous verrons plus loin - je crois que les innovations politiques de ces dernières années ne signifient pas autre chose que la domination politique des masses. La vieille démocratie était tempérée par une abondante dose de libéralisme et d'enthousiasme envers la loi. L'individu qui servait ces principes s'obligeait à maintenir en lui-même une discipline rigoureuse. Protégées par le principe libéral et la règle juridique, les minorités pouvaient agir et vivre. Démocratie, loi et communauté légale étaient synonymes. Aujourd'hui nous assistons au triomphe d'une hyper-démocratie dans laquelle la masse agit directement sans loi, imposant ses aspirations et ses goûts au moyen de pressions matérielles. Ce serait mal interpréter les situations nouvelles que de croire que la masse s'est lassée de la politique et en a confié la direction à certains individus. Bien au contraire. C'était ce qui se passait auparavant. C'était la démocratie libérale. La masse estimait que, tout compte fait, les minorités de politiciens, en dépit de leurs défauts et de leurs tares, s'entendaient un peu mieux qu'elle aux problèmes publics. Aujourd'hui, au contraire, les masses croient qu'elles ont le droit d'imposer et de donner force de loi à leurs lieux communs de café et de réunions publiques. Je doute qu'il y ait eu d'autres époques dans l'histoire où la masse soit parvenue à gouverner aussi directement que de nos jours. C'est pourquoi je puis parler d'une hyper-démocratie.

Il en est de même dans tous les domaines, et plus spécialement dans l'ordre intellectuel. Je fais peut-être erreur, mais quand l'écrivain se propose de traiter un thème qu'il a longuement étudié, il doit penser que si le lecteur moyen - qui ne s'est jamais occupé du sujet - le lit, ce n'est pas dans le but d'apprendre quelque chose de l'auteur, mais au contraire pour le censurer, si le texte ne coïncide pas avec les lieux communs dont sa tête est pleine. Si les individus qui composent la masse se croyaient spécialement doués, nous n'aurions ici qu'un cas d'erreur personnelle, et non un bouleversement sociologique.

La caractéristique du moment, c'est que l'âme médiocre, se sachant médiocre, a la hardiesse d'affirmer les droits de la médiocrité et les impose partout. Comme on dit en Amérique du Nord, être différent est indécent. La masse fait table rase de tout ce qui n'est pas comme elle, de tout ce qui est excellent, individuel, qualifié et choisi. Quiconque n'est pas comme tout le monde, ne pense pas comme tout le monde, court le risque d'être éliminé. Et il est évident que ce « tout le monde » n'est plus « tout le monde ». Tout le monde, c'était normalement l'unité complexe de la masse et des minorités dissidentes, spécialisées. Aujourd'hui « tout le monde » c'est seulement la masse.

Voilà en quoi consiste le fait caractéristique de notre temps que nous avons décrit ici sans chercher à dissimuler la brutalité de son apparence.

II

LA MONTÉE DU NIVEAU HISTORIQUE

Voilà en quoi consiste, disais-je, le fait caractéristique de notre temps. Nous l'avons décrit ici sans chercher à dissimuler la brutalité de son apparence. De plus, ce fait est absolument nouveau dans l'histoire de notre civilisation. Jamais rien d'analogue ne s'est produit au cours de son développement. Si nous étions tenus de retrouver un phénomène semblable nous devions rechercher en deçà de notre histoire et redescendre dans un monde, dans un élément vital, complètement différent du nôtre ; nous devrions pénétrer dans le monde antique et le surprendre à l'heure de son déclin. L'histoire de l'Empire romain est, elle aussi, l'histoire du soulèvement et de la domination de ces masses qui absorbent et annulent les minorités dirigeantes et s'installent à leur place. À ce moment-là, se produisit également le phénomène de l'agglomération, du plein. C'est pour cela - Spengler l'a très bien observé - qu'il fallut, comme aujourd'hui, construire d'énormes édifices. L'époque des masses, c'est l'époque du colossal.[28]

Nous vivons sous la domination brutale des masses. C'est volontairement que, par deux fois, j'ai appelé « brutale » cette domination ; maintenant que nous avons payé notre tribut, nous sommes en règle avec le Dieu des lieux communs ;

---

[28] Ce qu'offre de tragique ce processus, c'est qu'au moment même où se formaient ces agglomérations, commençait un dépeuplement des campagnes, qui devait entraîner progressivement la diminution du nombre des habitants de l'Empire.

à présent, munis de notre sauf-conduit, nous pouvons entrer allégrement dans le sujet, voir le spectacle de l'intérieur. Croyait-on que j'allais me contenter de cette description, exacte peut-être, mais extérieure, et qui n'est seulement que le dehors, l'apparence, l'aspect sous lequel se présente ce fait surprenant quand on le regarde du passé ? Si j'abandonnais ici ce sujet, si j'interrompais, sans plus, mon présent essai, le lecteur en viendrait à penser, avec juste raison, que ce fabuleux avènement des masses à la surface de l'histoire, ne m'a pas inspiré autre chose que quelques remarques dédaigneuses, irritées, où se mêlerait un peu d'aversion et non moins de dégoût ; d'autant plus qu'il est notoire que je soutiens une interprétation de l'histoire radicalement aristocratique.[29] Radicalement certes, parce que je n'ai jamais dit que la société *devait* être aristocratique, mais beaucoup plus que cela. J'ai dit, et je continue à croire avec une conviction chaque jour plus ferme, que la société humaine *est* toujours aristocratique, qu'elle le veuille ou non, par son essence même ; à tel point qu'elle n'est société que dans la mesure où elle est aristocratique, et cesse d'être société lorsqu'elle perd son aristocratie. Bien entendu, je parle de la société et non de l'État. Il n'est personne qui puisse croire que, devant ce fabuleux bouillonnement de la masse, l'attitude aristocratique consiste à ne faire qu'une légère moue, à la manière d'un petit marquis de Versailles. Versailles - j'entends le Versailles des révérences - ne représente pas l'aristocratie, mais tout au contraire, la mort et la putréfaction d'une magnifique aristocratie ; ce qu'il restait de vraiment aristocratique à ces êtres, c'était cette grâce fière, avec laquelle ils savaient tendre leur cou au couperet de la guillotine ; ils l'acceptaient comme l'abcès accepte le bistouri. Non certes ; pour celui qui a le sens de la mission profonde de l'aristocratie, le spectacle de la masse est une incitation brûlante, comme la présence du

---

[29] Voir « *España invertebrada*.

marbre vierge pour le sculpteur. L'aristocratie sociale n'a rien de commun avec ce petit groupe restreint qui prétend s'attribuer lui-même le nom de « société », qui se déclare lui-même « la société », et pour lequel la vie consiste seulement à s'inviter et à ne pas s'inviter. Comme tout en ce monde a son rôle et sa mission, ce petit « monde élégant » a aussi les siens ; mais sa mission est bien subalterne et ne se peut comparer avec la tâche herculéenne des authentiques aristocraties. Je parlerais volontiers du véritable sens que possède cette vie élégante qui en a si peu en apparence ; mais notre sujet est autre et de plus grande envergure. D'ailleurs, il est certain que cette « société distinguée » est elle aussi en accord avec son temps. J'ai beaucoup médité sur la réflexion de cette charmante jeune femme très à la page, étoile de première grandeur au zodiaque de l'élégance madrilène, qui me confiait « qu'elle ne pouvait souffrir un bal auquel on aurait invité moins de huit cents personnes ». Cette réflexion me fit constater combien le style de la masse triomphe aujourd'hui dans tout le champ vital et s'impose même dans les derniers retranchements qui paraissaient réservés jusqu'ici aux *happy few*.

Je repousse aussi bien toute interprétation de notre temps qui ne met pas en relief la signification positive cachée sous la domination actuelle des masses que toutes les interprétations qui l'acceptent béatement sans en frémir d'effroi. Tout destin est dramatique et tragique si on le scrute jusqu'au fond. Celui qui n'a pas senti sous sa main palpiter le péril du temps, n'est pas arrivé jusqu'au cœur du destin, et, si l'on peut dire, n'a fait qu'en effleurer la joue morbide.

Le torrentueux et violent soulèvement moral des masses, indomptable et équivoque comme tout destin, a jeté dans le nôtre un terrible élément d'inquiétude. Où nous entraîne-t-il ? Vers un mal absolu ? Vers un bien possible ? Il est là, colossal, suspendu sur notre temps comme un immense et cosmique point d'interrogation, signe toujours douteux, qui tient à la fois de la guillotine ou de la potence et s'efforce parfois de simuler un arc de triomphe.

Le fait que nous devons soumettre à l'analyse peut s'énoncer sous ces deux formules : 1) Les masses exécutent aujourd'hui un répertoire vital qui coïncide en grande partie avec celui qui paraissait exclusivement réservé autrefois aux seules minorités ; 2) En même temps, les masses sont devenues rebelles aux minorités, elles ne leur obéissent plus, mais au contraire les laissent de côté et les supplantent.

Si nous éclaircissons le contenu de la première formule, nous découvrirons que les masses jouissent des plaisirs et manipulent les instruments inventés par les groupes choisis qui seuls, autrefois, en bénéficiaient. Les masses ont des désirs et des besoins que l'on qualifiait autrefois de raffinements parce qu'ils étaient le privilège du petit nombre. Un exemple banal : en 1820, il n'y avait pas à Paris dix salles de bains dans les maisons particulières (Mémoires de la comtesse de Baigne). Mieux encore : les masses connaissent et emploient aujourd'hui, avec une relative compétence, une grande partie des techniques que les individus spécialisés employaient seuls auparavant.

Et non seulement les techniques matérielles, mais encore, ce qui est plus important, les techniques juridiques et sociales. Au XVIIIe siècle, certaines minorités découvrirent que tout être humain, par le seul fait de sa naissance, et sans nécessité d'aucune qualification spéciale, possédait certains droits politiques fondamentaux, les fameux droits de l'homme et du citoyen, et que ces droits communs à tous étaient rigoureusement les seuls existants. Tout autre droit inhérent à des dons spéciaux, restait condamné comme privilège. Ceci fut d'abord une pure spéculation, l'idée d'un petit nombre ; puis ce petit nombre commença à mettre cette idée en pratique, à l'imposer, à s'en réclamer ; ce furent les meilleures minorités.

Cependant, durant tout le XIXe siècle, la masse qui continuait de s'enthousiasmer à l'idée de ces droits, comme d'un idéal, non seulement ne les avait pas réellement fait siens, ni ne les exerçait, ni ne les faisait valoir, mais en fait, elle continuait à vivre et à sentir, sous les législations démocratiques comme sous l'ancien régime. Le « peuple », comme on l'appelait alors, le « peuple » savait déjà qu'il était souverain, mais il ne le croyait pas. Aujourd'hui, cet idéal s'est converti en une réalité, non seulement dans les législations, qui sont les schémas extérieurs de la vie publique, mais dans l'esprit de chaque individu, quelles que soient ses idées, fussent-elles les plus réactionnaires ; *c'est-à dire même lorsqu'il détruit et foule aux pieds les institutions qui sanctionnent ces droits.* À mon avis, celui qui ne saisit pas cette curieuse situation morale des masses ne peut rien s'expliquer de ce qui commence à se produire aujourd'hui dans le monde. La souveraineté de l'individu non qualifié, de l'individu en tant que type humain générique, est devenue, de simple idée ou spéculation qu'elle était, un des états psychologiques constitutifs de l'homme moyen. Et notons-le bien : lorsqu'une chose qui fut un idéal devient un des éléments de la réalité, elle cesse inexorablement d'être un idéal. L'illusion, le pouvoir magique qui sont les attributs de l'idéal et lui donnent son pouvoir sur l'homme, se volatilisent. Les droits révélateurs de la généreuse inspiration démocratique se sont convertis, d'aspirations et d'idéaux, en désirs et en données inconscientes.

Or, la raison d'être de ces droits n'était autre que de tirer les âmes humaines de leur servitude intérieure, et d'éveiller en elles une certaine dignité, une certaine conscience libre. N'était-ce pas là ce qu'on voulait ? Que l'homme moyen se sentît le seul maître de lui-même et de sa vie ? C'est déjà fait. De quoi se plaignent donc les libéraux, les démocrates, les progressistes d'il y a trente ans ? Semblables en ceci aux enfants, ils veulent la chose, mais non ses conséquences. On veut que l'homme moyen soit le maître ; que l'on ne s'étonne donc pas qu'il agisse comme bon lui semble, qu'il réclame tous les plaisirs, impose résolument sa volonté, se refuse à toute servitude, qu'il n'écoute nul conseil, soigne sa personne et ses loisirs, surveille sa tenue.

Ce sont là quelques-uns des attributs éternels qui vont généralement de pair avec la conscience d'un maître. Aujourd'hui nous les trouvons dans l'homme moyen, dans la masse.

Nous remarquons donc que la vie de l'homme moyen est maintenant constituée par l'ensemble des possibilités vitales qui, autrefois, caractérisaient seulement les minorités dominantes. Or, l'homme moyen représente, si l'on peut dire, le champ sur lequel se déroule l'histoire de chaque époque. Il est à l'histoire ce que le niveau de la mer est à la géographie. Si le niveau moyen se trouve aujourd'hui au niveau même où parvenaient autrefois les seules aristocraties, cela veut dire tout simplement que le niveau de l'histoire - après de longues et souterraines préparations à une irruption soudaine - s'est élevé subitement, d'un saut, en une génération. La vie humaine tout entière s'est haussée. Nous pourrions dire que le soldat d'aujourd'hui a beaucoup du capitaine ; l'armée humaine se compose maintenant de capitaines. Il suffit de voir avec quelle résolution, quelle énergie, quelle désinvolture, le premier venu se conduit dans l'existence, saisit le plaisir au passage, impose ses décisions.

Tout ce que le présent et l'avenir immédiat contiennent de bon ou de mauvais, a ses causes et ses origines dans cette élévation du niveau historique.

Il nous vient maintenant à l'esprit une remarque imprévue. Le fait que le niveau moyen de la vie soit aujourd'hui le même que celui des anciennes minorités, est nouveau en Europe. En Amérique, par contre, il a été l'élément originel, constitutif. Pour voir bien clairement ma pensée, que le lecteur réfléchisse à la notion de l'égalité juridique. Cet état psychologique que donne à l'homme le sentiment de sa propre supériorité et qui le rend l'égal de n'importe quel autre individu, cet état que les groupes supérieurs parvenaient seuls à acquérir en Europe, est celui qui, depuis le XVIIIe siècle, pratiquement depuis toujours, existait en Amérique. Lorsqu'apparut en Europe cet état psychologique de l'homme moyen, - nouvelle coïncidence encore plus curieuse - lorsque s'éleva le niveau de son existence intégrale, le ton et les manières de la vie européenne acquirent soudain, dans tous les domaines, une physionomie qui fit dire à beaucoup : « L'Europe s'américanise ». Ceux qui disaient cela n'attachaient pas une très grande importance à ce phénomène. Ils croyaient qu'il s'agissait là d'une légère modification des mœurs, d'une mode, et, déroutés par l'apparence extérieure, ils l'attribuaient à je ne sais quelle influence de l'Amérique sur l'Europe. À mon avis, c'est ainsi qu'on a rendu banale une question qui est beaucoup plus subtile, beaucoup plus profonde, et féconde en surprises.

La courtoisie tenterait peut-être de me gagner maintenant à sa cause pour que je dise aux hommes l'outre-mer, que l'Europe en effet s'est américanisée, et que nous le devons à une véritable influence de l'Amérique sur l'Europe. Mais non. La vérité se heurte ici à la courtoisie et doit triompher. L'Europe ne s'est pas américanisée, elle n'a même pas subi une très grande influence de l'Amérique. L'une ou l'autre de ces possibilités se présentent peut-être de nos jours, mais ne se produisirent pas dans le proche passé, d'où le présent est issu. Il y a là une accumulation désespérante d'idées fausses, qui nous troublent le jugement, aux uns comme aux autres, Américains et Européens. Le triomphe des masses et la magnifique élévation du niveau vital qui en est la conséquence, sont survenus en Europe pour des raisons internes, après deux siècles d'éducation progressiste des foules et un enrichissement économique parallèle de la société. Il se trouve donc que le résultat coïncide avec le trait le plus décisif de l'existence américaine ; c'est pourquoi la situation morale de l'Européen moyen, coïncidant avec celle de l'Américain, il est arrivé que, pour la première fois, l'Européen comprend la vie américaine qui, auparavant, demeurait pour lui une énigme et un mystère. Il ne s'agit donc pas d'une influence, ce qui serait pour le moins étrange, mais de ce que l'on soupçonne moins encore : il s'agit d'un nivellement. Les Européens avaient toujours obscurément entrevu que le niveau moyen de la vie était plus élevé en Amérique que sur le vieux continent. L'intuition peu approfondie, mais évidente cependant de ce fait, donna naissance à l'idée toujours acceptée, jamais mise en doute, que l'Amérique était l'avenir. On comprendra qu'une idée si vaste et si enracinée ne pouvait tomber du ciel, comme ces orchidées dont on dit qu'elles poussent dans le vent, sans racines. Son fondement reposait sur cette espèce de perception d'un niveau plus élevé de la vie moyenne d'outre-mer, qui faisait un sérieux contraste avec le niveau inférieur des minorités d'élite d'Amérique si on les compare aux européennes. Mais l'histoire, comme l'agriculture, tire son aliment des vallées et non des cimes, de la moyenne altitude sociale et non des éminences.

Nous vivons à une époque de nivellement. Les fortunes s'équilibrent, les cultures des classes sociales différentes s'unifient, les droits des sexes s'égalisent. Il est donc tout naturel que les continents s'égalisent aussi ; et comme l'Européen se trouvait vitalement plus bas, il n'a fait que gagner à ce nivellement. Ainsi, regardé sous cet angle, le soulèvement des masses exprime un fabuleux accroissement de vitalités et de possibilités. C'est donc le contraire de ce que nous entendons dire si souvent sur la soi-disant décadence de l'Europe, locution confuse et grossière où l'on ne sait pas très bien de quoi l'on parle, des États européens, de la culture européenne, ou de ce qui est à la base de tout cela, et importe infiniment plus : de la vitalité européenne. Des États et de la culture européenne, nous dirons quelques mots plus loin, - et peut-être que l'expression « décadence de l'Europe » peut leur être appliquée ; - quant à la décadence de la vitalité, il convient de faire constater dès maintenant qu'il s'agit d'une grossière erreur. Mon affirmation, exprimée sous une autre forme, paraîtra sans doute plus convaincante ou moins invraisemblable ; je dis donc que le tonus vital d'un Italien moyen, d'un Espagnol moyen, d'un Allemand moyen, diffère moins aujourd'hui de celui d'un yankee ou d'un Argentin qu'il y a trente ans. C'est un fait que les Américains ne doivent pas oublier.

III

LA HAUTEUR DES TEMPS

La domination des masses présente donc un aspect favorable, en tant qu'elle signifie une élévation de tout le niveau historique, et révèle que la vie moyenne se déroule aujourd'hui sur un plan supérieur à celui où elle s'attardait hier encore. Ceci nous donne à penser que la vie peut avoir des « hauteurs » différentes ; et que la phrase que l'on répète inconsidérément lorsqu'on parle de la « hauteur des temps », est pleine de sens au contraire. Il convient que nous nous y arrêtions ; elle nous permettra de fixer un des caractères les plus surprenants de notre époque.

On dit, par exemple, que telle ou telle chose n'est pas à la hauteur des temps. En effet le Temps, non le temps abstrait et plat de la chronologie, mais le temps « vital », celui que chaque génération appelle « notre temps », a toujours un certain niveau qui peut s'élever aujourd'hui plus haut qu'hier, demeurer étal, ou décroître. L'idée de chute, de décroissement, contenue dans le mot décadence, procède de cette intuition. Aussi chacun de nous sent-il plus ou moins clairement dans quelle relation se trouve sa propre existence par rapport au niveau du temps où il vit. Il en est plus d'un qui, dans les remous de l'existence actuelle, se sent comme un naufragé qui ne peut parvenir à se maintenir à la surface. La rapidité du temps, ou mieux du *tempo*, à laquelle vont aujourd'hui les choses, l'énergie impétueuse qui caractérise tous nos actes remplissent d'angoisse l'homme de tempérament archaïque, et cette angoisse sert à mesurer la différence de niveau entre la tension de son pouls et celle de l'époque. D'autre part, celui qui vit avec plénitude et adopte sans effort les formes du présent, a conscience de la relation qui existe entre le niveau de notre temps et celui des diverses époques révolues. Quelle est cette relation ?

Il serait erroné de supposer que l'homme d'une certaine époque croit que toutes les époques passées sont à un niveau plus bas que la sienne, du seul fait qu'elles sont passées. Il suffirait de rappeler Jorge Manrique[30] pour qui, au contraire :

« *N'importe quel temps passé*

Fut meilleur. »

Mais cela non plus n'est pas toujours vrai, car toutes les époques ne se sont pas senties inférieures à quelque époque passée, pas plus que ces mêmes époques ne se sont crues supérieures à celles qui les précédèrent et dont elles se souvenaient. Chaque période historique éprouve une sensation différente devant cet étrange phénomène du niveau vital, et je m'étonne que jamais les penseurs et les historiographes ne se soient avisés d'un fait aussi évident et aussi substantiel.

L'impression qu'exprime Jorge Manrique a été certainement la plus répandue, au moins *grosso modo*. En général, les époques n'ont pas estimé que leur temps fût plus élevé que celui des autres âges antiques. Au contraire, les hommes supposaient le plus fréquemment que les temps meilleurs se situaient dans un vague passé, d'une existence plus complète, l'» âge d'or », des disciples de Grèce et de Rome ; *l'Alcheringa,* des sauvages australiens. Les hommes de ces époques sentaient la pulsation de leur propre vie, plus ou moins affaiblie, incapable de remplir complètement leurs

---

[30] : Jorge Manrique. Poète espagnol du XVe siècle, auteur de *Coplas* célèbres. *(N. du T.)*

artères. Ils respectaient le passé, les temps « classiques », dont ils se représentaient l'existence plus riche, plus vaste, plus parfaite et plus difficile que la vie de leur temps. Quand ils regardaient en arrière, et qu'ils se représentaient ces siècles d'or, il leur semblait, non qu'ils les dominaient, mais qu'au contraire, ils leur demeuraient inférieurs ; de même qu'un degré de température, s'il était conscient, sentirait qu'il ne contient pas en lui le degré supérieur, ou mieux encore, que ce dernier contient plus de calories que lui-même. À partir de l'an 150 après Jésus-Christ, l'impression que la vie s'affaiblit, s'amoindrit, déchoit et perd sa force, augmente progressivement dans l'Empire romain. Horace avait déjà chanté : « Nos pères, pires que nos grands-pères, nous engendrèrent, nous plus chétifs encore, et nous donnerons une progéniture encore plus disgraciée. » (Odes, livre III, 6.)

Aetas parentum peior avis tulit
nos nequiores, mox daturos
progeniem vitiosorem.

Deux siècles plus tard, il n'y avait pas dans l'Empire romain assez d'Italiques de moyenne valeur pour occuper les places de centurions, et il fallut louer pour cet office des Dalmates, puis des barbares du Danube et du Rhin. En même temps, les femmes devinrent stériles et l'Italie se dépeupla.

Examinons maintenant d'autres époques qui jouissent d'une impression d'ordre vital totalement opposée, semble-t-il, à celle-là. Il s'agit d'un phénomène très curieux qu'il nous importe beaucoup de bien définir. Quand, il n'y a pas plus de trente ans, les politiciens discouraient devant les foules, ils avaient coutume de repousser telle ou telle mesure gouvernementale, tel ou tel excès, en affirmant qu'ils ne convenaient pas à la plénitude des temps. Il est curieux de rappeler que la même phrase apparaît déjà chez Trajan, dans cette fameuse lettre à Pline dans laquelle il recommande de ne pas poursuivre les chrétiens, à la suite de dénonciations anonymes : *Nec nostri saeculi est*. Il a donc existé dans l'histoire diverses époques qui ont eu l'intime conviction d'avoir atteint un niveau plein et définitif, des temps où l'on a cru être parvenu au terme d'un voyage, au but d'un très ancien désir, à la totale réalisation d'une vieille espérance. C'est la plénitude des temps, la complète maturité de la vie historique. Il y a trente ans, l'Européen croyait, en effet, que la vie humaine était enfin parvenue à ce qu'elle devait être, à ce que depuis bien des générations on avait désiré qu'elle fût, à ce qu'elle n'avait plus qu'à être toujours. Les temps de plénitude se croient toujours le résultat de nombreuses époques préparatoires, de bien d'autres temps sans plénitudes, inférieurs à eux, et sur lesquels s'est épanouie leur heure de maturité. Observées de cette hauteur, ces périodes préparatoires apparaissent comme si la vie s'était consumée en elles en purs désirs, en illusions non réalisées ; temps des désirs insatisfaits, des précurseurs ardents, du « pas encore », et que caractérise un contraste pénible entre une aspiration claire et une réalité qui ne lui correspond pas. C'est ainsi que le XIXe siècle juge le moyen âge. Il arrive enfin un jour où ces vieux désirs, parfois millénaires, paraissent s'accomplir, où cette sourde germination arrive à terme : la réalité la recueille et obéit. Nous sommes parvenus au niveau entrevu, au but fixé à l'avance, à la cime des temps. Au « pas encore » a succédé le « enfin ».

Telle était la sensation que nos pères et toute leur époque avaient de leur vie. Ne l'oublions pas : notre temps vient après un temps de plénitude. Et celui qui s'est attardé sur l'autre rive, et demeure attaché à ce proche passé de plénitude, lorsqu'il regarde notre temps sous cette optique, subira irrémédiablement son mirage et considérera l'époque actuelle comme une chute après la plénitude, comme une décadence.

Mais un vieil amateur d'histoire, dont l'impénitente manie est de tâter sans cesse le « pouls » des temps, ne peut se laisser illusionner par cette optique des plénitudes supposées.

Comme je l'ai dit, ce qui est essentiel pour que les temps parviennent à leur plénitude, c'est qu'un ancien désir, qui durant des siècles rampait, anxieux et pressant, arrive un jour à être satisfait. En effet, ces temps de plénitude sont des temps satisfaits d'eux-mêmes ; quelquefois, comme ce fut le cas pour le XIXe siècle, archi-satisfaits.[31] Mais maintenant nous avons la confirmation que ces siècles si satisfaits, si complets, étaient morts intérieurement. *La vraie plénitude vitale ne consiste ni dans la satisfaction, ni dans l'accomplissement, ni dans la réussite.* Déjà, Cervantès disait que « le chemin est toujours meilleur que l'auberge » (p70). Si un temps a satisfait son désir, son idéal, c'est qu'il ne désire plus rien d'autre, et que la source de son désir est tarie. Ce qui revient à dire que cette fameuse plénitude est en réalité une conclusion. Il y a des siècles qui, pour ne pas savoir renouveler leurs désirs, meurent de satisfaction, comme l'heureux bourdon après son vol nuptial.[32]

De là, le fait surprenant que ces étapes de prétendue plénitude, aient toujours senti qu'une tristesse toute particulière se mêlait à leur quiétude.

Ce désir à la gestation si lente, qui paraît se réaliser enfin, au XIXe siècle, s'est lui-même donné le nom de « culture moderne ». À lui seul, ce nom est déjà inquiétant ; il est inquiétant qu'une époque se nomme elle-même « moderne », c'est-à-dire dernière, définitive, comme si toutes les autres

---

[31] Sur les monnaies d'Adrien, on lit des inscriptions comme celles-ci : *Italia Felix, Sæculum aureum, Tellus stabilita, Temporum felicitas.* En dehors du grand répertoire numismatique de Cohen, voir quelques reproductions de monnaies dans Rostowzeff : *The social and economic history of the Roman Empire*, 1926, planche LII et page 538,.note 6.

[32] On ne manquera pas de lire les merveilleuses pages de Hegel, sur les temps satisfaits dans sa Philosophie de l'Histoire.

n'étaient que des passés morts, de modestes préparations, et des aspirations vers elle. Flèches sans force qui manquent leur but.[33]

Ne touche-t-on pas ici à la différence essentielle entre notre temps, et celui qui est en train de s'achever, de « se transposer » ? En effet, notre temps ne s'estime pas définitif ; dans sa racine même, il éprouve obscurément l'intuition qu'il n'y a pas de temps définitifs, certains, à jamais cristallisés, mais qu'au contraire la prétention selon laquelle un type de vie, - comme la prétendue culture moderne, - est définitif, constitue un aveuglement, une étroitesse invraisemblable du champ visuel. En pensant ainsi, nous éprouvons la délicieuse sensation de nous être évadés d'une enceinte douloureuse et hermétique, et d'être revenus sous les étoiles d'un monde authentique, profond et inépuisable, où tout, absolument tout, est possible : le meilleur et le pire.

La foi en la culture moderne était triste : elle ne consistait guère qu'à se persuader que chaque jour devait reproduire dans ses lignes essentielles le jour précédent ; que le progrès consistait à avancer, à jamais, sur un chemin identique à celui où nous étions déjà engagés. Un tel chemin est plutôt une prison qui s'étire sans cesse et s'allonge sans nous libérer.

Quand, aux premiers temps de l'Empire, quelque provincial de qualité arrivait à Rome - Lucain ou Sénèque, par exemple - et qu'il voyait les majestueuses constructions impériales, symboles d'un pouvoir définitif, il sentait son cœur

---

[33] Le sens originel des mots « moderne », « modernité » dont les temps actuels se servent à plaisir pour se désigner eux-mêmes, rend d'une manière aiguë, cette sensation de « hauteurs des temps » que j'analyse ici. Est moderne ce qui est selon la *mode ;* on entend par là, le mode nouveau ; la modification ou la mode qui, en un présent défini, surgit devant les modes anciens, traditionnels, dont on se servit dans le passé. Le mot « moderne » exprime donc la conscience d'une nouvelle vie, supérieure à l'ancienne, et en même temps, la nécessité impérieuse d'être à la hauteur des temps. Pour le « moderne », ne pas être moderne, équivaut à tomber au-dessous du niveau historique.

se serrer. Rien ne semblait pouvoir survenir dans le monde ; Rome était éternelle. Et s'il existe une mélancolie des ruines, qui s'élève d'elles comme la vapeur des eaux mortes, le provincial sensible éprouvait une mélancolie non moins poignante, bien que d'un caractère inverse : la mélancolie des édifices éternels.

Contrairement à un tel état émotif, n'est-il point évident que la sensation caractéristique de notre époque nous parait ressembler tout à fait à la joie et an tapage d'enfants échappés d'une école ? Maintenant, nous ne savons plus ce qu'il arrivera demain, dans le monde. Et nous nous en réjouissons parce que cette donnée imprévisible, cet horizon toujours ouvert à toutes les possibilités, c'est la vie authentique, la vraie plénitude de la vie.

Ce diagnostic auquel manque, pour *être* complet, son « diagnostic inverse », contraste avec les incessantes lamentations sur la décadence, qui remplissent tant de pages de contemporains. Il s'agit d'une erreur d'optique, qui provient de multiples causes. Nous en examinerons quelques-unes plus tard. Mais dès aujourd'hui, je veux traiter de la plus évidente ; celle qui provient du fait que, fidèles à une idéologie, à mon avis périmée, nous ne considérons autre chose dans l'histoire que la politique et la culture, sans remarquer qu'elles n'en sont que la surface ; sans remarquer que la réalité historique est avant elles, et plus profondément qu'elles, un pur désir de vivre, une puissance semblable aux forces cosmiques ; non pas la même certes, mais pourtant la sœur de celle qui trouble la mer, féconde la bête sauvage, met la fleur sur l'arbre, fait trembler l'étoile.

Contre les diagnostics de décadence, je recommande le raisonnement suivant :

La décadence implique, il est bien certain, l'idée d'une comparaison. On décroît d'un état supérieur vers un état inférieur. Cette comparaison peut être faite des points de vue les plus différents et les plus nombreux qu'il se puisse imaginer. Pour un fabricant de fume-cigarettes d'ambre, le monde est en décadence, parce que l'on ne se sert presque plus de fume-cigarettes d'ambre. D'autres points de vue seraient peut-être plus respectables, mais en fait, ne laisseraient pas d'être partiaux, arbitraires, et extérieurs à la vie même dont il s'agit précisément d'évaluer les carats. Il n'y a qu'un point de vue justifié et naturel : s'installer dans cette vie, la contempler de l'intérieur, et observer si elle se sent elle-même déchue, c'est-à-dire diminuée, affaiblie et insipide.

Mais en la regardant de l'intérieur même, à quoi reconnaît-on qu'une vie se sent ou non déchoir ? Pour moi, il n'y a aucun doute possible sur ce symptôme décisif ; une vie qui ne préfère à elle-même aucune autre vie d'autrefois, ou de quelque temps que ce soit, et qui, par cela même, se préfère à tout autre, ne peut être sérieusement appelée décadente. C'est à quoi tendait toute mon incursion dans le problème de la « hauteur des temps ». Or, il arrive précisément que le nôtre éprouve sur ce point une très étrange sensation ; une sensation qui n'a pas eu d'égale, à ce qu'il me semble, dans toute l'histoire jusqu'à nos jours.

Dans les salons du siècle dernier, il arrivait fatalement un moment où les dames et leurs poètes « domestiqués » se posaient, les uns aux autres, cette question : « À quelle époque auriez-vous aimé vivre ? » Et voici que chacun, emportant avec soi le profil de sa propre vie, se lançait en imagination à travers les époques historiques à la recherche d'un temps dans lequel il pût aisément incruster la silhouette de sa propre existence. Le XIXe siècle, bien que se sentant dans sa plénitude, - ou parce qu'il s'y trouvait vraiment, - demeurait en effet intimement lié à un passé sur les épaules duquel il se croyait juché, et dont il s'estimait être l'aboutissement. Aussi croyait-on encore à des époques relativement classiques - le siècle de Périclès, la

Renaissance - où s'étaient élaborées les valeurs actuelles. Cela suffirait à nous rendre suspects les temps de plénitude ; ils regardent en arrière, et contemplent un passé qui s'accomplit en eux.

Examinons maintenant ce que répondrait sincèrement l'homme représentatif des temps présents à qui l'on poserait semblable question. Je crois qu'il n'y a aucun doute. Tout passé, sans en omettre un seul, lui donnerait l'impression d'un réduit sans air. C'est que l'homme actuel sent que sa vie est plus intense que toutes les vies antérieures, ou vice-versa, que le passé s'est rétréci par rapport à l'humanité actuelle. Cette intuition de notre vie présente anéantit de sa clarté élémentaire toute soi-disant démonstration de décadence qui ne se serait pas entourée de subtiles précautions.

Nous sentons donc, de prime abord, que notre vie a plus d'envergure que les précédentes. Comment pourrions-nous la croire en décadence ? Bien au contraire. Du seul fait de nous sentir plus de vitalité, nous avons perdu toute attention, tout respect envers le passé. C'est pourquoi, pour la première fois, nous nous trouvons à une époque qui fait table rase de tout classicisme, qui ne trouve de règle acceptable ou de modèle en aucun passé, et qui, survenant après tant de siècles, semble cependant un recommencement, une aurore, une initiation, une enfance. Regardons en arrière : la fameuse Renaissance nous apparaît comme un temps mesquin, provincial, aux gestes vides et, - pourquoi ne pas le dire - de mauvais goût.

Il y a quelque temps, je résumais ainsi cette situation : « Cette grave scission entre le passé et le présent est le fait primordial de notre époque ; c'est de lui que vient ce doute plus ou moins confus qui engendre ce trouble particulier caractéristique de la vie pendant ces dernières années. Nous, les hommes actuels, nous sentons que nous sommes demeurés seuls sur la terre ; que les morts ne sont pas morts pour rire, mais complètement ; qu'ils ne peuvent déjà plus nous aider. Les dernières traces de l'esprit traditionnel se sont effacés. Les modèles, les normes, les règles ne nous servent plus. Nous devons résoudre nos problèmes sans la collaboration active, du passé, en pleine « actualité », qu'il s'agisse d'art, de science ou de politique. L'Européen est seul, sans morts vivants à son côté ; comme Pierre Schlehmil, il a perdu son ombre. C'est ce qui arrive toujours à midi ».[34]

Quelle est, en fin de compte, la hauteur de notre temps ?

Il n'a pas atteint la plénitude des temps, et il sent cependant qu'il domine tous les autres temps révolus, qu'il est au-dessus de toutes les plénitudes écoulées. On ne peut facilement formuler ce que notre époque pense d'elle-même : elle croit valoir plus que toutes les autres tout en se croyant un début et sans être sûre de ne pas être une agonie. Quelle formule pourrions-nous choisir ? Celle-ci peut-être : Plus que toutes les autres époques et inférieure à elle-même. Très forte, mais non moins incertaine de son destin. Orgueilleuse de ses forces et les craignant en même temps.

---

[34] « *La Deshumanización del arte* ».

IV

LA CROISSANCE DE LA VIE

La domination des masses et la montée du niveau vital, la hauteur des temps qu'elles indiquent, ne sont à leur tour que des symptômes d'un fait plus complet et plus grave, d'un fait presque grotesque et incroyable par la simplicité même de son évidence : le monde s'est haussé brusquement, et avec lui, et en lui la vie elle-même. La vie de chacun est devenue rapidement la vie universelle ; c'est-à-dire que la vie de l'homme de type moyen contient celle de toute la planète. Chaque individu vit habituellement le monde dans sa totalité. Il y a un peu pins d'un an, les Sévillans suivaient, heure par heure, dans les feuilles populaires, les péripéties mouvementées d'une exploration polaire ; sur le fond ardent de la campagne bétique, des glaçons passaient à la dérive. Aucune parcelle de terre n'est plus isolée désormais dans ses limites géométriques, mais dans bien des questions d'ordre vital, elle agit dans les autres secteurs de la planète. Si nous ajoutons foi au principe physique qui veut que les choses soient là où elles agissent, nous reconnaîtrons aujourd'hui que chaque point du globe possède la plus réelle ubiquité. Cette proximité du lointain, cette présence de l'absent a élargi, dans une proportion fabuleuse, l'horizon de chaque vie.

Sous son aspect temporel, le monde a grandi aussi. La préhistoire et l'archéologie ont découvert des domaines historiques de dimensions chimériques. Des civilisations entières et des empires dont, il y a peu de temps encore, on ne soupçonnait pas même le nom, ont été annexés à notre mémoire comme de nouveaux continents. Le journal illustré, le film, en ont mis les très lointains fragments devant les yeux du plus humble.

Mais cet accroissement du monde dans l'espace et dans le temps, ne signifierait rien en lui-même. L'espace et le temps physiques sont les éléments absolument stupides de l'univers. C'est pourquoi le culte de la seule vitesse, de la vitesse pour la vitesse, auquel s'adonnent momentanément nos contemporains, est plus justifié qu'on ne le croit ordinairement. La rapidité faite de temps et d'espace, est non moins stupide que ses composants ; mais elle sert à les annuler. Une force brute ne peut être dominée que par une autre force brute. Il y avait pour l'homme un point d'honneur à triompher de cet espace et de ce temps cosmiques,[35] qui manquent complètement de sens ; il n'y a aucune raison de s'étonner que nous éprouvions un plaisir enfantin de nous servir de cette « rapidité vide », avec laquelle nous supprimons l'espace et jugulons le temps. En les annulant, nous les vivifions, pour en mieux profiter vitalement ; nous pouvons *être* en plus de lieux qu'autrefois, aller, venir, comme bon nous semble, consommer en moins de temps vital plus de temps cosmique.

En définitive, cette croissance de la substance du monde ne tient pas à ses dimensions plus grandes, mais au plus grand nombre de choses qu'il enferme. Une chose - et nous prenons ici le mot dans sa plus large acception - est ce que l'on peut désirer, tenter, faire ou défaire, trouver, ce dont on peut jouir ou que l'on peut repousser ; mots qui expriment tous des activités vitales.

---

[35] C'est précisément parce que le temps vital de l'homme est limité, c'est précisément parce qu'il est mortel, qu'il lui faut, triompher de la distance et de la lenteur. Pour un Dieu dont l'existence serait immortelle, l'automobile n'aurait pas de sens.

Considérons quelqu'une de nos activités, *acheter* par exemple. Imaginons deux hommes, l'un de notre époque, l'autre du XVIIIe siècle, qui possèderaient une égale fortune, proportionnelle à la valeur de l'argent aux deux époques, et comparons la variété des choses en vente, qui s'offrent à l'un et à l'autre. La différence est presque fabuleuse. Le nombre de possibilités qui s'offrent à l'acheteur est devenu pratiquement illimité. Le désir peut difficilement imaginer une chose qui n'existe point sur le marché, et vice-versa : il n'est pas possible qu'un homme imagine ou désire tout ce qui est en vente. On objectera qu'avec une fortune proportionnellement égale, l'homme d'aujourd'hui ne pourra pas acheter plus de choses que l'homme du XVIIIe siècle. Ce qui est faux, car l'industrie a réduit les prix de presque tous les objets. Mais quand bien même cette dernière observation serait exacte, elle ne ferait que souligner ce que je veux dire.

L'action d'acheter, en tant qu'« activité vitale », s'achève au moment où l'on se décide pour un objet. Mais, par cela même, elle est avant tout un choix ; or choisir, c'est d'abord se rendre compte des possibilités qu'offre le marché. D'où il résulte que la vie, dans sa modalité « acheter », consiste premièrement à vivre ces possibilités en tant que possibilités d'achat. On oublie couramment ce point essentiel, quand on parle de notre vie : notre vie est à chaque instant, et avant tout, la conscience de ce qui nous est possible. Si, à chaque instant, nous n'avions devant nous qu'une seule possibilité, il serait incorrect de l'appeler ainsi. Elle serait plutôt une pure et simple nécessité. Mais, voilà ! Le fait étrange de notre vie comporte la condition radicale de toujours trouver devant elle diverses issues qui, du fait même de leur diversité, acquièrent le caractère de possibilités, entre lesquelles nous devons décider.[36]

---

[36] Au pis-aller, et si le monde paraissait réduit à une issue unique, il en resterait toujours deux : cette dernière et sortir du monde. Mais la « sortie » du monde fait partie du monde, comme la porte fait partie d'une chambre.

Ce qui revient à dire que nous nous trouvons dans une ambiance de possibilités déterminées, que l'on a l'habitude de nommer les « circonstances ». Vivre, c'est se trouver à l'intérieur de la circonstance, ou du monde. C'est là le sens originel du mot « monde ».[37] Le monde est la somme de nos possibilités vitales. Il n'est donc pas quelque chose à part, sans liens avec notre vie, mais il en constitue l'authentique périphérie. Il représente ce que nous pouvons être ; c'est-à-dire, notre plein potentiel vital. Or celui-ci doit devenir concret pour se réaliser ; autrement dit, nous ne devenons qu'une partie minime de ce que nous pouvons être. C'est pourquoi le monde nous paraît si grand et nous, qui sommes en lui, si minuscules. Le monde ou notre vie possible, est toujours plus que notre destin, qui est notre vie effective.

Mais actuellement, ce qu'il m'importait seulement de faire remarquer, c'est l'accroissement du potentiel de la vie humaine qui totalise un ensemble de possibilités, plus vastes que jamais. Dans le domaine intellectuel, elle a plus de moyens pour créer des idées, plus de problèmes, plus de documents, plus de sciences, plus de points de vue. Alors que, dans la vie primitive, les métiers et les carrières se comptaient sur les doigts de la main, - pâtre, chasseur, guerrier, mage, - l'énumération de nos possibles occupations est aujourd'hui infiniment plus grande. Il se produit quelque chose d'analogue dans le domaine des plaisirs, bien que, -et le phénomène a plus de gravité qu'on le suppose, - leur répertoire ne soit pas aussi abondant que celui des autres domaines de la vie. Cependant, pour l'homme de vie moyenne, qui habite les villes, - et les villes sont les représentations de l'existence actuelle, - les possibilités de jouissance ont augmenté, tout au moins depuis le début du siècle, dans une proportion fantastique.

---

[37] Dans le prologue de mon premier livre « *Meditaciones del Quijote* » (1916), et dans « *Las Atlantidas* », il apparaît sous le nom d' « horizon ». Voir l'essai « *El origen deportivo del Estado* (1926), recueilli aujourd'hui dans le tome VII de « *El Espectador* ».

Mais l'accroissement du potentiel vital ne se réduit pas à ce qui a été dit jusqu'ici. Il a augmenté dans un sens plus immédiat et plus mystérieux. Il est un fait constant et notoire que, dans le domaine de l'effort physique et sportif, on réalise des *performances* qui dépassent de beaucoup toutes celles que l'on connaît du passé. Il ne suffit pas d'admirer chacune d'elles et de reconnaître le *record* qu'elles battent, il faut encore noter l'influence que leur fréquence laisse dans l'esprit, et nous convaincre que l'organisme humain possède de nos jours des capacités supérieures à celles qu'il a jamais eues. Il en est de même pour la science. En moins de quelques lustres, la science a élargi invraisemblablement son horizon cosmique. La physique de Einstein se meut dans des espaces si vastes, que l'ancienne physique de Newton n'y occupe, si l'on peut dire, qu'une mansarde.[38] Et cet accroissement dans l'étendue est dû à un accroissement intensif de la précision scientifique. Aujourd'hui, la physique d'Einstein tient compte des minimes différences que l'on négligeait autrefois, et qui n'entraient pas en ligne de calcul parce qu'elles semblaient peu importantes. L'atome enfin, hier encore limite extrême du monde, a grossi démesurément au point de se convertir en tout un système planétaire complet. Et je ne me réfère pas à tout ce que ceci peut signifier, en tant que perfection de la culture, - sujet qui ne nous intéresse pas aujourd'hui, - mais à l'accroissement des puissances subjectives que toute cette évolution suppose. Je ne veux pas affirmer que la physique d'Einstein est plus exacte que celle de Newton, sinon que l'homme Einstein est capable d'une plus grande exactitude, et d'une plus grande liberté d'esprit[39] que l'homme Newton ; de même le champion de

---

[38] Le monde de Newton était infini ; mais cette infinité, loin d'être une grandeur, était une généralisation vide, une utopie abstraite et sans contenu. Le monde d'Einstein est fini, mais plein et concret en toutes ses parties ; c'est donc un monde plus riche, en fait, de plus grandes dimensions.

[39] La liberté de l'esprit, c'est-à-dire la puissance intellectuelle se mesure à son aptitude à dissocier des idées traditionnellement inséparables. Dissocier des idées est beaucoup

boxe donne aujourd'hui des coups plus forts que ceux qu'on ait jamais donnés.

Le cinéma et l'illustré mettent devant les yeux de l'homme moyen les lieux les plus éloignés de la planète. Les journaux et les conversations lui donnent les nouvelles de ces *performances* intellectuelles, que lui confirmeront ces appareils techniques récemment inventés, qu'il peut voir à toutes les devantures. Tout cela dépose en son esprit l'impression d'une fabuleuse toute-puissance.

Je ne veux pas dire par là que la vie humaine soit meilleure aujourd'hui qu'autrefois. Je n'ai pas parlé de la qualité de la vie actuelle, mais seulement de son accroissement, de sa croissance quantitative ou potentielle. Je crois décrire ainsi rigoureusement la conscience de l'homme actuel, le « *tonus* » de sa vie ; en effet, il se sent doué aujourd'hui d'un plus grand potentiel que jamais et se représente le passé dérisoirement rapetissé à ses yeux.

Cette description était nécessaire pour nous mettre en garde contre toutes ces fumeuses théories sur la décadence de l'Occident, qui ont pullulé pendant ces dix dernières années. Qu'on se souvienne du raisonnement que je tenais, et qui me paraît aussi simple qu'évident. Il est inutile de parler de décadence si l'on ne précise pas ce qui est en décadence. Ce terme pessimiste s'applique-t-il à la culture ? Y a-t-il une décadence de la culture européenne ? N'y a-t-il plutôt qu'une décadence des organisations nationales de l'Europe ? Supposons que si. Cela suffirait-il pour parler de décadence occidentale ? En aucune façon. Parce que ces décadences sont des faiblesses partielles, ne concernant que des éléments secondaires de l'histoire, - cultures et nations. Il n'y a qu'une

---

plus difficile que de les associer, ainsi que l'a démontré Köhler dans ses investigations sur les chimpanzés. Jamais l'entendement humain n'a été plus apte à la dissociation qu'aujourd'hui.

seule décadence absolue : celle qui consiste en une diminution de la vitalité ; mais cette décadence n'existe seulement que lorsqu'on l'éprouve. Pour cette raison, je me suis arrêté à considérer un phénomène auquel on prête d'ordinaire peu d'attention : la conscience ou la perception que toute époque possède de son propre niveau vital.

Tout cela nous a entraînés à parler de la « plénitude » que certains siècles ont éprouvée, contrairement à certains autres qui se jugeaient eux-mêmes déchus des grandes hauteurs, des anciens et lumineux âges d'or. Je concluais en notant comme un fait très frappant que notre temps se caractérise par l'étrange présomption de se croire supérieur à tout autre temps passé ; mieux encore : de feindre qu'il ignore tout ce passé, de ne pas y reconnaître des époques classiques et normatives, mais de se juger soi-même comme ayant une vie supérieure à toutes les anciennes et irréductible à elles.

Je doute que l'on puisse comprendre notre temps si l'on ne s'arrête pas à cette remarque. Tout le problème est là. Si notre époque se sentait déchue, elle trouverait d'autres époques supérieures à elle ; ce qui reviendrait à les estimer, les admirer, vénérer les principes qui les formèrent. Notre temps aurait un idéal clair et ferme, quand bien même il serait incapable de le réaliser. Mais la vérité est strictement opposée : nous vivons en un temps qui se sent fabuleusement capable de réalisation, mais qui ne sait pas ce qu'il veut réaliser. Il domine toutes les choses, mais n'est pas maître de lui-même. Il se sent perdu dans sa propre abondance. Avec plus de moyens, plus de savoir, et plus de techniques que jamais, le monde actuel est le plus malheureux des mondes : il va purement et simplement à la dérive.

De là, ce rare mélange d'orgueilleuse puissance et d'insécurité que contient l'âme contemporaine. On peut dire de celle-ci ce que l'on disait du Régent pendant la minorité de

Louis XV, lorsqu'on prétendait qu'il « avait tous les talents, sauf celui de savoir s'en servir ». Beaucoup de choses paraissaient *déjà* impossibles au XIXe siècle, si confiant pourtant dans sa croyance au progrès. Aujourd'hui, à force de nous persuader que tout est possible, nous pressentons que même le pire est possible : le retour en arrière, la barbarie, la décadence.[40] En soi-même cela ne serait pas un mauvais symptôme - cela signifierait que nous reprenons contact avec cette insécurité essentielle à toute vie, avec cette inquiétude à la fois douloureuse et délicieuse que nous trouvons incluse dans chaque minute, si nous savons l'épuiser totalement, si nous savons la vivre jusqu'à son centre, jusqu'à son germe palpitant et ensanglanté. D'ordinaire, nous nous refusons à constater cette effrayante pulsation qui fait de chaque instant sincère un cœur minuscule et éphémère ; nous nous efforçons de recouvrer notre assurance et de nous rendre insensibles à notre destin dramatique, en l'endormant sous la coutume, les usages, les lieux communs - chloroformes habituels. Il est donc fructueux que pour la première fois depuis près de trois siècles, nous ayons découvert en nous la conscience de ne pas savoir « ce qui va se passer demain ».

Tous ceux qui adopteront devant l'existence une attitude sérieuse et qui auront le sentiment de leur responsabilité, éprouveront une sorte d'insécurité qui les incitera à demeurer sur le « qui-vive ». L'ordonnance romaine obligeait la sentinelle de la légion de maintenir l'index sur les lèvres, pour éviter le sommeil et demeurer attentif. Comme il est symbolique ce geste, qui paraît ordonner un plus grand silence au silence nocturne, afin de mieux ouïr la secrète germination du futur ! La sécurité des époques de plénitude - celle du dernier siècle par exemple - est une illusion d'optique qui amène à délaisser

---

[40] Telle est l'origine profonde des diagnostics de décadence. Ce n'est pas que nous soyons absolument décadents, mais seulement que nous sommes mieux disposés à admettre toute possibilité, sans exclure celle d'une décadence.

l'avenir, et à charger de sa direction le seul mécanisme de l'univers. Le libéralisme progressiste, de même que le socialisme de Marx, supposent que le meilleur futur de leurs désirs se réalisera inexorablement, par une nécessité semblable à la nécessité astronomique. Protégés par cette idée devant leur propre conscience, ils lâchèrent le gouvernail de l'histoire, cessèrent de rester vigilants, perdirent leur agilité et leur efficience. Ainsi la vie s'échappa de leurs mains, devint complètement insoumise, et aujourd'hui elle avance sans frein, sans direction définie. Sous le masque d'un généreux futurisme, l'amateur de progrès ne se préoccupe pas du futur ; convaincu de ce qu'il n'offrira ni surprises, ni secrets, nulle péripétie, aucune innovation essentielle ; assuré que le monde ira tout droit, sans dévier ni rétrograder, il détourne son inquiétude du futur et s'installe dans un présent définitif. On ne s'étonnera pas de ce que le monde paraisse aujourd'hui vide de projets, d'anticipations et d'idéaux. Personne n'est préoccupé de les préparer. La désertion des minorités dirigeantes se trouve toujours au revers de la révolte des masses.

Mais il est temps que nous reparlions de celle-ci. Après avoir insisté sur le côté favorable que présente le triomphe des masses, il convient que nous nous tournions un peu vers son autre aspect, le plus dangereux.

V

UNE DONNÉE STATISTIQUE

Cet essai voudrait apporter quelques précisions au diagnostic de notre temps, de notre vie actuelle. Sa première partie, déjà énoncée, peut se résumer ainsi : notre vie, si nous la considérons comme un ensemble de possibilités, est magnifique, exubérante, supérieure à toutes celles que l'on a connues jusqu'ici dans l'histoire. Mais par le fait même que ses limites sont plus vastes, elle a débordé tous les cadres, tous les principes, normes et idéaux légués par la tradition. Elle est plus *vie* que toutes les autres vies ; donc plus problématique. Elle ne peut pas s'orienter dans le passé.[41] Elle doit découvrir elle-même son propre destin.

Mais il nous faut maintenant compléter le diagnostic. La vie est, avant tout, vie *possible* ; elle est ce que nous pouvons devenir. Elle consiste donc à décider, entre les possibles, ce que nous allons être en effet. La circonstance et la décision sont les deux éléments essentiels dont se compose la vie. La circonstance -les possibilités -constitue la partie donnée ou imposée de notre vie ; nous pouvons également l'appeler le « monde » La vie ne choisit pas son monde ; vivre, au contraire, c'est se trouver d'emblée dans un monde déterminé et irremplaçable, c'est-à-dire dans « ce » monde actuel. Notre monde est la part de fatalité que comprend notre vie. Mais

---

[41] Nous verrons comment on peut recevoir du passé, sinon ; une orientation, du moins certains conseils négatifs. Le passé ne nous dira pas ce que nous devons faire, mais ce que nous devons éviter.

cette fatalité vitale n'est pas semblable à la fatalité mécanique. Nous ne sommes pas projetés dans l'existence comme la balle du fusil, dont la trajectoire est absolument déterminée. La fatalité qui nous est échue, lorsque nous « tombons » dans ce monde - le monde est toujours « ce » monde d'à présent - est toute contraire. Au lieu de nous imposer une trajectoire, elle nous en impose plusieurs, et par conséquent nous force à... choisir. Surprenante condition que celle de notre vie ! Vivre, c'est se sentir *fatalement* obligé à exercer sa *liberté*, c'est-à-dire à décider de ce que nous allons devenir dans le monde. Notre activité de décision n'a pas un instant de répit. Même lorsque, désespérés, nous nous abandonnons à ce qu'il pourrait advenir, nous avons décidé de ne pas décider.

Il est donc faux de dire que, dans la vie, « les circonstances décident ». Au contraire : les circonstances constituent le dilemme, toujours nouveau, devant lequel nous devons prendre parti. Mais c'est notre seul caractère qui décide.

Tout ceci peut s'appliquer de même à la vie collective. En elle aussi, il y a d'abord un horizon de possibilités, puis une résolution qui choisit et décide du mode effectif de l'existence collective. Cette résolution émane du caractère que possède la société, ou, ce qui revient au même, du type d'homme qui domine en elle. L'homme-masse domine à notre époque ; c'est donc lui qui décide. Qu'on ne me dise pas qu'il en était déjà ainsi à l'époque de la démocratie, du suffrage universel.

Dans le suffrage universel, ce ne sont pas les masses qui décident ; leur rôle consiste à adhérer à la décision de l'une ou de l'autre minorité. Autrefois, les minorités présentaient leurs « programmes » - mot significatif. Les programmes étaient, en effet, des programmes de vie collective. Par eux, on invitait la masse à accepter un projet de décision.

Aujourd'hui se passe une chose bien différente. Si l'on observe la vie publique des pays où le triomphe des masses est le plus avancé - et ce sont les pays méditerranéens - on est surpris de noter que l'on y vit politiquement au jour le jour. Le phénomène est bien étrange. Le pouvoir public se trouve aux mains d'un représentant des masses. Celles-ci sont si puissantes qu'elles ont anéanti toute opposition possible. Elles sont maîtresses du pouvoir public d'une manière si incontestée, si absolue, qu'il serait difficile de trouver dans l'histoire des modes de gouvernement aussi puissants qu'elles. Et cependant, le pouvoir public, le gouvernement, vit au jour le jour ; il ne se présente pas avec un avenir net, ne signifie pas une promesse bien définie de futur, et n'apparaît en rien comme le début d'une époque dont on pourrait imaginer le développement et l'évolution. En somme, il vit sans programme de vie, sans projets. Il ne sait où il va, parce qu'en réalité il ne « va » pas, il n'a pas de chemin tracé à l'avance, de trajectoire prévue. Lorsque ce pouvoir public essaye de se justifier, il ne fait en rien allusion au futur, mais s'enferme au contraire dans le présent et déclare avec une parfaite sincérité : « Je suis un mode anormal de gouvernement imposé par les circonstances. » C'est-à-dire par l'urgence du présent et non par la prévision du futur. Aussi son action se réduit-elle à esquiver le conflit de chaque heure, non à le résoudre, à s'en écarter par n'importe quel moyen, même ceux dont l'emploi accumulera les plus grands orages sur l'heure qui suivra. Il en a toujours été ainsi du pouvoir public lorsque les masses l'exercèrent directement : tout puissant et éphémère. L'homme-masse est l'homme dont la vie est sans projets et s'en va à la dérive. C'est pourquoi il ne construit rien, bien que ses possibilités et que ses pouvoirs soient énormes.

C'est là précisément le type d'homme qui décide à notre époque. Il convient donc que nous analysions son caractère.

Nous trouverons la clé de cette analyse si, nous reportant au début de cet essai, nous nous posons cette question : D'où sont venues ces multitudes qui remplissent et encombrent aujourd'hui lu scène historique ?

Il y a quelques années, le grand économiste Werner Sombart relevait un fait apparemment très simple, qu'il est bien étonnant que tous ceux qui s'occupent des événements contemporains n'aient pas déjà constaté. Ce fait extrêmement simple suffit à éclairer notre vision de l'Europe, ou tout au moins, s'il n'y réussit pas tout à fait, à nous amener vers un éclaircissement total. Du VIe siècle, époque à laquelle commence l'histoire européenne, à l'an 1800 - c'est-à-dire pendant douze siècles - la population de l'Europe n'est jamais parvenue à dépasser 180 millions d'habitants. Or, de 1800 à 1914, - c'est-à-dire en un peu plus d'un siècle, - elle s'élève de 180 à 460 millions ! Il me semble que le contraste de ces deux chiffres ne peut laisser aucun doute quant aux dons prolifiques du dernier siècle. En trois générations, l'Europe a produit de la « pâte humaine » dans des proportions gigantesques ; l'aire historique en est submergée. Cette donnée suffirait, je le répète, à faire comprendre le triomphe des masses et tout ce qui se reflète et s'annonce dans ce triomphe. D'autre part, ce fait doit être considéré comme un des facteurs les plus concrets de cette montée de la vie que je faisais remarquer plus haut.

Mais, en même temps, cette indication nous démontre clairement combien l'admiration avec laquelle on soulignait la croissance des pays nouveaux -les États-Unis par exemple - manque de fondement. Cette croissance nous émerveille lorsqu'elle atteint en un siècle 100 millions d'habitants ; la prolifique croissance de l'Europe est autrement plus étonnante. Nous trouvons ici une nouvelle raison de rectifier ce mirage de l'américanisation de l'Europe. Le trait qui pourrait sembler le plus évidemment caractéristique de l'Amérique - la rapidité de l'accroissement de sa population - ne lui est même pas particulier. Pendant tout le siècle dernier, la population de l'Europe a augmenté beaucoup plus que celle de l'Amérique. L'Amérique s'est faite du trop-plein de l'Europe.

Bien que la statistique de Werner Sombart ne soit pas aussi connue qu'elle le devrait, il me semble que la confuse perception de l'accroissement considérable de la population européenne était assez notoire pour qu'on s'y attarde. Ce n'est donc pas l'augmentation de la population qui, dans les chiffres transcrits m'intéresse, mais tout ce que, par leur contraste, ils mettent en relief d'inattendu et de vertigineux dans cette augmentation même. C'est elle qui nous importe maintenant. Car cet accroissement subit signifie que d'énormes masses d'hommes ont été projetées dans l'histoire, à un rythme si accéléré qu'il n'était guère facile de les saturer de la culture traditionnelle.

Et de fait, le type moyen de l'Européen actuel a une âme plus saine et plus forte que l'homme du siècle passé, mais elle est beaucoup plus simple. Aussi produit-il souvent l'impression d'un homme primitif surgi inopinément au milieu d'une vieille civilisation. Dans les écoles dont s'enorgueillissait tellement le XIXe siècle, on n'a pas pu faire autre chose que d'enseigner aux masses les techniques de la vie moderne ; on n'a pas réussi à les éduquer. On leur a donné des instruments pour vivre intensément, mais pas de sensibilité pour les grands devoirs historiques. On leur a inoculé violemment l'orgueil et le pouvoir des moyens modernes, mais non l'esprit. Aussi ne veulent-elles rien avoir de commun avec l'esprit ; les nouvelles générations se disposent à prendre la direction du monde, comme si le monde était un paradis sans traces anciennes, sans problèmes traditionnels et complexes.

Au siècle dernier reviennent donc la gloire et la responsabilité d'avoir lâché les multitudes sur l'aire historique. Par cela même, ce fait nous offre la perspective la plus nette pour juger ce siècle avec équité. Il devait y avoir en lui quelque chose d'extraordinaire, d'incomparable, quand mûrissaient dans son atmosphère de telles récoltes de vies humaines. Toute préférence des principes qui inspirèrent n'importe quelle époque révolue, est frivole et ridicule s'il n'est pas démontré avant que l'on s'est inquiété de ce fait magnifique et que l'on a essayé de le digérer. L'histoire tout entière apparaît comme un gigantesque laboratoire où tous les essais imaginables ont été tentés pour obtenir une formule de vie publique qui favorisât la plante « homme ». Et débordant toute sophistique possible, il résulte de l'expérience, qu'en soumettant la semence humaine au traitement de ces deux principes, démocratie libérale et technique, en un seul siècle l'espèce européenne a triplé.

Un fait aussi inouï nous force, s'il nous reste tant soit peu de sens commun, à tirer comme conséquences :

Premièrement, que la démocratie libérale, fondée sur la création technique, est le type supérieur de vie publique connu jusqu'à nos jours ;

Deuxièmement, que ce type de vie ne sera peut-être pas le meilleur qu'on puisse imaginer, mais que celui que nous imaginerions comme étant le meilleur devrait conserver l'essentiel de ces principes ;

Troisièmement, que tout retour à des formes de vie inférieures à celles du XIXe siècle est un suicide. Lorsqu'on aura bien reconnu ceci, avec toute la clarté que réclame la clarté du fait lui-même, il faudra se retourner contre le XIXe siècle. S'il est évident qu'il y avait en lui quelque chose d'extraordinaire et d'incomparable, il n'est pas moins vrai qu'il devait souffrir de certains vices radicaux, de certaines insuffisances constitutives, puisqu'il a engendré une caste d'hommes - les hommes-masses rebelles - qui exposent au danger le plus imminent, les principes mêmes auxquels ils doivent la vie. Si ce type humain continue d'être le maître de l'Europe et demeure définitivement celui qui décide, trente ans suffiront pour que notre continent retourne à la barbarie. Les techniques juridiques et matérielles se volatiliseront avec la même facilité que se sont tant de fois perdus des secrets de fabrication.[42] Toute la vie se recroquevillera. L'abondance actuelle des possibilités se convertira en faiblesses effectives, en une angoissante impuissance ; en une véritable décadence. Car la révolte des masses n'est point autre chose que ce que Rathenau appelait : « l'invasion verticale des barbares. »

Il importe donc beaucoup de connaître à fond cet homme-masse qui est la puissance pure du plus grand bien et du plus grand mal.

---

[42] Hermann Weyl, un des plus grands physiciens actuels, condisciple et continuateur d'Einstein a coutume de dire, en conversation privée, qu'il est presque certain, que si dix ou douze personnes déterminées mouraient subitement, la merveille de la physique moderne serait perdue pour toujours parmi les hommes. Il a fallu une préparation de plusieurs siècles pour accommoder l'organe mental à la complication abstraite de la théorie physique. N'importe quel événement peut anéantir une si prodigieuse possibilité humaine, qui, en outre, constitue la base de la technique future.

VI

OÙ L'ON COMMENCE LA DISSECTION DE L'HOMME-MASSE

Cet homme-masse qui domine aujourd'hui la vie publique - politique ou non - comment est-il ? Pourquoi est-il ainsi, ou, pour mieux dire, comment s'est-il produit ?

Il convient de répondre à la fois à ces deux questions, parce qu'elles s'éclairent mutuellement. L'homme qui essaye aujourd'hui de prendre en mains la direction de l'existence européenne est très différent de celui qui dirigeait au XIXe siècle, mais c'est le XIXe siècle qui l'a produit et préparé. Un esprit perspicace de 1820, de 1850 ou de 1880, aurait pu, par un simple raisonnement *a priori*, prévoir la gravité de la situation historique actuelle. Et en effet, il n'arrive rien de « nouveau », rien qui n'ait été prévu cent ans auparavant. « Les masses avancent », disait Hegel sur un ton apocalyptique. » Sans un nouveau pouvoir spirituel, notre époque, qui est une époque révolutionnaire, produira une catastrophe », annonçait Auguste Comte. « Je vois monter la marée du nihilisme », s'écriait Nietzsche le moustachu, du haut de son rocher de l'Engadine. Il est faux de dire que l'histoire n'est pas prévisible ; elle a été prophétisée d'innombrables fois. Si l'avenir ne se prêtait pas à la prophétie, on ne pourrait le comprendre lorsqu'il s'accomplit et devient le passé. Cette idée que l'historien est un prophète à rebours résume toute la philosophie de l'histoire. Sans doute, seule la structure générale du futur peut être prévue, mais cela demeure en vérité la seule chose que nous comprenions, du passé ou du présent. C'est pourquoi si vous voulez bien voir votre époque, regardez-la de loin. De quelle distance ? C'est bien simple. D'une distance telle que vous ne puissiez voir le nez de Cléopâtre.

Quel aspect la vie présente-t-elle à cet homme multitudinaire que le XIXe siècle engendre avec une abondance croissante ? Tout d'abord, l'aspect de l'aisance matérielle sous toutes ses formes. Jamais l'homme moyen n'a pu résoudre avec autant de facilité le problème de son économie. Alors qu'en proportion égale les grandes fortunes décroissaient, l'homme moyen de n'importe quelle classe sociale voyait son horizon économique s'élargir de jour en jour. Un nouveau luxe s'ajoutait chaque jour au répertoire de son *standard* de vie. Chaque jour, sa position devenait plus sûre et plus indépendante de la volonté d'autrui. Ce qui autrefois eût été considéré comme un heureux caprice du hasard, inspirant aussitôt une humble gratitude envers le destin, s'est transformé en un droit, auquel on ne doit plus aucune reconnaissance, mais qu'au contraire l'on estime normal d'exiger.

À cette facilité et à cette sécurité économiques s'ajoutent la facilité et la sécurité physiques : le *confort* et l'ordre public. La vie paraît rouler commodément sur une voie libre où il est peu vraisemblable que rien de violent et de dangereux ne vienne s'opposer à son élan.

Une situation si parfaitement ouverte et si franche devait forcément décanter dans la strate la plus profonde de ces âmes moyennes une impression vitale, qu'exprimerait fort bien par son tour si gracieux et si pénétrant, un proverbe de notre vieille terre : « La Castille est vaste. » Ce qui revient à dire que dans tous ces ordres fondamentaux et décisifs, la vie s'est présentée à l'homme nouveau comme *exempte d'empêchements*. L'intelligence de ce fait et son importance apparaissent automatiquement, si l'on se souvient que cette facilité vitale manquait complètement aux hommes moyens du passé, dont la vie était au contraire, une destinée pénible, ingrate, du point de vue économique et physique. Ces hommes médiocres du passé considéraient leur vie *a nativitate* comme une accumulation d'empêchements, qu'il leur fallait supporter, sans qu'il leur restât d'autre solution que de s'y adapter, et de se loger tant bien que mal dans l'espace réduit qu'ils leur laissaient.

Mais le contraste des situations apparaît encore plus clairement si nous passons du domaine matériel, au domaine civil et au domaine moral. L'homme moyen, depuis la seconde moitié du XIXe siècle, ne rencontre devant lui aucune barrière sociale ; dès sa naissance, il n'est gêné par aucune entrave, par aucune limitation dans aucune forme de la vie publique. Pour lui aussi « la Castille est vaste » ; les « États », les « castes » n'existent pas. Il n'y a personne qui soit privilégié dans le domaine civil. L'homme moyen a appris que tous les hommes sont légalement égaux.

Jamais, dans l'histoire, l'homme n'avait été placé dans des circonstances, dans une ambiance vitale qui ait ressemblé, même de loin, à celle que déterminent les conditions présentes. Il s'agit en effet d'une innovation apportée dans le destin de l'homme, par le XIXe siècle. Il se monte une nouvelle scène pour l'existence de cet homme, physiquement et socialement nouveau. Trois principes ont rendu possible ce nouveau monde : la démocratie libérale, l'expérience scientifique et l'industrialisme. Les deux derniers peuvent se résumer en un seul : la technique. Aucun de ces principes ne fut inventé par le XIXe siècle ; ils procèdent des deux siècles qui les précédèrent. L'honneur du XIXe siècle n'est donc pas de les avoir inventés, mais de les avoir implantés. Personne ne l'ignore en effet. Mais il ne suffit pas de le reconnaître abstraitement, il est nécessaire d'en accepter les inexorables conséquences.

Le XIXe siècle fut essentiellement révolutionnaire. Il ne faut pas chercher ce qu'il eut de révolutionnaire dans le spectacle de ses barricades, qui, à elles seules, ne constituent pas une révolution, mais dans le fait qu'il plaça l'homme moyen -la grande masse sociale -dans des conditions de vie radicalement opposées à celles qui l'avaient toujours entouré. Le XIXe siècle a bouleversé la vie publique. La révolution n'est pas une simple rébellion contre l'ordre préexistant, elle est mieux encore : l'implantation d'un ordre nouveau qui bouleverse l'ordre traditionnel. Aussi n'était-il pas exagéré de dire que l'homme engendré par le XIXe siècle est, en tout ce qui touche à la vie publique, un homme différent de tous les autres hommes. L'homme du XVIIIe siècle se différencie, évidemment, de celui qui domine au XVIIe, comme ce dernier se distingue à son tour de celui qui caractérise le XVIe. Mais tous ces spécimens humains sont parents, similaires et même identiques dans leurs traits essentiels, si on les confronte avec « l'homme nouveau ». Pour le « vulgum pecus » de toutes les époques, la *vie* avait signifié, avant tout, limitation, obligation, dépendance, en un mot, pression. Dites, si vous voulez, oppression, pourvu que vous compreniez dans ce mot non seulement les oppressions juridiques et sociales, mais encore l'oppression cosmique, la seule peut-être qui ne se soit jamais relâchée, jusqu'en ces dernières années, jusqu'au moment où commence l'expansion d'une technique scientifique - physique et administrative, qui est pratiquement illimitée. Autrefois, même pour le riche et le puissant, le monde était un lieu de pauvreté, de difficultés et de dangers.[43]

---

[43] Pour aussi riche qu'ait été autrefois un homme par rapport aux autres, comme la totalité du monde était pauvre, la sphère des facilités et des commodités que sa richesse pouvait lui procurer était très réduite. La vie de l'homme moyen est aujourd'hui plus facile, plus commode et plus sûre que celle de l'homme le plus puissant d'autrefois. Que lui importe de n'être pas plus riche que les autres si le monde l'est et met à sa disposition de magnifiques routes des chemins de fer, le télégraphe, les hôtels, la sécurité physique et l'aspirine ?

Le monde qui entoure l'homme nouveau depuis sa naissance ne le pousse pas à se limiter dans quelque sens que ce soit, ne lui oppose nul veto, nulle restriction, mais au contraire avive ses appétits, qui peuvent, en principe, croître indéfiniment. Il arrive donc - et cela est très important - que ce monde du XIXe siècle et des débuts du XXe siècle, non seulement a toutes les perfections et l'ampleur qu'il possède de fait, mais encore suggère à ses habitants une certitude totale que les jours qui vont suivre seront encore plus riches, plus vastes, plus parfaits, comme s'ils bénéficiaient d'une croissance spontanée et inépuisable. Aujourd'hui encore, et bien que certains signes annoncent une petite fissure dans cette foi totale, il y a très peu d'hommes qui doutent que dans cinq ans les automobiles ne soient plus confortables et meilleur marché que celles qui sortent actuellement. On y croit comme au prochain lever du soleil. La comparaison est complète. Car l'homme moyen placé devant ce monde technique, si parfait socialement, le croit un produit de la nature et ne pense jamais à l'effort génial que suppose sa création par des esprits d'élite. Et il admettra encore moins que tous ces avantages puissent reposer sur certaines difficiles qualités humaines, dont la plus petite défaillance, le plus insensible « arrêt », ferait se volatiliser très rapidement la magnifique construction.

Tout ceci nous amène à noter deux premiers traits dans le diagramme psychologique de l'homme-masse actuel : la libre expansion de ses désirs vitaux, par conséquent de sa personne, et son ingratitude foncière envers tout ce qui a rendu possible la facilité de son existence. L'un et l'autre de ces traits composent la psychologie bien connue de l'enfant gâté. De fait, celui qui se servirait de cette psychologie comme d'une grille à travers laquelle il regarderait l'âme des masses actuelles, ne se tromperait guère. Le « nouvel homme moyen », héritier d'un passé très ancien et génial - génial d'inspirations et d'efforts - a été « gâté » par le monde qui l'entoure. « Gâter », c'est ne pas limiter le désir, c'est donner à un être l'impression que tout lui est permis, qu'il n'est tenu à aucune obligation. La créature soumise à ce régime ne fait pas l'expérience de ses propres limites. À force de lui éviter toutes les pressions du dehors, tout heurt avec les autres êtres, on arrive à lui faire croire qu'elle seule existe, à l'accoutumer à ne pas compter avec les autres, et surtout à ne pas admettre que personne puisse lui être supérieur. Ce sentiment de la supériorité d'autrui ne pouvait lui être donné que par un individu qui, étant plus fort que lui, l'eût obligé à renoncer à un désir, à se restreindre, à se contenir. Cet homme aurait appris ainsi cette discipline essentielle : « À ce point, je m'arrête, et un autre que moi commence, qui peut plus que moi. Dans ce monde, à ce qu'il semble, nous sommes deux, moi et un autre qui m'est supérieur ». Le monde environnant enseignait quotidiennement cette sagesse élémentaire à l'homme des autres époques ; le monde d'alors était si rudement organisé que les catastrophes y étaient fréquentes, et qu'il n'y avait en lui rien de sûr, rien d'abondant ni de stable. Mais les masses nouvelles se trouvent devant un paysage plein de possibilités et, de plus, sûr, et tout préparé, tout à leur disposition, sans qu'il leur en coûte quelque effort préalable, de la même manière que nous trouvons le soleil sur les hauteurs, sans que nous ayons eu à le monter sur nos épaules. Aucun être humain n'est reconnaissant à un autre de l'air qu'il respire, parce que l'air n'a pas été fabriqué par personne ; il appartient à l'ensemble de ce qui « est là », de ce que nous affirmons « être naturel », parce qu'il ne nous manque pas. Ces masses trop gâtées sont tout juste assez bornées pour croire que cette organisation matérielle et sociale, mise à leur disposition, comme l'air, provient de la même origine, puisqu'elle ne fait pas défaut elle non plus, à ce qu'il semble et qu'elle est aussi parfaite que l'organisation de la nature.

Ma thèse peut donc se résumer ainsi : la perfection même avec laquelle le XIXe siècle a donné une organisation à certains domaines de la vie, est la cause de ce que les masses bénéficiaires la considèrent non pas comme une organisation, mais comme un produit de la nature. Ainsi s'explique et se définit cet absurde état d'esprit que les masses révèlent. Rien ne les préoccupe plus que leur bien-être et en même temps elles ont coupé tout lien de solidarité avec les causes de ce bien-être. Connue elles ne voient pas dans la civilisation une invention et une construction prodigieuses qui ne peuvent se maintenir qu'avec de grands et prudents efforts, elles croient que leur rôle se réduit à les exiger péremptoirement, comme si c'étaient des droits de naissance. Dans les émeutes que provoque la disette, les masses populaires ont coutume de réclamer du pain et le moyen qu'elles emploient consiste généralement à détruire les boulangeries. Cela peut servir de symbole - en des proportions plus vastes et plus subtiles - à la conduite des masses actuelles vis-à-vis de la civilisation qui les nourrit.[44]

---

[44] Abandonnées à leurs propres penchants, les masses, qu'elles soient plébéiennes ou « aristocratiques », tendent toujours, par désir de vivre, à détruire les bases de leur vie. J'ai toujours trouvé une amusante caricature de cette tendance à *propter vitam, vitae perdere causas* dans ce qu'il arriva à Nijar, village voisin d'Almería, lorsque Charles III fut proclamé roi, le 13 septembre 1759. La proclamation se fit sur la grande place. « Sitôt après, on manda d'apporter à boire à toute cette grande affluence, qui consomma 77 arrobes de vin et 4 outres d'eau-de-vie, dont les pernicieuses vapeurs échauffèrent de si belle manière les esprits que la foule se dirigea vers le Grenier Municipal avec des vivats répétés, y pénétra, jeta par les fenêtres tout le blé qui s'y trouvait et les 900 réaux du Trésor. De là, ils passèrent à la Régie, et commandèrent de jeter le tabac et l'argent de la Recette. Ils firent de même dans les boutiques, ordonnant, pour mieux corser la fête, de répandre tous les comestibles et les liquides qui s'y trouvaient. L'état ecclésiastique y concourut vivement, puis, à grands cris, on incita les femmes afin qu'elles jetassent avec plus de générosité tout ce qu'elles avaient chez elles, ce qu'elles firent avec le plus complet désintéressement puisqu'il n'y resta rien : pain, blé, farine, orge, assiettes, chaudrons, mortiers et chaises. Ces réjouissances se prolongèrent jusqu'à la complète destruction de la dite ville. » D'après un écrit du temps, propriété de M. Sanchez de Toca et cité dans le *Règne de Charles III* de M. Manuel Danvila, tome II, p. 10, note 2. Ce village, pour mieux se livrer à sa joie monarchique, se détruisit lui-même. Admirable Nijar, l'avenir est à toi !

VII

VIE NOBLE ET VIE MÉDIOCRE
OU EFFORT ET INERTIE

Nous sommes tout d'abord ce que notre monde nous invite à être, et les traits fondamentaux de notre âme sont imprimés sur elle par le contour du monde extérieur comme par un moule. Évidemment, vivre n'est au fond qu'être en commerce avec le monde. L'aspect général que celui-ci nous présente sera l'aspect général de notre vie. C'est pour cela que j'insiste tant sur cette remarque : le monde où sont nées les masses actuelles offrait une physionomie foncièrement nouvelle dans l'histoire. Pour l'homme moyen du passé, vivre c'était se heurter à un ensemble de difficultés, de dangers, de privations, en même temps que de limitations et de dépendances ; pour l'homme moyen actuel, le monde nouveau apparaît comme un champ de possibilités pratiquement illimitées, où l'on ne dépend de personne. C'est ce sentiment original et permanent qui préside à la formation de chaque esprit contemporain, comme le sentiment opposé aidait à la formation des âmes d'autrefois. Car cette impression fondamentale se transforme en une voix intérieure, qui murmure sans cesse au plus profond de l'individu une manière de langage et, tenace, lui insinue une définition de la vie qui est, en même temps, un impératif. Si l'impression traditionnelle disait : « Vivre, c'est se sentir limité, et par cela même, avoir à compter avec ce qui nous limite », - la voix nouvelle crie : « Vivre, c'est ne se connaître aucune limite, c'est s'abandonner tranquillement à soi-même. Pratiquement rien n'est impossible rien n'est dangereux ; en principe, nul n'est supérieur aux autres. »

Cette expérience fondamentale modifie complètement la structure traditionnelle, éternelle, de l'homme-masse, car celui-ci s'est toujours senti, par sa constitution même, soumis à des limitations matérielles et à des pouvoirs sociaux supérieurs. Voilà ce qu'était la vie à ses yeux. S'il arrivait à améliorer sa situation, s'il s'élevait socialement, il attribuait cette ascension à un heureux coup du sort qui le favorisait personnellement. Ou bien il l'attribuait à un énorme effort dont lui seul connaissait tout le prix. Dans l'un ou l'autre cas, il s'agissait là d'une exception au cours normal de la vie et du monde ; et en tant qu'exception elle était due à quelque cause très particulière.

Mais la masse actuelle se trouve devant une vie totalement libre comme devant un état naturel et normal, sans cause particulière. Du dehors, rien ne l'incite à se reconnaître des limites, et par conséquent à compter à tout moment avec d'autres instances, surtout avec des instances qui lui soient supérieures. Le laboureur chinois croyait, il y a encore peu de temps, que le bien-être de sa vie dépendait des vertus privées que l'empereur se devait de posséder. Aussi se référait-il constamment à cette suprême instance dont sa vie dépendait. *Mais l'homme que nous analysons s'habitue à ne faire, de sa propre volonté, aucun appel à une instance extérieure.* Il se trouve satisfait tel qu'il est. Ingénument, et sans même en tirer vanité, il tendra à affirmer le plus naturellement du monde, que tout est bon de ce qui est en lui : opinions, appétits, préférences ou goûts. Pourquoi n'en serait-il pas ainsi puisque, ainsi que nous l'avons vu, rien ni personne ne l'oblige à admettre qu'il est un homme de deuxième ordre, très limité, incapable de créer, ni même de conserver l'organisation qui confère à sa vie cette amplitude et ce contentement sur lesquels il fonde une telle affirmation de sa personne.

Jamais l'homme-masse n'aurait recouru à qui que ce soit en dehors de lui, si *la circonstance* ne l'y avait violemment forcé. Comme aujourd'hui la circonstance ne l'y oblige plus, l'éternel homme-masse, conséquent avec lui-même, cesse de s'en remettre à autrui et se sent le seul maître de sa vie. L'homme supérieur, au contraire, l'homme d'élite, est caractérisé par l'intime nécessité d'en appeler de lui-même à une règle qui lui est extérieure, qui lui est supérieure, et au service de laquelle il s'enrôle librement. On se souviendra qu'au début de cet essai, nous distinguions l'homme d'élite de l'homme médiocre en affirmant que le premier exige beaucoup plus de lui-même, tandis que le second, au contraire, toujours satisfait de lui, se contente d'être ce qu'il est.[45] Contrairement à ce que l'on croit habituellement, c'est la créature d'élite et non la masse qui vit « essentiellement » dans la servitude. Sa vie lui paraît sans but s'il ne la consacre au service de quelque obligation supérieure. Aussi la nécessité de servir ne lui apparaît pas comme une oppression, mais au contraire, lorsque cette nécessité lui fait défaut, il se sent inquiet, et invente de nouvelles règles plus difficiles plus exigeantes, qui l'oppriment. Telle est la vie-discipline, la vie noble. La noblesse se définit par l'exigence, par les obligations et non par les droits. *Noblesse oblige*[46] « Vivre à son gré est plébéien ; le noble aspire à l'ordre et à la loi » (Gœthe). Les privilèges de la noblesse ne sont pas, à l'origine tout au moins, des concessions ou des faveurs, mais des conquêtes. Et, en principe, leur maintien suppose que le privilégié devrait être capable de les reconquérir à tout instant, si cela était nécessaire, ou si quelqu'un les lui disputait. Les droits privés ou *privi-lèges,* ne sont donc pas une possession

---

[45] Un homme appartient intellectuellement à la masse quand, devant un problème quelconque, il se contente de penser tout bonnement ce qui « lui passe par la tête ». Au contraire, un individu d'élite se défie de ce qui se présente à son esprit, sans effort de pensée préalable ; il n'acceptera comme étant digne de lui, que ce qu'il estime lui être supérieur, que ce qui exige un effort nouveau pour être atteint.

[46] En français dans le texte.

passive ou une simple jouissance, mais au contraire ils représentent les limites où se haussent les efforts de l'individu. En revanche, les droits communs comme ceux de « l'homme et du citoyen » sont une propriété passive, pur usufruit et bénéfice, don généreux du destin, auquel tout homme peut participer et qui ne correspond à aucun effort, à moins que ce ne soit l'effort de respirer et de demeurer sain d'esprit. Les droits impersonnels, on les a mais les droits personnels, il faut les soutenir.

La dégénérescence dont a souffert dans le vocabulaire un mot aussi évocateur que « noblesse » est irritante. Car, en signifiant pour beaucoup « noblesse de sang », héréditaire, elle se convertit en quelque chose de semblable aux droits communs, en une qualité statique et passive, qui se reçoit et se transmet comme une chose inerte. Mais le sens propre, étymologique, du mot « noblesse » est essentiellement dynamique. Noble signifie « connu », c'est-à-dire celui qui est fameux, celui qui s'est fait connaître en se distinguant de la masse anonyme. Il implique un effort insolite qui justifie la renommée. Noble équivaut donc à qui s'efforce, à qui excelle. La noblesse ou renommée du fils est déjà un pur bénéfice. Le fils est connu parce que son père sut se rendre fameux. Il est connu par reflet, et, en effet, la noblesse héréditaire a un caractère indirect ; c'est une lumière réfléchie, c'est une noblesse « lunaire », et pour ainsi dire faite de morts. Seule demeure en elle, principe vivant, authentique, dynamique, l'incitation qu'éprouve le descendant de maintenir par ses efforts, le niveau où atteignit son aïeul. Toujours, même en ce sens dénaturé, *noblesse oblige*. Le noble d'origine s'oblige lui-même ; l'héritage oblige le noble héréditaire. Il y a cependant une certaine contradiction dans la transmission de la noblesse du premier noble à ses successeurs. Plus logiques, les Chinois intervertissent l'ordre de la transmission, et ce n'est pas le père qui ennoblit le fils, mais au contraire, le fils qui, en méritant la noblesse, la reporte sur ses aïeux et distingue leur humble souche par ses efforts. C'est pourquoi, en Chine, on gradue les rangs de noblesse d'après le nombre des générations antérieures qui en sont honorées, et il y a des fils qui ennoblissent seulement leur père, et d'autres qui étendent leur renommée jusqu'à leur cinquième ou dixième ancêtre. Les aïeux vivent de l'homme actuel dont la noblesse est effective, agissante - en somme, *il est*, et non *il fut*.[47]

Ce n'est qu'avec l'Empire romain que le mot « noblesse » apparaît comme terme formel ; précisément pour être opposé à la noblesse « héréditaire », déjà décadente.

Pour moi, noblesse est synonyme d'une vie vouée à l'effort ; elle doit être toujours préoccupée à se dépasser elle-même, à hausser ce qu'elle est déjà vers ce qu'elle se propose comme devoir et comme exigence. De cette manière la vie noble reste opposée à la vie médiocre ou inerte, qui, statiquement, se referme sur elle-même, se condamne à une perpétuelle immanence, tant qu'une force extérieure ne l'oblige à sortir d'elle-même. C'est pourquoi nous appelons masse, ce type d'homme, non pas tant parce qu'il est multitudinaire, que parce qu'il est inerte.

À mesure que l'on avance dans l'existence, on se rend compte, jusqu'à en être excédé, que la plupart des hommes - et des femmes - sont incapables de tout autre effort que de celui qui leur est strictement imposé pour réagir contre une nécessité qui leur est extérieure. Aussi les quelques rares êtres que nous avons connus, capables d'un effort spontané et gratuit, se détachent-ils encore mieux dans notre mémoire, comme des monuments isolés. Eux seuls sont les hommes d'élite, les nobles, les hommes actifs, et non seulement

---

[47] Comme il ne s'agit, dans ce qui précède, que de ramener le mot « noblesse » à son sens primitif, qui exclut l'hérédité, il est inutile d'étudier le fait de l'apparition fréquente dans l'histoire d'une « noblesse de sang ». Cette question reste donc intacte.

réactifs ; ceux pour lesquels la vie est une perpétuelle tension, un incessant entraînement. Entraînement = *askesis*. Ce sont les ascètes.[48]

Que cette apparente digression ne surprenne pas le lecteur. Pour définir l'homme-masse actuel, qui est aussi masse qu'autrefois, mais qui aujourd'hui veut supplanter les élites, il faut l'opposer à ces formes pures, qui se mêlent en lui : la masse normale et le noble authentique, celui qui fait effort.

Maintenant, nous pouvons aller plus vite puisque nous voici maîtres de ce qui, selon moi, est la clé ou l'équation psychologique du type humain qui domine aujourd'hui. Tout ce qui suit est conséquence ou corollaire de cette structure radicale que l'on pourrait résumer ainsi : le monde organisé par le XIXe siècle, en produisant automatiquement un homme nouveau l'a doté de formidables appétits, de puissants et multiples moyens pour les satisfaire - moyens d'ordre économique (hygiène, santé moyenne, supérieure à celle de tous les temps), moyens civils et techniques (j'entends par là l'énorme somme de connaissances partielles et de bénéfices pratiques que possède aujourd'hui l'homme moyen, ce dont il manqua toujours dans le passé). Après l'avoir doté de toute cette puissance, le XIXe : siècle l'a abandonné à lui-même ; l'homme moyen suivant son tempérament naturel s'est alors refermé sur lui-même. De sorte que nous nous trouvons en présence d'une masse plus forte que celle d'aucune autre époque, mais, à la différence de la masse traditionnelle, hermétiquement fermée sur elle-même, incapable de prendre garde à rien ni à personne et croyant se suffire à elle-même, - en un mot *indocile*.[49] Si les choses continuent comme elles se sont succédées jusqu'ici, on remarquera, chaque jour un peu

---

[48] Voir « *L'Origine sportive de l'État* » dans *El Espectador*.

[49] J'ai déjà parlé de l'indocilité des masses, particulièrement des masses espagnoles, dans *Espagna invertebrada* (1921), et je me réfère ici à cet ouvrage.

plus, en Europe, et par répercussion dans le monde entier, que les masses sont incapables de se laisser diriger dans aucun domaine. Quand viendront les heures difficiles qui se préparent pour notre continent, il est possible que subitement angoissées, elles aient un instant la bonne volonté d'accepter, dans certaines passes critiques, la direction des minorités supérieures.

Mais cette bonne volonté échouera là encore, parce que la texture intime de leur âme est faite d'hermétisme et d'indocilité, parce qu'il leur manque, de naissance, la faculté de prendre en considération ce qui est au-delà d'elles, qu'il s'agisse de faits ou de personnes. Elles voudront suivre quelqu'un et ne le pourront pas. Elles voudront entendre et s'apercevront qu'elles sont sourdes.

D'autre part, le niveau vital de l'homme moyen aura beau s'être élevé en comparaison avec celui des autres époques, il serait illusoire de penser que cet homme moyen pourra régir, de lui-même, la marche de la civilisation. Je dis la marche, je ne dis plus le progrès. Le simple fait de maintenir la civilisation actuelle est infiniment complexe et requiert d'incalculables subtilités. Il ne peut que mal la diriger, cet homme moyen qui a appris à se servir des engins créés par la civilisation mais qui se caractérise par son ignorance foncière des principes mêmes de cette civilisation.

Je répète au lecteur assez patient pour m'avoir suivi jusqu'ici, qu'il convient bien entendu de ne pas attribuer à ces énoncés une signification politique. L'activité politique qui est de toutes les formes de la vie publique, la plus efficiente et la plus visible, est par contre la dernière ; elle résulte de bien d'autres, plus intimes, plus impondérables qu'elle. Ainsi l'indocilité politique ne serait pas grave si elle ne provenait d'une indocilité plus profonde et plus décisive. C'est pourquoi, tant que nous n'aurons pas analysé celle-ci, le théorème de cet essai ne sera pas encore complètement éclairci.

VIII

POURQUOI LES MASSES INTERVIENNENT EN TOUT ET POURQUOI ELLES N'INTERVIENNENT QUE VIOLEMMENT

Nous disions qu'il s'est produit un fait excessivement paradoxal, et pourtant très naturel : à force de voir devant lui le monde et la vie largement ouverts, l'homme médiocre a refermé son âme. Je soutiens donc que c'est dans cette oblitération des âmes moyennes qu'il faut chercher la cause de la révolte des masses, qui constitue à son tour le gigantesque problème posé aujourd'hui à l'humanité.

Je sais bien que beaucoup de ceux qui me lisent ne pensent pas comme moi, ce qui est naturel également et confirme le théorème. Car même si, tout compte fait, mon opinion se trouvait erronée, il resterait vrai que beaucoup de ces lecteurs aux opinions contraires n'ont pas réfléchi cinq minutes sur une matière aussi complexe. Comment penseraient-ils comme moi ? Mais en se croyant le droit d'avoir une opinion sur ce sujet, sans un effort préalable pour se la forger, ils donnent une preuve exemplaire de leur adhésion à cette façon absurde d'être homme, qui est d'appartenir à ce que j'ai nommé la « masse rebelle ». Voilà ce que j'appelle précisément avoir l'âme oblitérée, hermétique. Il s'agirait dans ce cas d'un hermétisme intellectuel. L'individu trouve dans son esprit un répertoire d'idées toutes faites. Il décide de s'en tenir à elles et de considérer comme complète sa provision d'idées. Ne trouvant rien à désirer en dehors de lui, il s'installe définitivement en lui-même. C'est le mécanisme de l'oblitération.

L'homme-masse se sent parfait. Un homme supérieur pour se croire parfait, doit être particulièrement vaniteux, et cette croyance en sa perfection ne fait pas intimement partie de lui-même, elle n'est pas naïve, mais elle procède de sa vanité, et à ses propres yeux, elle a quelque chose de factice, d'imaginaire et de problématique. C'est pourquoi le vaniteux a besoin des autres et recherche en eux une confirmation de l'idée qu'il veut avoir de lui-même. De sorte que, ni dans ce cas morbide, ni même lorsqu'il est « aveuglé » par la vanité, l'homme noble ne parvient jamais à se croire vraiment complet. En revanche, l'homme médiocre de notre temps, ce nouvel Adam, ne doute jamais de sa propre plénitude. Sa confiance en lui-même est paradisiaque. L'hermétisme inné de son âme lui interdit ce qui serait la condition préalable de la découverte de son insuffisance : se comparer à d'autres êtres. Pour faire cette comparaison, il lui faudrait sortir un instant de lui-même, et pénétrer son prochain. Mais l'homme médiocre est incapable de telles transmigrations - sport suprême.

Nous retrouvons ici la différence éternelle entre le sot et l'homme intelligent. Ce dernier se surprend toujours à deux doigts de la sottise ; il fait un effort pour échapper à cette sottise imminente, et c'est dans cet effort que consiste l'intelligence. Le sot, au contraire, ne soupçonne pas sa sottise : il se croit très spirituel. De là cette enviable tranquillité avec laquelle il se complaît et s'épanouit dans sa propre bêtise. Comme ces insectes qu'il n'y a pas moyen de faire sortir de leur trou, on ne peut déloger le sot de sa bêtise, le tirer un instant de son aveuglement, et l'obliger à comparer sa sotte vision avec d'autres manières de voir plus subtiles. On est sot pour la vie ; le sot est impénétrable, « sans pores », si l'on peut dire. Anatole France disait qu'un sot est plus funeste qu'un méchant, car « le méchant se repose quelquefois, le sot jamais ».[50]

Il ne s'agit pas ici de dire que l'homme-masse soit un sot. Au contraire. L'homme-masse de notre temps est plus éveillé que celui de n'importe quelle autre époque ; il a une bien plus grande capacité intellectuelle. Mais ses aptitudes ne lui servent à rien ; en fait, le vague sentiment de les posséder ne lui sert qu'à se replier plus complètement encore sur lui-même et à ne pas en user. Une fois pour toutes il trouve parfaite cette accumulation de lieux communs, de préjugés, de lambeaux d'idées ou simplement de mots vides que le hasard a brouillé pêle-mêle en lui ; et avec une audace que la naïveté peut seule expliquer, il tente de les imposer n'importe où. C'est là ce que j'énonçais dans le premier chapitre, comme un des traits caractéristiques de notre époque : non que le médiocre croit qu'il est éminent et non médiocre, mais qu'il proclame et impose les droits de la médiocrité ou la médiocrité elle-même comme un droit.

L'empire que la médiocrité intellectuelle exerce aujourd'hui sur la vie publique, est peut-être dans la situation actuelle, un facteur tout nouveau dont on ne peut trouver l'équivalent dans le passé. Tout au moins, dans toute l'histoire européenne de ses débuts jusqu'à nos jours, l'homme moyen n'avait jamais cru qu'il pouvait avoir des « idées sur les choses ». Il avait des croyances, des traditions, des expériences, des proverbes, des habitudes mentales, mais il ne s'était jamais imaginé qu'il possédait des opinions théoriques sur ce que sont les choses, et sur ce qu'elles doivent être - sur la politique ou

---

[50] Je me suis souvent posé la question suivante : Il est hors de doute que de tous temps le contact, le choc avec la sottise d'autrui, a dû être, pour beaucoup d'hommes, un des tourments les plus angoissants de leur vie. Comment est-il possible cependant que l'on n'ait jamais essayé, me semble-t-il, d'écrire une étude sur elle, un *essai sur la bêtise*.

sur la littérature, par exemple. Ce que le politicien projetait et faisait lui paraissait bien ou mal ; il lui accordait ou lui refusait son adhésion, mais son attitude se réduisait à reproduire, positivement ou négativement, l'action créatrice des autres. Jamais il ne lui arriva d'opposer ses propres idées à celles du politicien ; ni même de juger les « idées » du politicien d'après d'autres « idées » qu'il croyait avoir. La même chose se produisait en art et dans les autres domaines de la vie publique. La conscience innée de ses limites, le sentiment de son inaptitude à « théoriser », l'en empêchaient complètement. Il en résultait automatiquement qu'il ne venait jamais à l'idée du médiocre -il s'en fallait même de beaucoup - de prendre une décision, dans la plupart de ces activités publiques, qui offrent en grande partie un caractère théorique.

Aujourd'hui, au contraire, l'homme· moyen a les « idées » les plus arrêtées sur tout ce qui arrive et sur tout ce qui doit arriver dans l'univers. Aussi a-t-il perdu l'habitude de prêter l'oreille. À quoi bon entendre puisqu'il a déjà réponse à tout. Il n'est plus temps d'écouter, mais au contraire de juger, de décider, de se prononcer. Il n'est pas de question d'ordre public où il n'intervienne, aveugle et sourd comme il est, pour y imposer ses « opinions ».

Mais n'est-ce pas là un avantage ? N'est-ce pas un progrès énorme que les masses aient des « idées », c'est-à-dire qu'elles soient cultivées ? En aucune façon. Les idées de cet homme moyen ne sont pas des idées authentiques ; les posséder n'implique pas la culture. Toute idée est un échec à la vérité. Qui veut avoir des idées doit auparavant se disposer à vouloir la vérité, et accepter les règles du jeu qu'elle impose. On ne peut parler d'idées ou d'opinions si on n'admet pas une instance qui les règle, une série de normes auxquelles on puisse se référer dans la discussion. Ces normes sont les principes de la culture. Celles-ci ou celles-là, il n'importe. Ce que je prétends, c'est qu'il n'y a pas de culture s'il n'y a pas de normes auxquelles notre prochain puisse recourir. Il n'y a pas de culture, là où il n'y a pas de principes de légalité civile auxquels on puisse en appeler. Il n'y a pas de culture là où n'existe pas le respect de certaines bases intellectuelles auxquelles, on se réfère dans la dispute.[51] Il n'y a pas de culture là où ne préside pas aux relations, économiques un régime de trafic sous lequel on puisse s'abriter. Il n'y a pas de culture là où les polémiques sur l'esthétique ne reconnaissent pas la nécessité de justifier l'œuvre d'art. ·

Quand toutes ces conditions font défaut, il n'y a pas de culture. Il n'y a que barbarie, dans le sens le plus strict du mot. Et, ne nous faisons pas d'illusions, c'est ce qui commence à se produire en Europe, sous la révolte progressive des masses. Le voyageur qui arrive dans un pays barbare sait que, sur ce territoire, il n'y a pas de principes auxquels on puisse en appeler. À vrai dire, les barbares n'ont pas de loi ; la barbarie, c'est l'absence de normes et l'impossibilité de tout recours.

La richesse ou la pauvreté d'une culture se me surent au degré de précision des normes. Moins précises, les normes ne règlent la vie que *grosso modo ;* plus précises, elles pénètrent jusqu'au plus petit détail, dans l'exercice de toutes les activités.

N'importe qui peut se rendre compte qu'il commence à se passer en Europe des « choses étranges ». Pour donner un exemple, je citerai certains mouvements politiques, tels que le syndicalisme et le fascisme. Qu'on ne dise pas qu'ils paraissent étranges simplement parce qu'ils sont nouveaux. L'enthousiasme de l'Européen pour toute innovation est tellement inné en lui, qu'il lui a valu la plus trouble des histoires que l'on connaisse. Qu'on n'attribue donc pas

---

[51] Si quelqu'un, dans une discussion, ne se préoccupe pas de coïncider avec la vérité, s'il n'a pas la volonté d'être *vrai,* c'est un' barbare, au point de vu intellectuel. C'est en fait l'attitude de l'homme-masse quand il parle, quand il fait des conférences, ou lorsqu'il écrit.

l'étrangeté de ces faits à leur nouveauté, mais à l'étrange aspect que présentent ces nouveautés. Sous les espèces du syndicalisme et du fascisme apparaît pour la première fois en Europe un type d'homme *qui ne veut ni donner de raisons, ni même avoir raison,* mais qui simplement, se montre résolu à imposer ses opinions. C'est en cela que réside la nouveauté, dans le droit de n'avoir pas raison. J'y vois la manifestation la plus évidente de la nouvelle manière d'être des masses, qui ont résolu de diriger la société sans en être capables. C'est dans sa conduite politique que l'âme nouvelle se révèle de la manière la plus brutale ; mais c'est dans son « hermétisme » intellectuel qu'on en trouvera l'explication. L'homme moyen se trouve avoir en lui des « idées », mais il n'a pas l'art de les produire. Il ne soupçonne même pas dans quel élément subtil vivent les idées. Il veut émettre une opinion, mais ne veut en rien accepter les conditions et les postulats que suppose l'acte de se faire une opinion. C'est pourquoi ses « idées » ne sont vraiment que des désirs liés à des mots comme les paroles sous les portées des romances musicales.

Avoir une idée, c'est croire qu'on en possède les raisons, et partant, croire qu'il existe une raison, un monde de vérité intelligibles. Penser, se faire une opinion revient donc à en appeler à cette instance supérieure, à s'en remettre à elle, à accepter son code et sa sentence et à croire par conséquent, que la forme la plus élevée des relations humaines est le dialogue ; c'est en effet par le dialogue que l'on discute les raisons de nos idées. Mais l'homme-masse se sentirait perdu s'il acceptait la discussion ; aussi, instinctivement, refuse-t-il l'obligation de s'en remettre à ce tribunal suprême qui se trouve en dehors de lui. Ainsi la nouveauté, en Europe, est d' « en finir avec la discussion », et l'on répudie toute forme de communauté qui impliquerait en elle-même l'acceptation de normes objectives, et cela depuis les conversations jusqu'aux Parlements en passant par la science. C'est-à-dire qu'on renonce à une communauté de culture, qui est une communauté soumise à des normes, et que l'on retourne à la communauté barbare. On supprime toutes les formalités normales et l'on impose directement ce que l'on désire. L'hermétisme de l'âme qui, comme nous l'avons vu plus haut, pousse la masse à intervenir dans la totalité de la vie publique, l'entraîne aussi, inexorablement, à un procédé unique d'intervention : l'action directe.

Si l'on reconstitue un jour la genèse de notre temps, on remarquera que les premiers sons de cette mélodie particulière se firent entendre, aux environs de 1900, dans ces groupes syndicalistes et royalistes français qui inventèrent la chose et l'expression « action directe ». L'homme a perpétuellement recouru à la violence. Parfois ce recours était simplement un crime, et de ce fait il ne nous intéresse pas. Mais en d'autres cas, la violence n'était que l'unique, l'ultime moyen auquel pouvait recourir celui qui avait déjà épuisé tous les autres pour défendre la raison et la justice dont il se croyait possesseur. Il est sans doute lamentable que la condition humaine conduise sans cesse à cette forme de violence ; on ne peut nier cependant qu'elle représente le plus grand des hommages à la raison et à la justice. Car une telle violence n'est rien d'autre en effet que la raison exaspérée. La force était autrefois *l'ultima ratio*. Assez sottement d'ailleurs, on a pris la coutume d'interpréter ironiquement cette formule qui exprime fort bien la soumission préalable de la force aux normes rationnelles. La civilisation n'est rien d'autre que la tentative de réduire la force à *l'ultima ratio*. Nous commençons à le voir clairement maintenant, parce que « l'action directe » consiste à intervertir l'ordre et à proclamer la violence comme « *prima ratio* », et même comme unique raison. C'est la norme qui propose l'annulation de toute norme, qui supprime tout intermédiaire entre nos projets et leur mise en pratique. C'est la *Charta magna* de la barbarie.

Il convient de rappeler que toujours, lorsque la masse, pour une raison ou pour une autre, est intervenue dans la vie publique, elle l'a fait sous forme d' « action directe ». Ce fut là, de tout temps, la façon naturelle d'agir caractéristique des masses. La thèse de cet essai se trouve corroborée énergiquement par ce fait évident : aujourd'hui, alors que l'intervention directrice des masses dans la vie publique est devenue normale, d'accidentelle et peu fréquente qu'elle était, l' » action directe » apparaît comme norme officiellement reconnue.

Toute la communauté humaine se désagrège peu à peu sous l'effet de ce nouveau régime où les instances indirectes sont supprimées. Dans les relations sociales, on supprime la « bonne éducation ». La littérature « action directe » devient de l'injure. Les relations sexuelles réduisent au minimum leurs formalités.

Formalités, normes, politesse, égards, justice, raison, à quoi bon avoir inventé tout cela, avoir créé de telles complications ? Tout cela se résume dans ce mot de « civilisation » qui découvre sa propre origine à travers l'idée de *civis*, le citoyen. Il s'agit de rendre possible avec tout cela, la cité, la communauté, la vie en société. Si nous examinons de l'intérieur chacun de ces ingrédients de la civilisation que j'achève d'énumérer, nous trouverons qu'ils ont tous le même fondement. Tous en effet supposent un désir radical et progressif chacun doit compter avec les autres ; la civilisation est avant tout la volonté de vivre en société. On est incivil et barbare dans la mesure où l'on ne compte pas avec les autres. La barbarie est la tendance à la dissociation. Aussi toutes les époques barbares ont-elles été des temps de morcellement humain, où pullulaient d'infimes groupes divisés et hostiles.

La forme politique qui a témoigné la plus haute volonté de communauté est la démocratie libérale. Elle porte à l'extrême la résolution de compter avec autrui ; elle est le prototype de l'»action indirecte». Le libéralisme est le principe de droit politique selon lequel le Pouvoir public -bien qu'omnipotent - se limite à lui-même, et tâche, même à ses dépens, de laisser une place dans l'État qu'il régit, afin que puissent y vivre ceux qui ne pensent ni ne sentent comme lui, c'est-à-dire comme les plus forts, comme la majorité. Le libéralisme - il convient de le rappeler aujourd'hui -est la générosité suprême : c'est le droit que la majorité octroie aux minorités ; c'est le plus noble appel qui ait retenti sur la planète. Il soutient sa résolution de vivre en commun avec l'ennemi, et qui plus est, avec un ennemi faible. Il était invraisemblable que l'espèce humaine fût parvenue à une attitude si belle, si paradoxale, si élégante, si acrobatique, si anti-naturelle. C'est pourquoi il n'est pas extraordinaire que cette même espèce humaine se décide tout à coup à l'abandonner. C'est un exercice trop difficile, trop compliqué pour qu'il puisse se maintenir sur la terre.

Vivre avec l'ennemi ! Gouverner avec l'opposition ! Une telle bienveillance ne commence-t-elle pas à être incompréhensible ? Rien n'accuse avec plus de clarté la physionomie du présent que le fait de ce que les pays où subsiste l'opposition sont de moins en moins nombreux. Dans presque tous, une masse homogène exerce une lourde pression sur le pouvoir public, et écrase, anéantit tout groupe d'opposition. La masse - qui le dirait à voir son aspect compact et multitudinaire ? - ne désire pas vivre en commun avec ce qui n'est pas elle. Elle hait mortellement ce qui n'est pas elle.

IX

PRIMITIVISME ET TECHNIQUE

Il importe beaucoup de rappeler ici que nous sommes engagés dans l'analyse d'une situation - la situation présente, - équivoque dans sa substance même. C'est pourquoi j'ai insinué dès le début de cet essai, que tous les événements actuels, et en l'espèce, la révolte des masses, présentaient une double face. N'importe lequel de ces événements, non seulement supporte, mais encore réclame une double interprétation favorable et péjorative. Et cette équivoque ne réside pas seulement dans notre jugement, mais dans la réalité elle-même. Ce n'est pas qu'elle puisse nous paraître bonne ou mauvaise selon le biais d'où on la regarde ; la situation présente est en elle-même une puissance à deux faces, l'une de triomphe, l'autre de mort.

Il n'est pas question de lester cet essai de foute une métaphysique de l'histoire. Mais il est évident que je le construis, si je puis m'exprimer ainsi, sur les bases souterraines de mes convictions philosophiques que j'ai déjà exposées ou mentionnées ailleurs. Je ne crois pas au déterminisme absolu de l'histoire ; au contraire je pense que toute vie, et partant, la vie historique, est composée de purs instants, dont chacun est relativement indéterminé par rapport au précédent, de sorte que la réalité vacille en lui, *piétine sur place*[52] et hésite à se décider pour l'une ou l'autre des différentes possibilités. Cette

---

[52] En français dans le texte.

vacillation métaphysique donne à tout ce qui vit une vibration et un frémissement particuliers.

La révolte des masses *peut* être en effet un cheminement vers une organisation nouvelle et sans égale de l'humanité ; mais elle *peut* être aussi une catastrophe pour le genre humain. Il n'y a aucune raison de nier la réalité du progrès ; mais il est nécessaire de corriger la notion qui nous ferait considérer ce progrès comme certain. Il est plus en accord avec les faits de penser qu'il n'existe aucun progrès certain, aucune évolution qui ne soit menacée d'un retour en arrière, d'une régression. Tout, absolument tout est possible dans l'histoire - le progrès triomphal et indéfini comme la régression périodique. Car la vie individuelle ou collective, personnelle ou historique, est dans l'univers. la seule entité dont l'essence soit le danger. Elle est faite de péripéties ; elle est, rigoureusement parlant, le drame.[53]

En général, tout ceci est vrai, mais atteint une plus grande intensité aux « moments critiques » ; c'est le cas aujourd'hui. Et ainsi les symptômes d'une conduite nouvelle qui, sous la domination actuelle des masses, apparaissent peu à peu, et que nous groupions sous la formule « action directe », *peuvent* eux aussi annoncer des perfections futures. Il est

---

[53] Il est à peu près inutile de dire que presque personne ne prendra ces expressions au sérieux, et que les mieux intentionnés les considéreront comme de simples métaphores, émouvantes tout au plus. Seul, quelque lecteur assez ingénu pour ne pas croire qu'il sait définitivement ce qu'est la vie, ou, pour mieux dire, ce qu'elle n'est pas, se laissera gagner par le sens originel de ces phrases ; ce sera lui précisément qui les *comprendra*, fussent-elles vraies ou fausses. Parmi les autres régnera la plus cordiale unanimité, avec, toutefois, cette unique divergence : les uns penseront que, *sérieusement parlant,* la vie est le processus existentiel d'une âme et les autres, qu'elle n'est uniquement qu'une succession de réactions chimiques. Je ne crois pas que ma situation s'améliore auprès de lecteurs si hermétiques si je résume ainsi ma pensée : le concept *originel et radical* du mot *vie* prend pour moi toute sa valeur, quand on lui donne le sens de biographie et non de biologie. Pour l'excellente. raison que toute biologie n'est en définitive qu'un des chapitres de certaines biographies : c'est ce que font dans leur vie (qu'on pourrait biographier) ; les biologues. Le reste est abstraction, fantaisie et mythe.

évident que toute vieille culture en traîne avec elle une lourde charge de matière dévitalisée, cornée, de tissus desséchés, de résidus toxiques qui engourdissent sa vie. Il y a des institutions mortes, des appréciations et des respects qui survivent, mais qui n'ont plus de sens ; des solutions inutilement compliquées ; des normes qui ont prouvé leur manque total de substance. Tous ces éléments de l'» *action indirecte* », de la civilisation, réclament une époque de violence simplificatrice. La redingote et le plastron romantiques crient vengeance ; l'actuel *déshabillé* et le sans-gêne « en bras de chemise » la leur procurent. Ici, la simplification, c'est l'hygiène et le meilleur goût ; c'est donc une solution plus parfaite, comme cela se produit chaque fois que l'on obtient un meilleur résultat avec des moyens plus réduits. L'arbre de l'amour romantique exigeait lui aussi un émondage qui le débarrassât du superflu des faux magnolias dont on avait alourdi ses branches, et de la luxuriance des lianes, des circonvolutions, des volutes enchevêtrées qui l'empêchaient de s'épanouir au soleil.

Dans l'ensemble, la vie publique, et surtout la vie politique, avait un besoin urgent d'une réduction à l'authentique ; et l'humanité européenne ne pourrait avoir assez de souplesse pour faire le saut que l'optimisme réclame d'elle, sans auparavant se mettre à nu, sans s'alléger jusqu'à n'être plus que sa pure essence,- jusqu'à coïncider avec elle-même. L'enthousiasme que je ressens pour cette discipline de « dénudation », d'authenticité ; mon sentiment que cette discipline est indispensable pour ouvrir la toute à un avenir digne d'estime, me font revendiquer la pleine liberté du penseur en face du passé. C'est l'avenir qui doit régner sur le passé, c'est de lui que nous recevons les ordres qui règlent notre conduite, à l'égard de ce qui fut.[54]

---

[54] Cette liberté de mouvements vis-à-vis. du passé n'est donc pas une révolte capricieuse ; mais, au contraire elle est l'évidente obligation de toute époque critique. Si je défends le libéralisme du XIXe siècle contre les masses qui l'attaquent grossièrement,

Mais il faut éviter la grande erreur de ceux qui dirigèrent au XIXᵉ siècle : cette conscience défectueuse qu'ils avaient de leur responsabilité et qui les empêcha de rester sans cesse vigilants et en alerte. Se laisser glisser sur le versant favorable que présente le cours des événements, laisser émousser en soi la conscience de l'aspect inquiétant et de cet élément de danger que recèle toute heure - même celle qui paraît la plus heureuse - c'est précisément manquer à la responsabilité de sa mission. Aujourd'hui, il devient nécessaire de susciter une hyperesthésie de responsabilité chez les individus qui sont capables de la ressentir.

Aussi semblerait-il que le plus urgent consiste à souligner le côté évidemment funeste des symptômes actuels.

Il n'est pas douteux que dans un bilan-diagnostic de notre vie publique, les facteurs adverses surpassent de beaucoup les facteurs favorables, si l'on fait ce calcul en ne considérant pas uniquement le présent, mais ce qu'il annonce et promet pour l'avenir.

Tout l'accroissement de possibilités concrètes que la vie a subi, court le risque de s'anéantir lui-même en se heurtant au problème le plus effrayant qui soit survenu dans le destin de l'Europe et que je formule de nouveau : un type d'homme que les principes de la civilisation n'intéressent pas, s'est emparé de la direction de la société. Non pas les principes de telle ou telle civilisation, mais autant qu'on en puisse juger aujourd'hui, ceux d'aucune. Il s'intéresse naturellement aux anesthésiants, aux automobiles et à quelques rares autres choses encore. Mais cela confirme son désintéressement foncier envers la civilisation ;

---

cela ne signifie pas que je renonce à ma pleine indépendance vis-à-vis de ce même libéralisme. Vice-versa : le primitivisme qui, dans cet essai, apparaît sous son pire aspect est d'autre part, et dans un certain sens, la condition de tout grand progrès historique. Voyez ce que j'.en disais ; il y a déjà fort longtemps, dans mon essai : *Biologisa et Pédagogie. El Espectador III, La paradoxal del salvajismo.*

car toutes ces choses n'en sont que les produits, et la ferveur qu'on leur consacre fait ressortir plus crûment l'insensibilité que l'on manifeste envers les principes dont ils sont nés. Qu'il nous suffise de considérer ce fait : depuis qu'existent les *nuove scienze,* les sciences physiques, c'est-à-dire depuis la Renaissance, l'enthousiasme qu'elles suscitaient, avait augmenté au cours des temps. Plus concrètement, le nombre des individus qui, proportionnellement, se consacraient à ces pures recherches croissait sans cesse, de génération en génération. Le premier cas de régression - proportionnelle, je le répète, - s'est produit avec la génération qui a aujourd'hui de 20 à 30 ans. Il commence à être difficile d'attirer les élèves dans les laboratoires de sciences pures. Et cela se produit précisément au moment où l'industrie atteint son plus grand développement, au moment où les gens ont un désir plus grand de se servir des appareils et des remèdes créés par la science.

Si je ne craignais d'être trop prolixe, je pourrais démontrer qu'il existe une semblable incongruité en politique, en art, en morale, en religion, et dans les domaines quotidiens de la vie.

Que peut signifier pour nous une situation aussi paradoxale ? Cet essai tend à résoudre cette question. L'homme qui domine aujourd'hui est un primitif, un *Naturmensch* surgissant au milieu d'un monde civilisé. C'est le monde qui est civilisé, et non ses habitants qui, eux, n'y voient même pas la civilisation, mais en usent comme si elle était le produit même de la nature. L'homme nouveau désire une automobile et en jouit ; mais il croit qu'elle est le fruit spontané d'un arbre édénique. Au fond de son âme, il méconnaît le caractère artificiel, presque invraisemblable de la civilisation, et il n'étendra pas l'enthousiasme qu'il éprouve pour les appareils, jusqu'aux principes qui les rendent possibles. Lorsque, plus haut, je disais que nous assistions à

« l'invasion verticale des barbares », on a pu penser, comme de coutume, que ce n'était seulement qu'une « phrase ». On voit maintenant que cette expression pourra énoncer une vérité ou une erreur, mais qu'elle est tout le contraire d'une « phrase », c'est-à-dire qu'elle est une définition formelle qui condense toute une analyse compliquée. L'homme masse actuel est en effet un primitif qui s'est glissé par les coulisses sur la vieille scène de la civilisation.

On parle à chaque instant des progrès fabuleux de la technique ; mais je ne vois pas que même les meilleurs, lorsqu'ils en parlent, aient pleine conscience de tout ce que l'avenir de cette technique a de dramatique. Spengler lui-même, si subtil et si profond, malgré ses manies, me paraît trop optimiste sur ce point. Il croit en effet qu'à la « culture » succédera une époque de « civilisation » ; et par ce mot, il entend surtout la technique. L'idée que Spengler se fait de la « culture », et de l'histoire en général, est si éloignée de celle que suppose notre essai, qu'il n'est pas facile de commenter ici ses conclusions, même pour les rectifier. Seulement, en faisant abstraction des distances et des précisions, si l'on réduisait le deux points de vue à un dénominateur commun, on pourrait définir ainsi leur divergence : Spengler croit que la technique peut continuer à subsister, même si l'intérêt pour les principes de la culture a disparu. Je ne puis me résoudre à le croire. Dans sa substance même, la technique est une science, et la science ne peut exister si elle ne suscite pas des spéculations désintéressées, n'ayant d'autre objet que la science elle-même ; études qui ne sauraient être tentées si les esprits perdent leur enthousiasme pour les principes de la culture. Si cette ferveur s'émousse - comme cela semble se produire aujourd'hui - la technique ne pourra survivre qu'un seul moment, le temps que durera la force d'inertie de l'impulsion culturelle qui l'a créée. On vit avec la technique, mais non *de* la technique ; celle-ci ne se nourrit ni ne respire d'elle-même, elle n'est pas *causa sui*, elle est un précipité utile, pratique, de préoccupations superflues, hors de pratique.⁵⁵

J'en arrive donc à remarquer que l'intérêt actuel pour la technique ne garantit rien, et moins encore le progrès même ou la durée de la technique. Il est bon que l'on considère la technique, le machinisme comme un des traits les plus caractéristiques de la « culture moderne », c'est-à-dire, d'une culture qui contient une sorte de science, matériellement utilisable. C'est pour cette raison qu'en résumant la physionomie toute nouvelle de la vie implantée par le XIXe siècle, je retenais ces deux aspects : démocratie libérale et technique.⁵⁶ Mais je répète que je suis surpris de la légèreté avec laquelle on oublie, en parlant de la technique, que la science pure est son élément vital, son sang, et que toutes les conditions de sa durée sont précisément celles qui rendent possible le pur exercice scientifique. A-t-on pensé il toutes les qualités réelles qui doivent demeurer agissantes dans les âmes, pour qu'on puisse continuer à avoir de vrais « hommes de science » ? Croit-on sérieusement que tant qu'il y aura des *dollars,* il y aura une science ? Cette idée qui tranquillise beaucoup d'esprits est une nouvelle preuve de leur primitivisme.

N'est-ce donc rien que cette quantité d'ingrédients, les plus différents les uns des autres, qu'il est nécessaire de réunir

---

[55] C'est pourquoi, à mon sens, on ne dit rien lorsque l'on définit l'Amérique par sa « technique ». Une des choses qui dérèglent le plus gravement la conscience européenne est cet ensemble de jugements puérils sur l'Amérique du Nord, que l'on entend, même chez les personnes les plus cultivées. C'est là un des cas particuliers de cette disproportion entre la complexité des problèmes actuels et la capacité des esprits : on la trouvera exprimée plus loin.

[56] En fait, la démocratie libérale et la technique s'impliquent et se superposent l'une l'autre si étroitement qu'elles ne sont pas concevables l'une sans l'autre ; aussi faudrait-il un troisième terme, plus générique, qui puise les inclure toutes les deux. Ce serait le mot exact, le substantif du siècle dernier.

et d'agiter pour obtenir le *cocktail* de la science physico-chimique ? La plus simple, la plus sommaire réflexion sur ce sujet fait apparaître clairement ce fait : la physico-chimie, dans toute l'étendue de la terre et du temps, n'a pu seulement se constituer, s'établir pleinement que dans le quadrilatère réduit qu'inscrivent Londres, Berlin, Vienne et Paris, et encore, à l'intérieur de ce quadrilatère, seulement au XIXe siècle. Ce fait nous démontre que la science expérimentale est un des produits les plus « improbables » de l'histoire. Mages, prêtres, guerriers et pasteurs ont pullulé partout et comme ils voulaient. Mais cette faune de l'homme expérimental requiert apparemment pour se produire un ensemble de conditions plus insolite que celui qui engendra la licorne. Un phénomène aussi sobre, et aussi frappant devrait faire réfléchir un peu sur le caractère super-volatile, évaporable, de l'inspiration scientifique.[57] Ce serait une bien lourde erreur de croire que si l'Europe disparaissait, les Américains pourraient *perpétuer* la science !

Il importerait beaucoup de traiter à fond le sujet et de spécifier, avec la plus grande minutie, quelles sont les bases historiques, vitales, de la science expérimentale, par conséquent de la technique. Mais n'attendons pas de l'homme-masse qu'il se tienne pour prévenu, même si la question était éclaircie. L'homme-masse ne tient pas compte des raisons et il n'apprend rien que par sa propre expérience.

Une observation m'empêche de me faire des illusions sur l'efficacité de telles exhortations qui, étant rationnelles, devraient être nécessairement subtiles. N'est-il pas assez absurde que, dans les circonstances actuelles, l'homme moyen n'éprouve pas spontanément, et sans exhortations, une

---

[57] Ne parlons pas ici de questions plus internes, car la majeure partie des savants mêmes n'ont pas aujourd'hui le plus léger soupçon de la très grave, de la très dangereuse crise intime que traverse actuellement la science.

immense ferveur pour ces sciences et leurs parentes, les sciences biologiques ? En effet, regardons un peu ce qu'est la situation présente : tandis qu'avec une indéniable évidence, tous les autres domaines de la culture, sont devenus problématiques - la politique, l'art, les normes sociales, la morale même - il en est un qui chaque jour affirme, de la manière la plus indiscutable, la plus propre à agir sur l'homme moyen, sa merveilleuse efficience : celui de la science empirique. Chaque jour qui passe apporte une invention nouvelle que l'homme moyen utilise aussitôt. Chaque jour on crée un nouvel analgésique, un nouveau vaccin dont cet homme moyen bénéficie. Tout le monde sait que, l'inspiration scientifique ne faiblissant pas, si l'on triplait ou décuplait les laboratoires, on multiplierait automatiquement la richesse, les commodités, la santé, le bien-être. Peut-on s'imaginer une propagande plus formidable, plus persuasive en faveur d'un principe vital ? Comment s'expliquer cependant qu'il n'y a pas chez les masses l'ombre même d'une attention, ni l'idée du plus petit sacrifice d'argent, pour mieux aider la science ? Loin de cela, au contraire : l'après-guerre a converti l'homme de science en un nouveau paria social. Et notez bien que je me réfère aux physiciens, aux chimistes, aux biologues, - non aux philosophes. La philosophie n'a besoin ni de protection, ni d'attention, ni de la sympathie de la masse. Elle veille à conserver son aspect de parfaite inutilité[58] et se libère ainsi de toute dépendance vis-à-vis de l'homme moyen. Elle se sait problématique par essence, et accepte allégrement son libre destin d'oiseau du bon Dieu, sans demander à personne de compter avec elle, sans se recommander, sans même se défendre. Si elle est profitable à quelques-uns, elle s'en réjouit, par simple sympathie humaine ; mais elle ne vit pas de ce profit lointain, ne le prémédite pas, ne l'attend pas.

---

[58] Aristote. *Métaphysique*, 893 à 10.

Comment prétendrait-elle qu'on la prît au sérieux, si elle-même commence par douter de sa propre existence, si elle ne vit réellement que dans la mesure où elle se combat elle-même, se détruit elle-même ? Laissons donc de côté la philosophie, qui est une aventure d'un autre ordre.

Mais les sciences expérimentales, elles, ont besoin de la masse comme celle-ci a besoin d'elles, sous peine de succomber ; une pauvre planète, brusquement sans physico-chimie pourrait-elle sustenter le nombre des hommes actuellement vivants ?

Quels raisonnements pourraient réussir auprès de ces hommes, là où échouent l'automobile, grâce à laquelle ils vont et viennent, et l'injection de pantopon qui foudroie *miraculeusement* leurs douleurs ? La disproportion entre l'avantage croissant et évident que la science leur procure, et l'intérêt qu'ils lui témoignent, est telle qu'il n'est pas possible de se payer d'illusoires espérances et d'attendre autre chose que de la barbarie de ceux qui se comportent ainsi. D'autant plus que *cette indifférence envers la science apparaît avec peut-être encore plus d'évidence que partout ailleurs, dans la masse des techniciens eux-mêmes -médecins, ingénieurs, etc.*, qui ont coutume d'exercer leur profession avec un état d'esprit identique, au fond, à celui de l'individu qui se contente de se servir de son automobile, ou d'acheter un tube d'aspirine - sans la moindre solidarité intérieure avec le destin de la science, de la civilisation.

Quelques-uns seront plus saisis, par d'autres symptômes de barbarie émergeante, qui, étant d'une qualité positive d'action, et non d'omission, sautent davantage aux yeux et s'offrent à nous plus matérialisés. Pour moi, celui de la disproportion entre le profit que l'homme moyen reçoit de la science, et la gratitude qu'il lui témoigne, ou mieux, qu'il ne lui témoigne pas - est le plus inquiétant.⁵⁹ Je ne parviens à m'expliquer ce manque de reconnaissance qu'en me rappelant que dans le centre de l'Afrique, les nègres vont eux aussi en automobile, et consomment de l'aspirine. L'Européen qui *commence* à dominer - et c'est là mon hypothèse - serait, *par rapport à la civilisation complexe dans laquelle il est né*, un homme primitif, un barbare, surgissant par une trappe, un « envahisseur vertical ».

---

⁵⁹ Cette monstruosité se centuple du fait que - comme je l'ai déjà indiqué - tous les autres principes vitaux : politique, droit, art, morale, religion, se trouvent eux-mêmes en période de crise, ou pour le moins de faiblesse provisoire. Seule la science ne faiblit pas, mais au contraire tient chaque jour plus fabuleusement ses promesses et même plus que ce qu'elle a promis. Elle n'a donc pas de concurrence, et l'on ne peut excuser l'indifférence qu'on lui témoigne, en supposant l'homme moyen distrait par quelque autre enthousiasme vis-à-vis d'une autre forme de la culture.

José Ortega y Gasset

X

PRIMITIVISME ET HISTOIRE

La nature est toujours là ; elle subsiste par elle-même. En elle, dans la forêt, nous pouvons impunément être sauvages. Nous pouvons même nous résoudre à ne jamais cesser de l'être, sans aucun autre risque que la venue d'autres êtres qui ne le seraient pas. Mais en principe, des peuples éternellement primitifs sont possibles. Il y en a ; Breyssig les a appelé les « peuples de la perpétuelle aurore », ceux qui sont restés dans une aube immobile, congelée, qui ne s'achemine vers aucun midi.

Ceci se produit dans le seul monde de la nature, mais non dans celui de la civilisation, dans le nôtre. La civilisation n'est pas vraiment là, elle ne subsiste pas par elle-même, elle est artifice et requiert un artiste ou un artisan. Si vous voulez profiter des avantages de la civilisation, mais sans vous préoccuper de la soutenir,...tant pis pour vos ; en un clin d'œil, vous vous trouverez sans civilisation. Un instant d'inattention, et lorsque vous regarderez autour de vous, tout se sera volatilisé. Comme si l'on avait brusquement détaché les tapisseries qui dissimulent la nature vierge, la forêt primitive reparaîtra, comme à son origine. La forêt est toujours primitive, et vice-versa, tout le' primitif est forêt.

Les romantiques de tous les temps étaient transportés par ces scènes de viol, pendant lesquelles le naturel et l'infrahumain opprimaient une pâle et féminine humanité ; ils peignaient le cygne frémissant sur Léda, le Taureau avec

Pasiphaé, Antiope sous le caprin ; en amplifiant cette vision, en la généralisant, ils découvrirent un spectacle beaucoup plus subtilement lubrique dans le paysage des ruines, où la pierre civilisée, géométrique étouffe sous l'étreinte de la végétation sylvestre. Quand un romantique de bon aloi, aperçoit un édifice, la première chose que ses yeux recherchent, sur l'acrotère ou sur le toit, c'est la mousse jaunie qui annonce qu'en définitive, tout est terre, que partout la forêt repousse, surgit à nouveau.

Il serait stupide de se moquer du romantique. Lui *aussi* a raison. Sous ces images innocemment perverses palpite sourdement l'énorme et éternel problème : celui de la relation entre le rationnel et le cosmique, entre la civilisation et ce qui reste derrière elle : la nature. Je réclame donc la plus franche liberté de m'en occuper dans une autre occasion, de me faire romantique à l'heure opportune.

Mais aujourd'hui, je me trouve devant une obligation contraire. Il s'agit de contenir la forêt envahissante. Le « bon européen » doit se consacrer de nos jours, à ce qui constitue, comme on le sait, une grave préoccupation pour les États australiens : empêcher que les cactus ne gagnent du terrain et ne rejettent les hommes à la mer. Vers l'an quarante et quelque, un émigrant méridional qui avait la nostalgie de son pays - Malaga ? Sicile ? - emporta en Australie· un pot de fleur avec un petit cactus de rien du tout. Aujourd'hui, les budgets océaniens s'alourdissent de charges onéreuses destinées à la guerre contre le cactus, qui a envahi le continent et gagne chaque année plus d'un kilomètre.

L'homme-masse croit que la civilisation où il est né et dont il use, est aussi spontanée et primitive que la nature et *ipso facto* il se convertit en primitif. Il s'imagine que la civilisation est la forêt, je l'ai déjà dit. Mais il est nécessaire d'ajouter ici quelques précisions.

Les principes sur lesquels s'appuie le monde civilisé - celui que l'on doit soutenir -n'existent pas pour l'homme moyen actuel. Les valeurs fondamentales de la culture ne l'intéressent pas ; il ne leur est pas solidaire ; il n'est nullement disposé à se mettre à leur service. Comment cela a-t-il pu se passer ? J'y vois bien des raisons mais je ne veux en souligner qu'une pour le moment.

À mesure que la civilisation avance, elle devient de plus en plus complexe et difficile. Les problèmes qu'elle pose aujourd'hui sont emmêlés au plus haut point. Chaque jour on voit se restreindre le nombre des individus dont l'esprit reste à la hauteur de ces problèmes. L'après-guerre nous en offre un exemple évident. La reconstitution de l'Europe - on le voit peu à peu - est un sujet trop algébrique, et l'Européen moyen se révèle inférieur à une entreprise aussi subtile. Ce ne sont pas pourtant les moyens qui manquent, ce sont les têtes. Plus exactement : il y a quelques têtes, très peu ; mais le corps vulgaire de l'Europe ne veut pas les mettre sur ses épaules.

Ce déséquilibre entre la complication subtile des problèmes actuels et celle des esprits s'accentuera chaque jour davantage si l'on n'y remédie pas ; il constitue la tragédie fondamentale, élémentaire de la civilisation. Les principes qui la forment, à force d'être fertiles et sûrs, font croître sa récolte, en quantité et en finesse jusqu'à un niveau où la possibilité de réceptivité de l'homme normal se trouve dépassée. Je ne crois pas que cela se soit jamais produit dans le passé. Toutes les civilisations ont disparu à cause de l'insuffisance de leurs principes. La civilisation européenne est menacée de succomber pour une raison contraire. En Grèce et à Rome, ce n'est pas l'homme qui a échoué, ce sont ses principes : l'Empire romain se désagrégea· faute de technique. En arrivant à un chiffre aussi élevé de population, dont les rapports complexes exigeaient la solution de certaines urgences matérielles, que la seule technique aurait pu trouver, le monde antique s'arrêta dans son évolution, puis commença à revenir en arrière, à se consumer.

Mais aujourd'hui, l'homme échoue parce qu'il ne peut rester au niveau du progrès de sa propre civilisation. Il est pénible d'entendre les personnes relativement cultivées parler des thèmes fondamentaux de notre époque. On dirait de rudes paysans qui, de leurs doigts malhabiles et noueux veulent ramasser une aiguille sur une table. De fait, on manie les thèmes politiques et sociaux avec les concepts obtus qui servaient, il y a deux cents ans, à affronter des situations en réalité deux cents fois moins subtiles ;

Une civilisation avancée n'est pas autre chose qu'un ensemble de problèmes ardus. C'est pour cette raison que, plus le progrès est important, plus il est exposé. La vie s'améliore chaque jour, mais bien entendu, chaque· jour elle se complique. Il est évident également que si les problèmes se compliquent, les moyens pour les résoudre se perfectionnent à leur tour. Mais il est nécessaire que chaque nouvelle génération s'empare de ces moyens avancés. Parmi ces moyens - pour nous servir d'un exemple concret -il en est un qui demeure intimement lié au progrès de la civilisation ; c'est d'avoir beaucoup de passé derrière soi, beaucoup d'expérience, en un mot beaucoup d'histoire. Le savoir historique est une technique de premier ordre pour conserver et continuer une civilisation avancée. Non pas parce qu'il donne des solutions positives au nouvel aspect des conflits vitaux -la vie est toujours différente de ce qu'elle fut - mais parce qu'il évite les erreurs naïves des autres époques. Mais si, au moment où vous vieillissez, c'est-à-dire au moment où votre vie devient plus difficile, vous perdez en outre la mémoire du passé et ne profitez pas de votre expérience, vous n'aurez alors que des mécomptes. Voilà quelle est, je crois, la situation de l'Europe. Les gens les plus « cultivés » d'aujourd'hui souffrent d'une ignorance historique incroyable. Je soutiens que l'Européen dirigeant sait aujourd'hui beaucoup moins d'histoire que l'homme du XVIIIe ou même du XVIIe siècle. Ce savoir historique des minorités gouvernantes - gouvernantes *sensu lato* - a rendu possible le prodigieux progrès du XIXe siècle. Sa politique a été pensée - par le XVIIIe siècle - précisément pour éviter les erreurs de toutes les politiques ancienne ; elle avait été pensée *en égard* à ces erreurs, et résume en sa substance l'expérience la plus vaste. Mais déjà le XIXe siècle commença à perdre la « culture historique », bien que les spécialistes de ce siècle l'aient fait progresser beaucoup, en tant que science.[60] On doit à cet abandon la plupart des erreurs particulières qui pèsent aujourd'hui sur nous. Dans le dernier tiers du XIXe siècle, commence, bien que d'une manière souterraine, l'involution, le retour à la barbarie, c'est-à-dire à l'ingénuité et au primitivisme de celui qui n'a pas de passé ou qui l'oublie.

C'est pourquoi *bolchevisme* et *fascisme*, les deux essais « nouveaux » de politique que tentent l'Europe et ses voisines, sont deux exemples évidents de régression essentielle. Non pas tant par le contenu positif de leur doctrine, qui, pris isolément recèle bien entendu, une part de vérité, - qui, dans l'Univers, ne détient sa parcelle de raison ? - que par la manière anti-historique, anachronique, avec laquelle ils traitent leur part de raison. Mouvements typiques d'hommes-masses, dirigés, comme tous ceux qui le sont, par des hommes médiocres, intempestifs, sans grande mémoire, sans « conscience historique », ils se comportent, dès leur entrée en scène comme s'ils étaient déjà du passé, comme si, arrivant à l'heure actuelle, ils appartenaient à la faune d'autrefois.

La question n'est pas d'être ou de ne pas être communiste et bolcheviste. Je ne discute pas le credo. Ce qui est inconcevable et anachronique c'est qu'un communiste de

---

[60] Nous entrevoyons ici la différence entre l'état des sciences d'une époque et l'état de sa culture, différence dont nous allons bientôt nous occuper.

1917 se lance dans une révolution, identique dans sa forme à toutes celles qui l'ont précédée, et dans laquelle les défauts et les erreurs des révolutions anciennes ne sont pas corrigés le moins du monde. C'est pourquoi ce qui s'est passé en Russie ne présente historiquement aucun intérêt ; c'est strictement le contraire d'un commencement, d'une vie surgissante. C'est la répétition monotone de la révolution de toujours, c'est le parfait lieu commun des révolutions. Au point qu'il n'est pas une phrase toute faite, de toutes celles que la vieille expérience humaine ait énoncées sur les révolutions, qui ne reçoive une déplorable confirmation en s'appliquant à celle-ci : « La Révolution dévore ses propres enfants. ». » La Révolution commence par un parti modéré, passe aux extrémistes, et très vite se retourne vers une restauration, etc., etc... »·A ces vénérables lieux communs on pourrait joindre quelques autres vérités, moins notoires, mais non moins probables, celle-ci entre autres : Une révolution ne dure pas plus de quinze ans, période qui coïncide avec la période d'activité d'une génération.[61]

Celui qui aspire vraiment à créer une nouvelle réalité sociale ou politique, doit se préoccuper avant tout, de ce que ces lieux communs de l'expérience historique, restent sans valeur pour la situation qu'il suscite. Je réserve quant à moi le qualificatif de génial au politicien dont l'activité publique soit de nature à affoler les professeurs des lycées, qui verront

---

[61] Une génération agit pendant environ trente ans. Mais son activité se divise en deux étapes et offre deux aspects. Pendant la première moitié de cette période - approximativement - la nouvelle génération fait la propagande pour ses idées, ses préférences et ses goûts, qui finalement se réalisent et dominent pendant la seconde moitié de sa carrière. Mais la génération élevée sous son empire a déjà d'autres idées, d'autres préférences, d'autres goûts, qui commencent à imprégner l'atmosphère politique, Quand les idées, préférences et goûts de la génération gouvernante sont extrémistes, donc révolutionnaires, la nouvelle génération est anti-extrémiste et antirévolutionnaire, c'est-à-dire qu'elle penche vers la restauration. Il est évident que par restauration, on ne doit pas comprendre un simple « retour au passé », un simple « retour à l'ancien », ce que n'ont jamais été les restaurations.

toutes les « lois » de leur science devenues soudainement caduques, paralysées et réduites à néant.

En changeant le signe affecté au bolchevisme, nous pourrions dire des choses analogues du fascisme. Ni l'une ni l'autre de ces tentatives, ne sont à la « hauteur des temps », elles ne portent pas en elles cette synthèse, ce raccourci du passé, condition essentielle pour le dépasser. On ne lutte pas corps à corps avec le passé. L'avenir le vainc, parce qu'il l'absorbe. S'il en laisse échapper une parcelle, il est perdu.

L'un et l'autre -bolchevisme et fascisme -sont deux fausses aurores ; ils n'apportent pas le matin de demain, mais celui d'un jour déjà ancien, qui a servi une ou plusieurs fois ; ils relèvent du primitivisme. Et il en sera ainsi de tous les mouvements sociaux qui seront assez naïfs pour engager une lutte avec telle ou telle portion du passé, au lieu de chercher à l'assimiler.

Il est hors de doute qu'il est nécessaire de surpasser le libéralisme du XIXe siècle. Mais c'est précisément ce que ne peut faire un régime comme le fascisme qui se déclare anti-libéral. Car, être anti-libéral ou non libéral, c'est l'attitude de l'homme avant le libéralisme. Et comme celui-ci a triomphé déjà une fois, il répétera indéfiniment sa victoire, ou tout s'anéantira, libéralisme et antilibéralisme dans la ruine de l'Europe. Il existe une chronologie vitale inexorable, dans laquelle le libéralisme est postérieur à l'anti-libéralisme, ou si l'on veut, contient plus de vie que ce dernier, de même que le canon est une arme meilleure que la lance.

Au premier abord, une attitude anti-quelque chose semble être postérieure à ce quelque chose, étant donné qu'elle signifie une réaction contre ce quelque chose, et suppose ainsi son existence préalable. Mais l'innovation que « *l'anti* » représente se résout bientôt en un geste vide et négateur qui ne laisse comme contenu positif qu'une « vieillerie ». Celui qui se déclare anti-Pierre, ne fait, en traduisant son attitude en langage positif, que se déclarer partisan d'un monde où Pierre n'existerait pas. Or c'est précisément l'état du monde quand Pierre n'était pas encore né. L'anti-Pierre, au lieu de se situer après Pierre, se situe donc avant et ramène le « film » à la situation antérieure, celle d'avant Pierre, à la fin de laquelle se trouve inexorablement la réapparition de Pierre. Il arrive donc à tous ces *anti* ce qui, selon la légende, arriva à Confucius qui naquit après son père, naturellement ; mais déjà âgé de... quatre-vingts ans, alors que l'auteur de ses jours, n'en avait pas plus de trente ! Tout *anti* n'est rien de plus qu'un *non* simple et creux.

Tout serait très facile si avec un *non* pur et simple nous anéantissions le passé. Mais le passé est par essence un *revenant.* Chassez-le ; il revient, il revient irrémédiablement. C'est pourquoi l'unique moyen, l'authentique moyen pour s'en séparer, n'est pas de le chasser mais au contraire de compter avec lui. De se comporter en ayant égard à lui, pour l'écarter, l'éviter ; en somme, de vivre à la hauteur des temps, avec une conscience hyperesthésique de la conjoncture historique.

Le passé a raison, il a *sa* raison. Si on ne lui reconnaît pas celle qu'il a, il reviendra la réclamer, et en même temps, imposer celle qu'il n'a pas. Le libéralisme avait une raison, et il faut la lui reconnaître *per saecula saeculorum*. Mais il n'avait pas toute la raison, et celle qu'il n'avait pas, il faut la lui retirer. L'Europe a besoin de conserver l'essence de son libéralisme. C'est la première condition pour le surpasser.

Si j'ai parlé ici de fascisme et de bolchevisme, ce n'est qu'obliquement ; je n'ai voulu que traiter de leur aspect anachronique, qui est, selon moi, inséparable de tout ce qui semble triompher aujourd'hui. Car aujourd'hui triomphe l'homme-masse, et par conséquent les seuls essais qu'il tente, empreints de son style primitif, peuvent célébrer une apparente victoire. Mais ceci mis à part, je ne discute pas maintenant le contenu de l'un ni de l'autre, pas plus que je ne prétends résoudre l'éternel dilemme entre révolution et évolution. Ce que sollicite tout au plus cet essai, c'est que la révolution ou l'évolution soient historiques et non anachroniques.

La thèse que je développe dans ces pages est politiquement neutre, car elle se fonde sur des assises beaucoup plus profondes que la politique et ses dissensions. Le conservateur n'est ni plus ni moins masse que le radical, et cette différence - qui, à toute époque a été très superficielle - n'empêche pas, bien au contraire, que tous les deux soient un même homme, vulgaire et rebelle.

L'Europe n'aura pas de rémission si son destin n'est pas confié aux mains de gens vraiment « contemporains » qui sentent palpiter sous eux tout le sous-sol historique, qui connaissent la hauteur présente de la vie, et repoussent tout geste archaïque et barbare. Nous avons besoin de l'Histoire entière afin de voir si nous pouvons parvenir à nous échapper d'elle, à ne pas retomber en elle.

XI

L'ÉPOQUE DU « SEÑORITO SATISFAIT »

En résumé, le nouveau fait social que nous analysons ici est le suivant : l'histoire européenne semble, pour la première fois, livrée aux décisions de l'homme vulgaire, en tant qu' « homme vulgaire » ; ou si l'on veut, en tournant la proposition dans la voix active : l'homme moyen que l'on dirigeait autrefois, a résolu de gouverner le monde. Cette résolution d'occuper le premier plan social lui est venue automatiquement, dès que parvint la maturité le nouveau type d'homme qu'il représente. Si l'on étudie la structure psychologique de ce nouveau type d'homme-masse, en tenant compte des répercussions qu'il provoque dans la vie publique, on y relèvera les caractéristiques suivantes : *en premier lieu*, l'impression originaire et radicale que la vie est facile, débordante, sans aucune tragique limitation ; de là, cette sensation de triomphe et de domination qu'éprouvera en lui chaque individu moyen, sensation qui, *en second lieu*, l'invitera à s'affirmer lui-même, tel qu'il est, à proclamer que son patrimoine moral et intellectuel lui paraît satisfaisant et complet. Ce contentement de soi-même l'incite à demeurer sourd à toute instance extérieure, à ne pas écouter, à ne pas laisser discuter ses opinions et à ne pas s'occuper des autres. Cet intime sentiment de domination le pousse constamment à occuper la place prépondérante. Il agira donc comme s'il n'existait au monde que lui et ses congénères. Aussi - *en dernier lieu* - interviendra-t-il partout pour imposer son opinion médiocre, sans égards, sans atermoiements, sans formalités ni réserves, c'est-à-dire suivant un régime d' « action directe ».

L'ensemble de ces traits nous a fait penser à ceux qui caractérisent certaines attitudes humaines déficientes, celle de l'enfant gâté, ou du primitif révolté, c'est-à-dire du barbare. (Le primitif normal étant au contraire, parmi les êtres qui aient jamais existé le plus docile envers les instances supérieures - religion, *tabous,* tradition sociale, ·coutumes, etc.). Il ne faut pas s'étonner si j'accumule ainsi les sarcasmes sur ce spécimen d'être humain. Le présent essai n'est qu'une première tentative d'attaque contre cet homme triomphant ; et le. signe avant-coureur de la prochaine et énergique volte-face d'un certain nombre d'Européens, décidés à s'opposer à ses prétentions à la tyrannie. Il ne s'agit maintenant que d'un ballon d'essai, que d'une escarmouche, rien de plus. L'attaque de fond viendra ensuite ; très prochainement peut-être, et sous une forme bien différente de celle que revêt cet essai. Elle se présentera sous une forme telle que, même en la voyant se préparer sous ses propres yeux, il ne pourra se prémunir contre elle, ni même soupçonner qu'elle sera précisément la véritable attaque de fond.

Ce personnage qui surgit maintenant de tous côté et impose en tous lieux sa foncière barbarie est en effet, l'enfant gâté de l'histoire humaine. L'enfant gâté, c'est l'héritier qui se comporte uniquement en tant qu'héritier. Ici l'héritage n'est autre que la civilisation - le bien-être, la sécurité, en somme les avantages de la civilisation. Comme nous l'avons vu, c'est seulement dans l'ampleur vitale que cette civilisation a donnée au monde, que peut naître un homme constitué par cet ensemble de traits, caractéristiques de l'enfant gâté. C'est là une des nombreuses déformations que le luxe produit dans la matière humaine. Nous aurions tendance à nous imaginer qu'une vie engendrée dans l'abondance excessive serait meilleure, de qualité supérieure, plus « vivante » que celle qui consiste précisément à lutter contre la disette. Mais il n'en n'est pas ainsi. Et pour des raisons très rigoureuses, fondamentales qu'il n'est pas le moment d'énoncer à présent. Il suffit ici, au lieu de donner ces raisons, de se souvenir du fait, cent fois cité, qui constitue la tragédie de toute aristocratie héréditaire. L'aristocrate hérite, c'est-à-dire se voit attribuer des conditions de vie qu'il n'a pas crées lui-même, et qui, pour cette raison, ne sont pas liées organiquement à sa propre vie. Dès sa naissance, il se trouve brusquement installé, et sans savoir comment, au milieu de sa richesse et se ses prérogatives. Il n'a intimement rien à voir avec elles puisqu'elles ne viennent pas de lui. Elles ne sont en quelque sorte que le caparaçon gigantesque d'une autre personne, d'un être qui a vécu : son aïeul. Et il doit vivre *en* héritier, c'est-à-dire qu'il doit revêtir cette carapace d'une autre vie. Dès lors, quelle va être la vie de l' « aristocrate » héréditaire ? La sienne ou celle du preux qui instaura sa lignée ? Ni l'une ni l'autre. Il est condamné à *représenter* l'autre et par conséquent à *n'être* ni l'autre, ni lui-même. Sa vie perd inexorablement son authenticité et devient une pure fiction, une pure représentation de la vie de son ancêtre-. La surabondance des biens dont il est tenu de se servir ne lui permet pas de vivre son propre destin, son destin personnel, et atrophie sa vie. *Toute vie consiste dans la lutte et l'effort pour être soi-même..* Les difficultés auxquelles je me heurte pour réaliser ma vie éveillent et mobilisent mes activités, mes capacités. Si mon corps n'était pas pesant je ne pourrais pas marcher. Si l'atmosphère était sans résistance, mon corps me semblerait vague, spongieux, fantomatique. Il en est de même pour l' « aristocrate » héréditaire : toute sa personnalité s'estompe par manque d'effort et de tension vitale. Il en résulte ce gâtisme particulier, sans égal, des vieilles noblesses, dont personne n'a encore décrit le tragique mécanisme intérieur ; ce tragique mécanisme intérieur qui amène insensiblement toute aristocratie héréditaire à une irrémédiable dégénérescence.

Ce simple fait suffirait à contrecarrer notre tendance naïve à croire que l'excès de biens favorise la vie. Bien au contraire, en effet : un monde débordant[62] de possibilités engendre automatiquement de graves déformations et des spécimens vicieux de l'existence humaine, ce que l'on peut réunir dans la catégorie générale d' « homme-héritier », dont l'aristocrate n'est qu'un cas particulier, l'enfant gâté un autre, et l'homme-masse de notre temps un autre encore, mais celui-ci beaucoup plus vaste et plus profond. (On pourrait d'autre part, utiliser dans ses moindres aspects, la précédente, allusion à l'aristocrate, pour montrer que bien des traits caractéristiques de celui-ci dans tous les pays et dans tous les temps se retrouvent en puissance dans l'homme-masse. Par exemple, la tendance à faire des jeux et des sports l'occupation centrale de la vie ; le culte du corps -régime hygiénique et souci de la beauté du costume ; l'absence de tout romantisme dans les relations avec les femmes ; se distraire avec l'intellectuel, mais le mépriser au fond, et le faire fouetter par les sbires et les laquais ; préférer une vie soumise à une autorité absolue plutôt qu'à un régime de libre discussion,[63] etc.).

---

[62] Ne pas confondre l'augmentation et même l'abondance des biens avec leur excès. Au XIXe siècle, les facilités de vie augmentent et provoquent le prodigieux accroissement de celle-ci - quantitatif et qualitatif - dont j'ai parlé plus haut. Mais il est arrivé un moment où le monde civilisé, mis en relation avec les capacités de l'homme moyen, prit un aspect exubérant, excessivement riche et superflu. Un seul exemple : la sécurité que paraissait offrir le progrès (augmentation toujours croissante des avantages vitaux) démoralisa l'homme moyen en lui inspirant une confiance déjà fausse, atrophiée, vicieuse.

[63] Sur ce point comme sur beaucoup d'autres, l'aristocratie anglaise semble faire exception à ce que j'ai dit. Mais si son cas nous paraît admirable, il suffit d'esquisser l'histoire britannique dans ses grandes lignes pour montrer que cette exception - tout en restant une exception - confirme la règle. Malgré tout ce que l'on a pu dire, la noblesse anglaise a été la moins « gâtée » de l'Europe, et elle a vécu, plus que nulle autre, en un constant péril. Et parce qu'elle a toujours vécu au milieu du danger, elle a su et elle est parvenue à se faire respecter, ce qui suppose qu'elle est demeurée infatigable sur la brèche. On oublie ce fait fondamental que l'Angleterre a été jusqu'à la fin du XVIIIe siècle le plus pauvre des pays occidentaux. C'est ce qui a sauvé sa noblesse. Comme elle ignorait la surabondance des biens, elle a dû accepter les occupations commerciales et

Je m'attarde donc loyalement, mais avec tristesse, à montrer que cet homme pétri de tendances inciviles, que ce barbare frais émoulu est un produit automatique de la civilisation moderne, et plus spécialement de la forme que cette civilisation adopta au XIXe siècle. Il n'est pas venu du dehors vers le monde civilisé, comme les « grands barbares blancs » du Ve siècle ; il n'est pas né non plus en lui, par une mystérieuse génération spontanée, comme· les têtards dans la citerne selon Aristote : il est le fruit naturel de cette civilisation. Il convient de formuler cette loi que confirment la paléontologie et la bio-géographie : la vie humaine n'a surgi et n'a progressé que lorsque les moyens avec lesquels elle comptait, étaient en équilibre avec les problèmes qui s'imposaient à elle. Cette vérité est valable aussi bien dans l'ordre spirituel que dans l'ordre physique. Ainsi pour m'en rapporter à un domaine très concret de la vie corporelle, je rappellerai que l'espèce humaine s'est développée dans les zones de la planète où les· saisons chaudes étaient compensées par des saisons de froid intense. Sous les tropiques, la faune humaine dégénère ; et vice-versa, les races inférieures, -les pygmées par exemple - ont été repoussées vers les tropiques par des races nées après elles et qui leur étaient supérieures dans l'échelle de l'évolution.[64]

De fait, la civilisation du XIXe siècle a un tel caractère qu'elle permet à l'homme moyen de s'établir dans un monde regorgeant de biens, dont il ne perçoit que la surabondance mais dont les angoissants problèmes lui échappent. Il se trouve entouré d'instruments prodigieux, de bienfaisants remèdes, d'États prévoyants, de droits commodes. Par contre, il ignore la difficulté qu'impliquent l'invention de ces machines et de ces instruments et le maintien de leur production pour l'avenir. Il

---

industrielles, - méprisées sur le continent, - c'est-à-dire qu'elle se décida très tôt à vivre du strict point de- vue économique, et à ne pas s'en tenir aux privilèges.

[64] Cf. Olbricht : *Klima und Entwicklung*, 1923.

ne voit pas combien est instable l'organisation de l'État, et c'est à peine s'il éprouve en lui le sentiment d'avoir à remplir des obligations. Ce déséquilibre le fausse, le vicie jusqu'au fond de son être le plus intime, tout en lui faisant perdre contact avec la substance même de la vie qui n'est autre que le « problématisme radical », que le risque absolu. La forme la plus contradictoire de vie humaine qui puisse apparaître dans la vie humaine elle-même, c'est celle du « señorito satisfait ». C'est pourquoi, lorsque ce type parvient à prédominer, il est nécessaire de donner l'alarme et de prévenir que la vie humaine est menacée de dégénérescence, c'est-à-dire de mort relative. Selon ce que nous venons de voir, le niveau vital auquel est parvenue l'Europe d'aujourd'hui est supérieur à tout le passé humain ; mais si l'on regarde l'avenir, on peut craindre qu'elle ne puisse conserver cette même hauteur et n'en atteigne une plus élevée, mais qu'au contraire, elle régresse et retombe à des niveaux inférieurs.

Il me semble que tout ce qui précède montre assez clairement l'énorme anomalie que représente ce « señorito satisfait » ; en effet : c'est un homme qui est né pour faire son bon plaisir. C'est d'ailleurs l'illusion que se fait le « fils de famille », et nous savons bien pourquoi : dans le cercle de famille, tout, même les plus grands délits, peut à la rigueur demeurer impuni. Le cercle de famille est relativement artificiel et tolère dans son enceinte bien des actes qui, dans la société, dans la rue, entraîneraient automatiquement pour leur auteur des conséquences désastreuses et inévitables. Mais le « fils de famille » est un individu qui croit pouvoir se comporter au dehors comme chez lui, qui croit que rien n'est fatal, irrémédiable et irrévocable. C'est pourquoi il est persuadé qu'il peut faire tout ce que bon lui semble.[65] Grave erreur ! *Vossa*

---

[65] Ce que le foyer est vis-à-vis de la société, la nation l'est en plus grand par rapport à l'ensemble des nations. Une des manifestations, à la fois les plus évidentes et les plus importantes de cet état d'esprit, que nous avons décrit sous le nom de « señoritisme », se retrouve, comme nous le verrons, dans la décision que certaines nations croient bon

mercé ira a onde o leven,⁶⁶ comme on dit au perroquet dans le conte portugais. Ce n'est pas que l'on ne *doive* faire ce qui nous plaît ; c'est qu'on ne peut faire que ce qu'il *faut* que chacun fasse, que chacun devienne. La seule latitude qui nous reste c'est de nous refuser à faire ce qu'il faut faire ; mais cela ne nous donne pas voie libre pour faire toute autre chose qui nous passe par la tête. Sur ce point nous ne disposons. de notre libre arbitre, qu'en une espèce de liberté négative, la *Volonté*.

Nous pouvons parfaitement fuir notre destin le plus authentique, mais c'est pour retomber aux étages inférieurs de notre destin. Je ne peux rendre ce fait évident à chaque lecteur, dans ce que son destin individuel a de plus authentique, car je ne connais pas chaque lecteur, mais il est possible de le lui faire voir dans les portions ou les facettes de son destin qui sont identiques à celles des autres. Tout Européen d'aujourd'hui, par exemple, sait avec une certitude beaucoup plus rigoureuse que celle qu'il confère à ses « idées » ou à ses « opinions » exprimées, qu'il *faut* de nos jours être libéral. Ne discutons pas si telle ou telle forme de liberté doit exister. Je veux dire seulement que l'Européen le ·plus réactionnaire sait, dans son for intérieur, que ce que l'Europe a tenté au siècle dernier sous le nom de libéralisme est, tout compte fait, quelque chose d'inéluctable, d'inexorable, et que l'homme occidental est *aujourd'hui* libéral, qu'il le veuille ou non.

Même si l'on pouvait démontrer, avec une pleine et incontestable vérité, que tous les moyens concrets par lesquels on a tenté jusqu'à ce jour de réaliser l'irrémissible impératif

---

de prendre lorsqu'elles prétendent, faire ce « lui leur plaît » dans le concert international. Elles appellent cela ingénument le « nationalisme ». Quant à moi, bien que j'aie horreur de cette soumission béate à l'internationalisme, je trouve grotesque par ailleurs cette transitoire attitude de « fils de famille » qu'affectent les pays les moins « mûr ».

⁶⁶ *« Votre Grâce ira où l'on voudra bien l'emporter »*

d'être politiquement libre, inscrit dans le destin européen, sont faux et funestes, il demeurerait de la dernière évidence qu'au siècle dernier on avait raison, *en principe*. Cette évidence *ultime* agit de la même façon aussi bien sur le communiste européen que sur le fasciste ; et ils auront beau faire des gestes pour nous convaincre et se convaincre du contraire, - comme il arrive, qu'il le veuille ou non, *qu'il le croit ou non,* pour le catholique qui donne sa plus loyale adhésion au « Syllabus ».[67] Tous « savent » qu'au-delà des justes critiques avec lesquelles on combat les manifestations du libéralisme, son irrévocable vérité demeure une vérité qui n'est ni théorique, ni scientifique, ni intellectuelle, mais d'un ordre radicalement distinct, et plus décisif que tout ceci, à savoir la vérité de son destin. Les vérités théoriques, non seulement sont discutables, mais tout leur sens et toute leur force consistent dans le fait de les discuter ; elles naissent de la discussion, vivent en tant qu'elles se discutent, et sont *exclusivement* faites pour la discussion. Mais le destin - ce que vitalement il faut ou il ne faut pas être - ne se discute pas : on l'accepte ou non. Si nous l'acceptons, nous sommes authentiques ; si nous ne l'acceptons pas, nous

---

[67] Celui qui *croit*, d'après Copernic, que le soleil ne tombe pas à l'horizon, continue cependant à le voir tomber, et comme la vue implique une conviction initiale, *il continue à le croire*. En fait, ce qui se produit, c'est que sa *croyance* scientifique fait toujours obstacle aux effets de sa croyance spontanée et initiale. Ainsi ce catholique nie avec sa croyance dogmatique sa propre et *authentique* croyance libérale. Notre allusion au cas de ce catholique n'est qu'un exemple pour éclaircir l'idée que j'expose ici ; mais ce n'est pas à lui que se rapporte la censure radicale que je réserve à l'homme-masse de notre temps, à ce « señorito satisfait ». Le catholique coïncide avec l'homme-masse sur un seul point. Ce que je reproche au « fils de famille », c'est le manque d'authenticité de presque tout son être. Le catholique manque d'authenticité en quelques points du sien. Mais cette coïncidence partielle elle-même n'est seulement qu'apparente. Le catholique n'est pas authentique dans une partie de son être - tout ce qu'il a, qu'il le veuille ou non, d'homme moderne - parce qu'il veut être fidèle à une autre partie effective de son être, qui est sa foi religieuse ; ce qui signifie que le destin de ce catholique est en soi tragique. Et en acceptant cette portion de non authenticité, il est en règle avec son être. Le « fils de famille », au contraire, se déserte soi-même, par pure frivolité, et déserte tout, précisément pour éluder toute espèce de tragédie.

sommes la négation, la falsification de nous-mêmes.[68] Le destin ne consiste pas en ce que nous avons envie de faire ; il se reconnaît et montre son profil évident et rigoureux dans la conscience d'avoir à faire ce que nous n'avons pas envie de faire.

Nous voyons donc que ce qui caractérise le « señorito satisfait » est qu' « il sait » que certaines choses ne peuvent pas être, et que malgré sa conviction et pour cette raison peut-être, il feint par ses paroles et par ses actes, la conviction contraire. Le fasciste s'élèvera contre la liberté politique justement parce qu'il sait bien qu'en dernier lieu elle ne manquera jamais sérieusement, mais qu'elle est là, irrémédiablement, dans la substance même de la vie européenne et qu'on y reviendra toujours chaque fois qu'elle fera réellement faute, lorsque vraiment il ne sera plus temps de rire. Parce que ce qui donne le ton à l'existence de l'homme-masse, c'est le manque de sincérité, c'est la « blague ». L'homme-masse n'attribue pas un caractère irrévocable à ce qu'il fait, pas plus que le fils de famille n'en attribue à ses fredaines. Toute cette hâte à adopter dans tous les domaines d'apparentes attitudes tragiques, définitives, tranchantes, n'est en effet qu'une apparence. Il joue à la tragédie parce qu'il croit que la tragédie effective n'est pas vraisemblable dans le monde civilisé.

Où irions-nous, s'il fallait accepter comme étant l'être authentique d'un individu, ce qu'il prétendrait nous affirmer comme tel ? Si quelqu'un s'obstine à affirmer qu'il croit que deux et deux font cinq ; et que l'on n'ait pas de preuve qu'il soit fou, nous devons affirmer qu'il ne le croit pas, même s'il crie, même s'il se laisse tuer pour le soutenir.

---

[68] L'avilissement, l'encanaillement n'est pas autre chose que le mode de vie qui reste à l'individu qui s'est refusé à être celui qu'il fallait qu'il fusse. Son être authentique n'en meurt pas pour cela. Mais il se convertit en une ombre accusatrice, en un fantôme qui lui rappelle constamment l'infériorité de l'existence qu'il mène, en l'opposant à celle qu'il aurait dû mener. L'avili est un suicidé qui se survit.

Une rafale de tromperie générale et multiple souffle sur le terroir européen. Presque toutes les positions que l'on prend ostensiblement sont intérieurement fausses. Les uniques efforts que l'on fait ont pour but de fuir notre propre destin, de nous rendre aveugles à son évidence et sourds à son appel profond, afin que chacun puisse éviter une confrontation *avec celui qu'il faut qu'il soit*. Plus le masque adopté est tragique, plus on vit en humoriste. Il y a de l'humour là où l'on adopte pour la vie des attitudes révocables que la personne ne remplit pas entièrement et sans réserves. L'homme-masse n'affirmit pas son pied sur l'inébranlable fermeté de son destin. Au contraire, il végète suspendu fictivement dans l'espace. De là vient que ces vies sans poids et sans racines - *déracinées*[69] de leur destin - ne se sont jamais laissé entraîner autant que maintenant par les courants les plus insensibles. Notre époque est celle des « courants » auxquels on se « laisse entraîner ». Presque personne n'offre de résistance aux tourbillons superficiels qui se forment dans l'art, dans les idées, dans la politique, ou dans les coutumes sociales. Pour la même raison la rhétorique triomphe plus que jamais.

La situation actuelle s'éclaircira un peu plus si malgré ce que sa physionomie a de singulier, nous notons ce qu'elle offre de commun avec d'autres situations passées. Nous voyons ainsi qu'à peine la civilisation méditerranéenne parvint-elle à son apogée, - vers le IIIe siècle avant J.-C., - le cynique fait son apparition. Diogène piétine de ses sandales fangeuses les tapis d'Aristippe. Le cynique pullule bientôt, on le rencontre dans tous les coins, à tous les degrés sociaux. Or le cynique ne faisait que saboter la civilisation d'alors. C'était le nihiliste de l'hellénisme. Il ne créa ni ne fit jamais rien. Son rôle était de détruire - plus exactement : de tenter de détruire, car il n'y réussit pas non plus. Le cynique, parasite de la civilisation, vit en la niant, parce qu'il est convaincu au fond qu'elle ne lui fera

---

[69] En français dans le texte.

pas défaut. Que ferait le cynique dans un peuple véritablement sauvage dont tous les habitants feraient avec naturel et sincérité ce qu'il accomplit, lui, par pose, et considère comme relevant de son rôle personnel ? Qu'est-ce qu'un fasciste s'il ne médit pas de la liberté ?

Ce type d'homme, né dans un monde trop bien organisé dont il ne perçoit que les avantages et non les dangers, ne pouvait se comporter autrement. L'ambiance le gâte parce qu'elle est « civilisation », c'est-à-dire un foyer, et le « fils de famille » ne sent rien qui puisse le faire sortir de son tempérament capricieux, qui l'incite à prendre en considération les instances extérieures et supérieures à lui. Il se sent ainsi beaucoup moins contraint de prendre contact avec le fond inexorable de son propre destin.

XII

LA BARBARIE DU « SPÉCIALISME »

Notre thèse soutenait que la civilisation du XIXe siècle a produit automatiquement l'homme-masse. Il convient de ne pas en achever l'exposition générale sans analyser le mécanisme de cette production, sur un cas particulier. Aussi, en se concrétisant, la thèse gagnera en force persuasive.

Cette civilisation du XIXe siècle, disais-je, peut se réduire à deux dimensions : démocratie libérale et technique. Considérons seulement aujourd'hui cette dernière. La technique contemporaine naît de l'union du capitalisme et de la science expérimentale. Toute technique n'est pas forcément scientifique. L'homme qui fabriqua les haches de silex à l'âge de la pierre taillée, manquait de science, et cependant il créa une technique. La Chine atteignit à un très haut degré de technique sans soupçonner le moins du monde l'existence de la physique. Seule, la technique européenne moderne possède une racine scientifique, d'où lui vient son caractère spécifique : la possibilité d'un progrès illimité. Les autres techniques - mésopotamienne, égyptienne, grecque, romaine, orientale - se haussent jusqu'à un degré de développement qu'elles ne peuvent dépasser, et à peine y atteignent-elles qu'elles commencent à décliner, à régresser lamentablement.

Cette merveilleuse technique occidentale a rendu possible la merveilleuse prolifération de la caste européenne. Qu'on se souvienne du fait par où débuta notre essai, et qui -

je l'ai déjà dit - contient le germe de toutes ces méditations. Du Ve siècle à 1800, la population de l'Europe ne parvint jamais à dépasser le chiffre de 180 millions. De 1800 à 1914, il s'élève brusquement à 460 millions. Ce bond est unique dans l'histoire de l'humanité. Il est hors de doute que la technique -jointe à la démocratie libérale - a engendré l'homme-masse, dans le sens quantitatif de cette expression. Ces pages ont essayé de démontrer qu'elle est également responsable de l'existence de cet homme-masse, dans le sens qualitatif et péjoratif du terme.

Par « masse » - j'en faisais l'avertissement au début -il ne faut pas entendre spécialement l'ouvrier ; le mot ne désigne pas ici une classe sociale, mais une classe d'hommes, une manière d'être qui se manifeste aujourd'hui dans toutes les classes sociales, et qui est, par là même, représentative de notre temps, sur lequel elle domine et règne. C'est ce que nous allons voir maintenant avec une éclatante évidence.

Qui exerce aujourd'hui le pouvoir social ? Qui impose la structure de son esprit à l'époque ? La bourgeoisie, sans aucun doute. Mais quel est le groupe qui, à l'intérieur de cette bourgeoisie, est considéré comme l'aristocratie du présent ? Sans aucun doute celui des techniciens : ingénieurs, médecins, financiers, professeurs, etc... Et dans ce groupe des techniciens, qui représente le degré le plus élevé de pureté ? Sans doute l'homme de science. Si un personnage astral visitait l'Europe et, dans l'intention de la juger, lui demandait par quel type d'homme, parmi tous ceux qui l'habitent, elle préférait être jugée, il n'est pas douteux que l'Europe, certaine d'une sentence favorable, indiquerait ses hommes de science. Il est évident que l'astral personnage ne réclamerait pas des individus exceptionnels, mais chercherait la moyenne, le type générique d' « homme de science », - sommet de l'humanité européenne.

Or, il résulte que l'homme de science actuel est le prototype de l'homme-masse. Et non par hasard, ni par imperfection personnelle de chaque homme de science, mais parce que la science elle-même -base de la civilisation- le transforme automatiquement en homme-masse, c'est-à-dire fait de lui un primitif, un barbare moderne.

Le phénomène est bien connu : on l'a constaté d'innombrables fois ; mais ce n'est qu'articulé dans le corps de cet essai qu'il acquiert la plénitude de son sens. et l'évidence de sa gravité.

La science expérimentale débute à la fin du XVIe siècle (Galilée), réussit à s'établir, à se constituer à la fin du XVIIe (Newton), et commence à se développer au milieu du XVIIIe. Le développement d'une chose est tout à fait distinct de sa constitution et se trouve soumis à des conditions différentes. Ainsi, la constitution de la physique, nom collectif de la science expérimentale, obligea à un effort d'unification. Telle fut l'œuvre de Newton et de ses contemporains. Mais le développement de la physique engendra une tâche d'un caractère opposé à l'unification. Pour progresser, la science avait besoin que les hommes de science se spécialisent. Les hommes de science, mais non la science elle-même. La science n'est pas « spécialiste » ; elle cesserait *ipso facto* d'être une science vraie. La science empirique elle-même, prise dans son intégrité, n'est plus vraie si on la sépare des mathématiques, de la logique, de la philosophie. Mais le travail dans la science, lui, a besoin - irrémédiablement - d'être spécialisé.

Il serait d'un réel intérêt, et d'une utilité plus grande qu'il ne le paraît à première vue, d'écrire une histoire des sciences physiques et biologiques, en soulignant le processus de spécialisation croissante dans le travail des investigateurs. Cette histoire montrerait comment, génération après génération, l'homme de science s'est de plus en plus restreint, limité, cantonné dans un champ intellectuel chaque fois plus étroit. Mais ce que cette histoire nous enseignerait peut-être de plus important serait le contraire du phénomène précédent, à savoir : comment, à chaque génération, l'homme de science, devant réduire sa sphère de travail, perdait progressivement contact avec les autres domaines de la science, avec l'interprétation intégrale de l'univers qui mérite, seule, les noms de science, de culture, de civilisation européenne.

La spécialisation commence précisément à une époque où l'on appelle homme civilisé l' « homme encyclopédique ». Le destin du XIXe siècle débute sous l'impulsion d'individus qui vivent encyclopédiquement, bien que leur production ait déjà un caractère de spécialisation. À la génération suivante, l'équation s'est déplacée, et la spécialité commence à remplacer, à l'intérieur de chaque homme de science, la culture générale. Mais lorsqu'en 1890, une troisième génération prend· le commandement intellectuel de l'Europe, nous nous trouvons en présence d'un type d'homme scientifique sans précédent dans l'histoire. C'est un homme qui, de tout ce que l'on doit savoir pour être un personnage cultivé, ne connaît qu'une science déterminée, et encore n'en possède vraiment que cette minime portion qui intéresse ses investigations personnelles. Et il en arrive à considérer comme une vertu le fait de· ne pas s'occuper de tout ce qui demeure en dehors de l'étroit domaine qu'il cultive plus spécialement, et traite de « dilettantisme » toute curiosité pour l'ensemble des connaissances.

Le fait est que, reclus dans l'étroitesse de son champ visuel, il parvient en effet à découvrir des faits nouveaux et à faire avancer la science, qu'il connaît à peine, et avec elle l'encyclopédie de la pensée, qu'il méconnaît consciencieusement. Comment une chose semblable a-t-elle été, est-elle possible ? Car il convient d'insister sur l'extravagance de ce fait indéniable : la science expérimentale a progressé en grande partie grâce au travail d'hommes fabuleusement médiocres, et même plus que médiocres. C'est-à-dire que la science moderne, racine et symbole de la civilisation actuelle, accueille en elle l'homme intellectuellement moyen et lui permet d'opérer avec succès. On en trouvera la raison dans ce qui est à la fois le plus grand avantage et le danger plus grand encore de la science nouvelle, et de toute la civilisation qu'elle dirige et représente : le mécanisme. Une grande partie de ce que l'on doit faire en physique ou en biologie est une besogne mécanique de la pensée, qui peut être exécutée par n'importe qui, ou peu s'en faut. Pour d'innombrables investigations, il est possible de partager la science en petits segments, de s'enfermer dans l'un d'eux et de se désintéresser des autres. La fermeté et l'exactitude des méthodes permettent cette désarticulation transitoire et pratique du savoir. On travaille avec l'une de ces méthodes comme avec une machine, et il n'est pas même nécessaire pour obtenir d'abondants résultats de posséder des idées rigoureuses sur leur sens et leur fondement. Ainsi, la plus grande partie des scientifiques contribuent au progrès général de la science, bien qu'enfermés dans la cellule de leur laboratoire, comme l'abeille dans celle de son rayon, ou comme le basset tourne-broche dans sa cage.

Mais cette spécialisation crée une catégorie d'hommes extrêmement étranges. L'investigateur qui a découvert un nouveau fait naturel doit forcément éprouver en lui une impression de force et d'assurance. Avec une certaine apparence de justice, il se considérera comme un « homme qui sait ». Et, en effet, il y a en lui un morceau de quelque chose, qui, joint à d'autres lambeaux qui ne sont pas en lui, constitue vraiment le savoir. C'est la situation intime du spécialiste qui, pendant les premières années de ce siècle, a atteint sa plus frénétique exagération. Le spécialiste « sait » très bien son petit coin d'univers, mais il ignore radicalement tout le reste.

Voici donc un exemplaire bien défini de cet étrange type d'homme nouveau que j'ai essayé de peindre sous tous ses aspects. J'ai dit que c'était une configuration humaine sans égale dans toute l'histoire. Le spécialiste nous sert à concrétiser énergiquement l'espèce tout entière et à nous montrer le radicalisme de sa nouveauté. Car autrefois les hommes pouvaient se partager, simplement, en savants et en ignorants, en plus ou moins savants, en plus ou moins ignorants. Mais le spécialiste ne peut entrer en aucune de ces deux catégories. Ce n'est pas un savant, car il ignore complètement tout ce qui n'entre pas dans sa spécialité ; mais il n'est pas non plus un ignorant, car c'est un « homme de science » qui connaît très bien sa petite portion d'univers. Nous dirons donc que c'est un savant-ignorant, chose extrêmement grave, puisque cela signifie que c'est un monsieur qui se comportera dans toutes les questions qu'il ignore, non comme un ignorant, mais avec toute la pédanterie de quelqu'un qui, dans son domaine spécial, est un savant. C'est ainsi que se comporte, en effet, le spécialiste. En politique, en art, dans les usages sociaux, dans les autres sciences, il adoptera des attitudes de primitif, de véritable ignorant, mais il les adoptera avec énergie et suffisance, sans admettre - voilà bien le paradoxe - que ces domaines-là puissent avoir eux aussi leurs spécialistes. En le spécialisant, la civilisation l'a rendu hermétique et satisfait à l'intérieur de ses propres limites ; mais cette même sensation intime de domination et -de puissance le portera à vouloir dominer hors de sa spécialité. D'où il résulte que même dans ce cas qui représente le maximum de l'homme qualifié, et par conséquent le plus opposé à l'homme-masse, le spécialiste se comportera sans qualification, comme un homme-masse, et ceci dans presque toutes les sphères de la vie.

Ceci n'est pas une vague remarque. Qui le veut peut observer la stupidité avec laquelle pensent, jugent et agissent aujourd'hui en politique, en art, en religion et dans les problèmes généraux de la vie et du monde, les « hommes de science », et évidemment, à leur suite, les médecins, ingénieurs, financiers, professeurs, etc... Cette condition de « ne pas écouter », de ne pas se soumettre à des instances supérieures, que j'ai présentée à plusieurs reprises comme caractéristique de l'homme-masse, atteint à son comble précisément chez ces hommes partiellement qualifiés. Ils symbolisent et en grande partie constituent l'empire actuel des masses, et leur barbarie est la cause la plus immédiate de la démoralisation européenne.

D'autre part, ils sont la preuve, l'exemple le plus net et le plus évident de la façon dont la civilisation du siècle dernier, *abandonnée à sa propre inclination,* a produit cette poussée de primitivisme et de barbarie.

Le résultat le plus immédiat de cette spécialisation *non compensée* est qu'aujourd'hui, alors que le nombre d' « hommes de science » est plus grand que jamais, il y a beaucoup moins d'hommes cultivés que vers 1750, par exemple. Et le pis est que, même avec ces bassets-tourne-broches de la « rôtisserie » de la science, le progrès scientifique n'est pas même assuré. Car la science a besoin de temps en temps, pour régler son propre accroissement organique d'un travail de reconstitution ; or, je l'ai déjà dit, ce travail requiert un effort d'unification chaque fois plus difficile, qui chaque fois complique des régions plus vastes du savoir total. Newton a pu créer son système physique sans savoir beaucoup de philosophie, mais Einstein a dû se saturer de Kant et de Mach pour parvenir à sa synthèse pénétrante. Kant et Mach - ces seuls noms suffisent à. résumer la masse énorme des pensées philosophiques et psychologiques qui influencèrent Einstein - ont servi à *délivrer* l'esprit de ce dernier et à lui laisser libre la voie de son innovation. Mais Einstein ne suffit pas. La physique entre dans la crise la plus profonde de son histoire, et seule pourra la sauver une nouvelle encyclopédie, plus systématique que la première.

La spécialisation qui a rendu possible le progrès de la science expérimentale durant un siècle, approche d'une étape après laquelle elle ne pourra plus avancer par elle-même, à moins qu'une génération meilleure ne se charge de lui construire un nouvel axe plus puissant.

Mais si le spécialiste méconnaît la physiologie interne de la science qu'il cultive, il ignore encore plus radicalement les conditions historiques de sa pérennité, c'est-à-dire comment il faut que la société et le cœur de l'homme soient organisés pour qu'il y ait toujours des chercheurs. La diminution des vocations scientifiques qu'on observe durant ces dernières années -et à laquelle je faisais allusion plus haut - est un symptôme qui préoccupe tous ceux qui ont un notion exacte de ce qu'est la civilisation, notion qui d'habitude manque à l'» homme de science » typique, sommet de notre civilisation. Car lui aussi croit que la civilisation *est simplement là,* devant lui, comme l'écorce terrestre et la forêt primitive.

CHAPITRE XIII

LE PLUS GRAND DANGER : L'ÉTAT

Dans une bonne ordonnance des choses publiques, la masse est ce qui n'agit pas par soi-même. Sa « mission » est de ne pas agir. Elle est venue au monde pour être dirigée, influencée, représentée, organisée, - même quand le but proposé est qu'elle cesse d'être masse, ou du moins aspire à ne plus l'être. Mais elle n'est pas venue au monde pour faire tout cela par elle-même. Elle doit régler sa vie sur cette instance supérieure que constituent les minorités d'élite. On discutera autant qu'on voudra sur l'excellence des hommes excellents ; mai que sans eux l'humanité dans ce qu'elle a de plus essentiel n'existerait pas, c'est un fait sur lequel il convient de n'avoir aucun doute, bien que l'Europe ait passé tout un siècle, la tête sous l'aile, à la façon des autruches, s'efforçant de ne pas voir une chose d'une si lumineuse évidence. Car il ne s'agit pas d'une opinion fondée sur des faits, plus ou moins fréquents et probables, mais d'une loi de la « physique » sociale, beaucoup plus immuable que les lois de la physique de Newton. Le jour où l'Europe sera de nouveau gouvernée par une authentique philosophie,[70] seule chose qui puisse la sauver - on se rendra compte de nouveau que l'homme est - qu'il le veuille ou non -

---

[70] Pour que la philosophie gouverne, il n'est pas nécessaire que les philosophes gouvernent - comme Platon le voulut d'abord - ni même que les empereurs philosophent. Rigoureusement parlant, ces deux choses sont très funestes. Pour que la philosophie gouverne, il suffit qu'elle existe, c'est-à-dire que les philosophes soient des philosophes. Mais depuis environ un siècle, ils sont tout, sauf cela ; ils sont politiciens, pédagogues, littérateurs ou hommes de science.

un être que -sa propre constitution force à rechercher une instance supérieure. S'il parvient par lui-même à la trouver, c'est qu'il est un homme d'élite ; sinon, c'est qu'il est un homme-masse et qu'il a besoin de la recevoir de l'homme d'élite.

La masse, en voulant agir par elle-même, se révolte donc contre son propre destin. Or, c'est ce qu'elle fait aujourd'hui ; je puis donc parler de révolte des masses. Car la seule chose que l'on puisse en substance appeler véritablement révolte est celle qui consiste pour chacun à ne pas accepter son destin, à s'insurger contre soi-même. En fait, la révolte de l'archange Lucifer n'en aurait pas moins été une, si au lieu de s'obstiner à vouloir être Dieu - ce qui n'était pas son destin - il s'était mis en tête de vouloir être le plus infime des anges -ce qui n'était pas non plus son destin. (Si Lucifer avait été russe, comme Tolstoï, il aurait sans doute préféré ce dernier type de révolte, qui ne va pas moins contre Dieu que la révolte légendaire.)

Quand la masse agit par elle-même, elle ne le fait que d'une seule manière - elle n'en connaît point d'autre. Elle lynche. Ce n'est pas par un pur hasard que la loi de Lynch est américaine : l'Amérique est en quelque sorte le paradis des masses. Nous ne pouvons donc plus nous étonner que de nos jours, lorsque les masses triomphent, la violence triomphe aussi et qu'on fasse la seule *ratio,* l'unique doctrine. Il y a déjà bien longtemps que je faisais remarquer ce progrès de la violence en tant que norme.[71] Aujourd'hui, elle a atteint le point extrême de son développement ; et c'est un bon symptôme, car cela signifie qu'automatiquement, sa régression va commencer. La violence est devenue la rhétorique de notre temps. Les rhéteurs, les cerveaux vides, s'en emparent. Quand une réalité humaine a accompli son histoire, a fait naufrage, est morte, les vagues la rejettent sur les rivages de la rhétorique,

---

[71] Cf. « *España Invertebrada* », 1921.

où, cadavre, elle subsiste longuement. La rhétorique est le cimetière des réalités humaines ; tout au moins son hôpital d'invalides. Le nom survit seul à la chose ; et ce nom, bien qu'il ne soit qu'un nom, est en fin de compte un nom, c'est-à-dire qu'il conserve quelque reste de son pouvoir magique.

Il n'est donc pas impossible que le prestige de la violence, en tant que norme cyniquement établie, ait commencé à décroître. Néanmoins, nous continuerons de vivre sous son empire, bien qu'en une autre forme.

Je fais allusion au plus grand danger qui menace aujourd'hui la civilisation européenne, Comme tous les autres dangers qui la menacent, celui-ci lui doit aussi sa naissance. Encore mieux : il constitue une de ses gloires ; c'est l'État contemporain. Nous trouvons ici une réplique à ce que nous avons dit au chapitre précédent sur la science : la fécondité de ses principes l'entraîne vers un progrès fabuleux ; mais celui-ci impose inexorablement la spécialisation et la spécialisation à son tour menace d'étouffer la science.

Il en va de même de l'État.

Qu'on se souvienne de ce qu'était l'État à la fin du XVIIIe siècle dans toutes les nations européennes. Bien peu de chose ! Le premier capitalisme et ses organisations industrielles, où, pour la première fois, triomphe la technique, la technique nouvelle, rationnelle, avaient produit un élargissement de la société. Une nouvelle classe sociale apparut ; plus puissante en nombre et en force que les précédentes : la bourgeoisie. Cette entreprenante bourgeoisie possédait, avant tout et surtout, une chose : le talent, le talent pratique. Elle savait organiser, discipliner, persévérer dans ses efforts et les coordonner. Au milieu d'elle, comme sur un océan, flottait aventureusement le « navire de l'État ». Le « navire de l'État » est une métaphore réinventée par la bourgeoisie, qui se sentait elle-même océanique, omnipotente·

et grosse de tourmentes. Ce navire était chose de rien, ou guère plus. C'est à peine s'il avait des soldats, des bureaucrates, de l'argent. Il avait été fabriqué au moyen âge par une classe d'hommes très différents des bourgeois : les nobles, race admirable par son courage, son don du commandement, son sens de la responsabilité, Sans eux, les nations européennes n'existeraient pas. Mais avec toutes ces vertus du cœur, les nobles avaient et ont toujours eu la tête un peu brouillonne. Ils vivaient de l'autre viscère. D'intelligence très limitée, sentimentaux, instinctifs, intuitifs ; en somme « irrationnels ». C'est pourquoi ils ne purent développer aucune technique, chose qui oblige à penser des organisations rationnelles. Ils n'inventèrent pas la poudre. Et ce fut tant pis pour eux. Incapables d'inventer de nouvelles armes, ils laissèrent les bourgeois - qui la firent venir d'Orient ou d'ailleurs - utiliser la poudre et avec elle, automatiquement, gagner les batailles contre le guerrier noble, contre le « chevalier » stupidement bardé d'une inutile ferraille, qui l'empêchait de se mouvoir pendant la lutte, et qui n'avait jamais compris que le secret éternel de la guerre ne consiste pas tellement dans les moyens de défense que dans les moyens d'agression (secret que Napoléon devait redécouvrir).[72]

Comme l'État est une technique -d'ordre public et administratif - l'» ancien régime » arrive à la fin du XVIIIe

---

[72] Cette simple image du grand changement historic1ue, dans lequel la suprématie des nobles est remplacée par la domination des bourgeois, appartient à Ranke ; mais il est évident que sa vérité symbolique et schématique demande maintes additions pour être complètement exacte. La poudre était connue depuis un temps immémorial. L'invention de la charge dans un tube est due à quelque Lombard. Et même ainsi elle f ut inefficace jusqu'à l'invention de la balle fondue. Les « nobles » usèrent à petites· doses de l'arme à feu ; mais elle était trop chère. Seules, les armées bourgeoises, mieux organisées économiquement, purent l'employer en grand. Il demeure cependant certain que les nobles, représentés par l'armée de type médiéval des bourguignons, furent définitivement battus par l'armée nouvelle, composée de suisses, armée bourgeoise non professionnelle. Sa force originale consista dans la nouvelle discipline et dans une nouvelle rationalisation de la tactique.

siècle avec un État très faible, fouetté de tous côtés par une société vaste et bouillonnante. La disproportion entre le pouvoir de l'État et le pouvoir social est si grande à cette époque que si l'on compare sa situation avec celle du temps de Charlemagne, l'État du XVIIIe semble dégénéré. L'État carolingien était évidemment beaucoup moins puissant que celui de Louis XVI ; mais, par contre, la société qui l'entourait n'avait aucune force.[73] L'énorme différence de niveau entre- la force sociale et la force du pouvoir public a rendu possible la Révolution, les révolutions (jusqu'à celle de 1848).

Mais par la Révolution, la bourgeoisie s'empara du pouvoir public et appliqua à l'État ses indéniables vertus. En un peu plus d'une génération, elle créa un État puissant qui en finit avec les révolutions. En effet, depuis 1848, c'est-à-dire dès que commence la seconde génération des gouvernements bourgeois, il n'y a pas en Europe de vraies révolutions. Non pas que les motif s aient manqué ; mais il n'y avait plus, de moyens de les réaliser. Le pouvoir public se plaça au niveau du pouvoir social. *Adieu pour toujours, Révolutions !* En Europe, le contraire seul est maintenant possible : le coup d'État. Et tout ce qui dans la suite a voulu se donner des airs de révolution n'a été, au fond, qu'un coup d'État masqué.

Aujourd'hui, l'État est devenu une machine formidable, qui fonctionne prodigieusement, avec une merveilleuse efficacité, par la quantité et la précision de ses moyens. Établie

---

[73] Il serait intéressant d'insister sur ce point, et de faire remarquer que l'époque des monarchies absolues en Europe a opéré avec des États très faibles. Comment cela s'explique-t-il ? Déjà la société environnante commençait il grandir. Pourquoi donc, si l'état pouvait tout, étant « absolu », ne se renforçait-il pas ? Une des causes est celle que j'ai déjà indiquée : incapacité des aristocrates de sang pour la technique, la rationalisation et la bureaucratie. Mais cela ne suffit pas. Il arriva en outre, que l'État absolu, que ces *aristocraties ne voulurent pas agrandir l'état aux dépens de la société*. Contrairement à ce que l'on croit habituellement, l'État absolu respecte instinctivement la société beaucoup plus que notre État démocratique, qui est plus intelligent, mais qui a un sentiment moins vif de 1a responsabilité historique.

au milieu de la société, il suffit de toucher un ressort pour que ses énormes leviers agissent et opèrent d'une façon foudroyante sur un tronçon quelconque du corps social.

    L'État contemporain est le produit le plus visible et le plus notoire de la civilisation. Et il est très intéressant, il est révélateur de considérer l'attitude que l'homme-masse adopte en face de l'État. Il le voit, l'admire, sait qu'il *est là*, assurant sa vie ; mais il n'a pas conscience que c'est une création humaine, inventée par certains hommes et soutenue par certaines vertus, certains principes qui existèrent hier parmi les hommes et qui peuvent s'évaporer demain. D'autre part, l'homme-masse voit dans l'État un pouvoir anonyme, et comme il se sent lui-même anonyme,- vulgaire - il croit que l'État lui appartient. Imaginez que survienne dans la vie publique d'un pays quelque difficulté, conflit ou problème : l'homme-masse tendra à exiger que l'État l'assume immédiatement et se charge directement de le résoudre avec ses moyens gigantesques et invincibles.

    Voilà le plus grand danger qui menace aujourd'hui la civilisation : l'étatisation de la vie, l' « interventionnisme » de l'État, l'absorption de toute spontanéité sociale par l'État ; c'est-à-dire l'annulation de la spontanéité historique qui, en définitive, soutient, nourrit et entraîne les destins humains. Quand la masse éprouve quelque malheur, ou lorsque simplement elle ressent quelque violent désir, c'est pour elle une bien forte tentation que cette possibilité permanente et assurée de tout obtenir - sans effort et sans lutte, sans doute et sans risque - en se bornant à appuyer sur le ressort et à faire fonctionner ainsi la majestueuse machine. La masse dit : « L'État ; c'est moi », ce qui est une parfaite erreur. L'État est la masse dans le seul sens où l'on peut dire de deux hommes qu'ils sont identiques parce qu'aucun d'eux ne s'appelle Jean. L'État contemporain et la masse coïncident seulement en ce qu'ils sont anonymes. Mais le fait est que l'homme-masse croit effectivement qu'il est l'État, et qu'il tendra de plus en plus à le faire fonctionner sous n'importe quel prétexte, pour anéantir grâce à lui toute minorité créatrice qui le gêne, -qui le gêne dans n'importe quel domaine : dans celui de la politique, de l'industrie, aussi bien que dans celui des idées.

Le résultat de cette tendance sera fatal. La spontanéité sociale sera sans cesse contrecarrée par l'intervention de l'État ; aucune semence nouvelle ne pourra fructifier. La société devra vivre *pour* l'État ; l'homme, *pour* la machine gouvernementale. Et comme, enfin, ce n'est qu'une machine dont l'existence et l'entretien dépendent de la vitalité environnante qui la maintient, l'État, après avoir sucé la moelle de la société, deviendra maigre, squelettique ; il mourra de cette mort rouillée de la machine, plus cadavérique encore que celle de l'organisme vivant.

Tel fut le lamentable destin de la civilisation antique. Il n'est pas douteux que l'État impérial créé par les Jules et les Claude fut une machine admirable, incomparablement supérieure, en tant que mécanique, au vieil État républicain des familles patriciennes. Et cependant curieuse coïncidence à peine cet État impérial arrive-t-il à son complet développement que le corps social commence à déchoir. Déjà aux temps des Antonins (IIe siècle), l'État pèse avec une suprématie antivitale sur la société. Celle-ci commence à devenir esclave, à ne plus pouvoir vivre *qu'au service de l'État*. Toute la vie se bureaucratise. Que se produit-il ? La bureaucratisation provoque un appauvrissement fatal de la vie dans tous les domaines. La richesse décroît et les femmes enfantent peu. Alors l'État, pour subvenir à ses propres besoins, renforce la bureaucratisation de l'existence humaine. Cette bureaucratisation à la seconde puissance est la militarisation de la société. Ce qui offre le plus d'urgence pour l'État, c'est son appareil de guerre, son armée. L'État est, avant tout, producteur de sécurité (la sécurité d'où est sorti l'homme-masse, ne l'oublions pas). C'est pourquoi il est avant tout l'armée. Les Sévère, d'origine africaine, militarisent le monde. Vaine besogne. La misère augmente. Les femmes sont chaque jour moins fécondes. On manque même de soldats. Après les Sévère, l'armée doit se recruter parmi les étrangers.

Ne voyez-vous pas le processus paradoxal et tragique de l'étatisme ? La société, pour vivre mieux, crée comme un ustensile, l'État. Ensuite, l'État prédomine, et la société doit commencer à vivre pour l'État.[74] Mais enfin l'État se compose encore des hommes de cette société. Plus tard, ils ne suffisent plus pour soutenir l'État et il faut appeler des étrangers : d'abord des Dalmates, puis des Germains. Les étrangers se rendent les maîtres de l'État et les restes de la société, du peuple indigène, doivent vivre comme leurs esclaves, esclaves de gens avec lesquels ils n'ont rien de commun. Voilà à quoi mène l'interventionnisme de l'État ; le peuple se transforme en chair et en pâte qui alimente le simple mécanisme de cette machine qu'est l'État. Le squelette mange la chair qui le recouvre. L'échafaudage devient propriétaire et locataire de la maison.

Quand on sait cela, on éprouve un certain trouble en entendant Mussolini déclamer avec une suffisance sans égale, comme une découverte prodigieuse faite aujourd'hui en Italie, cette formule : *Tout pour l'État, rien hors de l'État, rien contre l'État.* Cela seul suffirait à nous faire découvrir dans le fascisme un mouvement typique d'hommes-masse. Mussolini trouva tout fait un État admirablement construit - non par lui, mais précisément par les forces et les idées qu'il combat : par la démocratie libérale. Il se borne à en user sans mesure. Je ne me permettrai pas de juger maintenant le détail de son œuvre, mais il est indiscutable que les résultats obtenus jusqu'à présent ne peuvent se comparer à ceux qu'obtint dans l'ordre politique

---

[74] Qu'on se souvienne des dernières paroles de Septime Sévère à ses fils : « *Restez unis, payez les soldats et méprisez le reste* »

et administratif l'État libéral. S'il a obtenu quelque chose, c'est si minime, si peu visible et si peu substantiel, que cela compense difficilement l'accumulation de pouvoirs anormaux qui lui permettent d'employer cette machine jusqu'aux dernières limites.

L'étatisme est la forme supérieure que prennent la violence et l'action directe constituées en normes. Derrière l'État, machine anonyme, et par son entremise, ce sont les masses qui agissent par elles-mêmes.

Les nations européennes entrent dans une étape de grandes difficultés dans leur vie intérieure pleine de problèmes économiques, juridiques et d'ordre public excessivement ardus. Comment ne pas craindre que, sous l'empire des masses, l'État ne se charge d'anéantir l'indépendance de l'individu, du groupe, et d'épuiser ainsi définitivement l'avenir ?

On trouve un exemple concret de ce mécanisme dans un des phénomènes les plus alarmants de ces trente dernières années : l'énorme augmentation, dans tous les pays, des forces de la police. L'accroissement social y a fatalement poussé. Il y a un fait qui, pour être habituel, n'en a pas moins, à des yeux avertis, un caractère terriblement paradoxal : la population d'une grande ville actuelle, pour cheminer tranquillement et faire ses affaires, ait besoin, absolument besoin, d'une police qui règle la circulation. Mais c'est une naïveté des personnes « d'ordre », de penser que ces « forces d'ordre public », créées pour l'ordre, se contenteront d'appliquer celui que ces personnes voudront. Il est inévitable qu'elles finissent par définir et décider elles-mêmes l'ordre qu'elles imposeront et qui sera, naturellement, celui qui leur conviendra.

Le sujet qui nous occupe nous amène à remarquer la réaction différente que peut présenter devant une nécessité publique l'une ou l'autre société. Quand, vers 1800, l'industrie nouvelle commence à créer un type d'homme -l'ouvrier industriel -plus enclin au « crime » que l'ouvrier traditionnel, la France se hâte de créer une police nombreuse. Vers 1810, surgit en Angleterre -pour les mêmes raisons - une augmentation de la criminalité ; et cela fait penser aux Anglais qu'ils n'ont pas de police. Les conservateurs sont au pouvoir. Que feront-ils ? En créer une ? Non pas. On préfère supporter le crime autant qu'on le peut. » Les gens se résignent à faire la place au désordre, et le considèrent comme la rançon de la liberté. »« A Paris, écrit John William Ward - on a une police admirable ; mais on paye cher ses avantages. Je préfère voir que tous les trois ou quatre ans on égorge une demi-douzaine d'hommes à Ratcliffe Road, plutôt que d'être soumis à des visites domiciliaires, à l'espionnage et à toutes les machinations de Fouché. »[75] Ce sont là, en effet, deux idées bien différentes de l'État. L'Anglais veut que l'État ait des limites.

---

[75] Cf. Elie Halévy : *Histoire du peuple anglais au XIXe siècle*. (Tome 1, 1912.)

XIV

QUI COMMANDE DANS LE MONDE ?

La civilisation européenne - je l'ai répété bien souvent - a produit automatiquement la révolte des masses. Le fait de cette révolte présente, à mon avis, un aspect très favorable ; nous l'avons expliqué plus haut : la révolte des masses ne fait qu'un avec l'accroissement fabuleux que la vie a subie à notre époque. Mais le revers du même phénomène est terrifiant ; observée de ce côté, la révolte des masses apparaît comme la démoralisation totale de l'humanité. Examinons-la maintenant sous de nouveaux points de vue.

I

L'essence ou le caractère d'une époque historique nouvelle est la résultante de variations internes - de l'homme et de son esprit - ou externes - formelles et en quelque sorte mécaniques. Parmi ces dernières, la plus importante est presque à coup sûr, le déplacement du pouvoir. Mais celui-ci entraîne avec lui un déplacement de l'esprit.

C'est pourquoi, lorsque nous nous penchons sur une époque dans l'intention de la comprendre, nous devons nous poser cette première question : « Qui commande à ce moment-là dans le monde ? » Il peut arriver qu'à cette heure-là, l'humanité soit divisée en divers lambeaux sans communication entre eux, et formant des mondes fermés, indépendants. Au temps de Miltiade, par exemple, le monde méditerranéen ignorait l'existence du monde extrême-oriental. En des cas semblables, nous devons poser pour chaque groupe de communauté notre question : « Qui commande dans le monde ? »

Mais depuis le XVIe siècle, l'humanité tout entière s'est engagée dans un processus gigantesque d'unification qui est parvenu de nos jours à son terme. Il n'y a déjà plus de lambeaux d'humanité vivant leur vie à part, il n'y a plus d'îlots d'humanité. Aussi pouvons-nous dire que depuis le XVIe siècle, celui qui commande dans le monde exerce en effet son influence autoritaire sur tout le monde. Tel a été le rôle du groupe homogène formé par les peuples européens pendant trois siècles. L'Europe commandait, et sous l'unité de son commandement, le monde vivait d'un style unitaire, ou du moins progressivement unifié.

Ce genre de vie, nous le désignons généralement sous le nom d'» âge moderne », dénomination grisâtre, inexpressive sous laquelle se cache en réalité l'époque de « l'hégémonie européenne ».

Par « commandement », nous n'entendons pas tout d'abord ici l'exercice du pouvoir matériel, la contrainte physique. Nous tâchons, en effet, d'éviter soigneusement les stupidités, du moins les plus grossières et les plus palpables. Or, cette relation stable et normale entre les hommes, que l'on appelle « commandement », *ne se base jamais sur la force*. Au contraire, c'est parce qu'un homme ou un groupe d'hommes exercent le commandement, qu'ils en viennent à disposer de cet appareil, de cette machine sociale que l'on nomme « la force ».

Les cas où, à première vue, la force semble être la base même du commandement, se révèlent à une analyse rigoureuse comme les meilleurs exemples qui confirment notre thèse.

Napoléon a dirigé contre l'Espagne une agression, et il l'a soutenue quelque temps. Mais il n'a pas vraiment commandé en Espagne ; pas un seul jour. Et cependant il avait la force, ou plus justement il n'avait pour lui que la force. Il convient de distinguer entre un fait ou processus d'agression et une situation de commandement. Le commandement est l'exercice normal de l'autorité. Cet exercice de l'autorité a pour fondement l'opinion publique ; et cela depuis toujours ; aujourd'hui comme il y a mille ans, chez les Anglais comme chez les Botocudos. Jamais personne n'a commandé sur la terre en puisant l'aliment essentiel de son commandement ailleurs que dans l'opinion publique.

Pourrait-on croire en effet que la souveraineté de cette opinion publique est une invention de l'avocat Danton, en 1789, ou de saint Thomas d'Aquin, au XIIe siècle ? La notion de cette souveraineté a pu être découverte ici ou là, à telle ou telle époque ; mais le fait que l'opinion publique est la force profonde qui dans les sociétés humaines produit le phénomène du commandement, est aussi vieux et aussi permanent que l'homme lui-même. Ainsi, dans la physique de Newton, la gravitation est la force qui produit le mouvement. Or la loi de l'opinion publique est la gravitation universelle de l'histoire politique. Sans elle, la science historique elle-même serait impossible. Aussi Hume insinue-t-il très subtilement que le but de l'histoire est de démontrer comment la souveraineté de l'opinion publique, loin d'être une aspiration utopique, s'est toujours manifestée comme une des caractéristiques des sociétés humaines. Celui qui prétend gouverner avec les janissaires dépend de l'opinion des janissaires et de celle qu'ont sur eux les autres habitants.

En vérité, on ne commande pas avec les janissaires. Talleyrand le disait à Napoléon : « Avec les baïonnettes, Sire, on peut tout faire, sauf s'asseoir dessus. » Or, commander, ce n'est pas faire le geste de s'emparer du pouvoir, c'est au contraire en pratiquer tranquillement l'exercice. En un mot, commander c'est s'asseoir. Trône, chaise curule, banc ministériel, fauteuil présidentiel. À l'encontre de ce que suppose une optique naïve et feuilletonesque, le fait de commander n'est pas tant une question de poings que de... sièges. L'État est, en somme, l'état de l'opinion : une situation d'équilibre, de statique.

Ce qui se produit, c'est que souvent l'opinion publique n'existe pas. Une société divisée en groupes dissidents dont la force d'opinion s'annule réciproquement, ne permet pas qu'un commandement se constitue. Et comme la nature a horreur du vide, ce vide que laisse la force absente de l'opinion publique se remplit avec la force brute. Cette dernière se présente donc, en fin de compte, comme une substitution de la première.

C'est pourquoi, si l'on veut exprimer avec une entière précision la loi de l'opinion publique en tant que loi de la gravitation historique, il convient de prendre garde à ces cas d'absence, et l'on en arrive dès lors à une formule qui n'est autre que le lieu commun connu, vénérable et véridique : on ne peut commander contre l'opinion publique.

Ceci nous mène à reconnaître que commandement signifie prédominance d'une opinion, par conséquent d'un esprit ; et qu'enfin, le commandement n'est pas autre chose qu'un pouvoir spirituel. Les faits historiques nous en donnent une confirmation scrupuleuse. Tout commandement primitif a un caractère « sacré », car il se fonde sur le religieux et le religieux est la première forme sous laquelle apparaît toujours ce qui deviendra esprit, idée, opinion, bref, l'immatériel et l'ultra-physique. Au moyen âge, le même phénomène se reproduit sur une plus grande échelle. L'État ou le premier Pouvoir public qui se forme en Europe, c'est l'Église avec son caractère spécifique et déjà nominatif de « pouvoir spirituel ». De l'Église, le pouvoir politique apprend que lui aussi n'est rien d'autre, à son origine, qu'un pouvoir spirituel, la mise en vigueur de certaines idées, et le *saint* Empire romain se crée. Ainsi luttent deux pouvoirs également spirituels, qui ne pouvant se différencier en substance ils sont tous deux spirituels - s'accordent en s'installant chacun dans un mode du temps : le temporel et l'éternel. Le pouvoir temporel et le pouvoir religieux sont identiquement spirituels, mais l'un est l'esprit du temps -opinion publique limitée au monde et changeante - tandis que l'autre est esprit d'éternité - l'opinion de Dieu, celle que Dieu a sur l'homme et ses destins.

Si donc nous disons qu'à telle date commande tel homme, tel peuple ou tel groupe homogène de peuples, c'est comme si nous disions qu'à cette même date prédomine dans le monde tel système d'opinions, d'idées, de préférences, d'aspirations, de projets.

Comment doit-on comprendre cette prédominance ? La grande majorité des hommes n'a pas d'opinion, et il faut que celle-ci lui vienne du dehors, par pression, de la même façon que le lubrifiant entre dans les machines. C'est pourquoi il est nécessaire que l'esprit - quel qu'il soit - ait le pouvoir et l'exerce, pour que les gens qui n'ont pas d'opinion - et c'est le plus grand nombre - en aient une. Sans opinions, la communauté humaine serait le chaos, encore mieux, le néant historique. Sans opinions, la vie des hommes manquerait d'architecture, d'organisation. C'est pourquoi, sans un pouvoir spirituel, *sans quelqu'un qui commande,* et dans la mesure où ce pouvoir manque, le chaos règne dans l'humanité. Et de même, *tout déplacement de pouvoir,* tout changement de chef, est en même temps un changement d'opinion, et par conséquent, rien de moins qu'un changement de gravitation historique.

Revenons au début. Pendant de nombreux siècles, c'est l'Europe, conglomérat de pays à l'esprit homogène, qui a commandé au monde. Au moyen âge, personne ne commandait dans le monde temporel : c'est ce qui s'est passé dans tous les moyens âges de l'histoire. Aussi représentent-ils toujours un chaos relatif et une relative barbarie, une opinion déficitaire. Ce sont des temps où l'on aime, hait, convoite, méprise, tout cela avec passion. Mais par contre, il y a peu d'opinion. De telles époques ne manquent pas de charmes. Mais, dans les grandes époques, c'est de l'opinion que vit l'humanité et c'est pourquoi il y a de l'ordre. Au-delà du moyen âge, nous trouvons de nouveau une époque où, comme dans l'époque moderne, quelqu'un commande, bien que sur une étendue limitée du monde : Rome, ce grand commandant. Elle établit l'ordre dans la Méditerranée et dans ses alentours.

Dans la période de l'après-guerre, on commence à dire que l'Europe ne commande plus dans le monde. Voit-on bien toute la gravité de ce diagnostic ? Certes il annonce un déplacement du pouvoir. Vers où ? Qui va succéder à l'Europe dans le commandement du monde ? Mais, lui succédera-t-on ? Et si personne ne lui succédait, qu'arriverait-il ?

II

La pure vérité c'est qu'à chaque instant, et par conséquent aujourd'hui, il se passe dans le monde une infinité de choses. La prétention de vouloir dire ce qui se passe actuellement dans le monde, doit donc s'entendre avec tout ce qu'elle comporte d'ironie. Mais puisqu'il est impossible de connaître directement le réel, dans toute sa plénitude, nous ne pouvons que construire arbitrairement une réalité et supposer que les choses sont d'une « certaine » manière. Cette méthode nous procure un schéma, c'est-à-dire un concept, ou mieux, un réseau de concepts. Avec lui, comme au travers d'un grillage, nous regardons la réalité effective, et c'est alors - mais seulement alors - que nous en obtenons une vision approximative. C'est en cela que consiste la méthode scientifique, ou mieux encore, c'est en cela que consiste l'usage de l'intellect. Lorsque nous disons, en voyant s'avancer un ami dans l'allée du jardin : « Tiens, c'est Pierre ! », nous commettons délibérément, ironiquement, une erreur. Parce que Pierre signifie pour nous un répertoire schématique de comportements physiques et moraux - que nous appelons le « caractère » ; - mais la vérité pure, c'est que bien souvent notre ami Pierre ne ressemble en presque rien à l'idée exprimée par les mots : « Notre ami Pierre. »

Tout concept, le plus banal comme le plus technique, est contenu dans sa propre ironie, s'incruste dans les petites dents d'un sourire « alcyonique », comme le diamant géométrique s'enchâsse dans la denture d'or de sa monture. Il énonce très sérieusement : « Cette chose est A, et cette autre est B. » Mais son sérieux est celui du *pince-sans-rire* ;[76] c'est le sérieux instable de celui qui, ayant refoulé un éclat de rire le vomirait, s'il ne serrait pas bien les lèvres. Il sait très bien que cette chose n'est pas plus A - un A définitif, sans restrictions - que cette autre n'est B - sans mise au point, sans réserve. La pensée rigoureuse contenue dans le concept est fort différente de l'expression verbale de ce même concept. Et c'est dans cette duplicité que consiste l'ironie. Ce que nous pensons véritablement est ceci : « Je sais que, rigoureusement parlant, cette chose n'est pas A, pas plus que celle-ci n'est B ; mais en admettant qu'elles soient A et B, je m'entends avec moi-même quand aux effets de mon comportement vital, devant l'une et l'autre. »

Cette théorie de la connaissance de la raison aurait irrité un Grec. Parce que le Grec croyait avoir découvert la réalité même dans la raison, dans le concept. Nous, par contre, nous croyons que la raison, le concept, est un instrument domestique de l'homme dont celui-ci a besoin pour éclairer sa propre situation au milieu de cette réalité infinie et

---

[76] En français dans le texte.

fabuleusement problématique qu'est la vie. La vie, c'est la lutte contre les choses pour se soutenir parmi elles. Les concepts constituent le plan stratégique que nous déployons pour répondre à leurs attaques. C'est pour cette raison que, si l'on scrute profondément les entrailles les plus intimes d'un concept, on trouve qu'il ne nous dit rien de la chose elle-même, mais qu'il résume tout ce qu'un homme peut faire avec cette chose ou tout ce dont il peut en souffrir.

Une semblable introduction semblera peut-être démesurée par rapport à ce que je vais dire, sur des choses bien différentes des problèmes philosophiques. Je voulais simplement dire que ce qui se passe actuellement dans le monde -dans le monde historique, s'entend - se réduit exclusivement à ceci : pendant trois siècles l'Europe a commandé dans le monde, et aujourd'hui elle n'est plus sûre de commander ni de continuer à le faire. Réduire à une formule aussi simple l'infinité des choses que contient la réalité historique actuelle, est sans doute, en tout cas, une exagération ; aussi dois-je avant tout rappeler que penser c'est, qu'on le veuille ou non, exagérer. Celui qui préfère ne pas exagérer n'a qu'à se taire, ou mieux, il doit paralyser son esprit, et chercher la manière de se rendre idiot. Je crois, en effet, que c'est là ce qui se passe parmi nous, et que tout le reste n'en est que la conséquence, la condition, ou, si l'on veut, le symptôme et l'anecdote.

Je n'ai pas dit que l'Europe ait cessé de commander, mais plus exactement que l'Europe commence à notre époque à douter si elle commande ou non, et même, si elle commandera demain. À cet état d'esprit correspond chez les autres peuples de la terre, un état d'esprit adéquat : ils doutent s'ils sont commandés aujourd'hui par quelqu'un ; eux non plus n'en sont pas sûrs.

On a beaucoup parlé, ces dernières années, de la décadence de l'Europe. Mais avant de poursuivre, je supplie instamment le lecteur de ne point avoir l'ingénuité de penser à Spengler, pour la seule raison que l'on parle de la décadence de l'Europe ou de celle de l'Occident. Avant que son livre ait paru, tout le monde parlait de cette décadence, et le succès de son ouvrage est dû, comme on le sait parfaitement, à ce qu'un tel doute, une telle préoccupation préexistait dans toutes les têtes, sous des sens multiples et pour des raisons extrêmement diverses.

On a tellement parlé de la décadence européenne, que beaucoup ont fini par la prendre pour un fait accompli. Non qu'ils y croient sérieusement ou qu'ils en aient l'évidence, mais parce, qu'ils se sont habitués à prendre ce fait pour certain, bien que, sincèrement, ils ne se souviennent pas d'en avoir été convaincus résolument, à aucune date déterminée. Le livre de Waldo Franck : *Nouvelle découverte de l'Amérique,* s'appuie entièrement sur la supposition de l'agonie de l'Europe. Et pourtant, Franck n'analyse ni ne discute, ni ne met même en question un fait aussi énorme, qui doit lui tenir lieu de formidable prémisse. Sans plus de preuves, sans plus de vérifications, il part de ce fait comme d'une chose certaine. Et cette naïveté dans le point de départ me suffit pour penser que Franck n'est pas convaincu de la décadence de l'Europe ; bien au contraire, il ne s'est peut-être pas même posé la question. Il la prend comme on prend un tramway ; les lieux communs sont les tramways du transport intellectuel.

Bien des gens font comme lui. Et surtout bien des peuples ; et des peuples entiers.

Le monde nous offre, de nos jours, un paysage d'une puérilité exemplaire. À l'école, lorsqu'un élève annonce que le maître est sorti, la troupe enfantine se détend et se dissipe. Chaque élève éprouve le délicieux besoin d'échapper à la pression qu'imposait la présence du maître, de rejeter le joug des règles, de lever les jambes en l'air, de se sentir maître de son propre destin. La règle qui fixait les occupations et les travaux étant abolie, la troupe des enfants n'a plus un emploi fixe, une occupation sérieuse, une tâche qui ait un sens, une continuité et une trajectoire, et il arrive qu'elle ne peut plus faire qu'une seule chose : la cabriole.

Le spectacle frivole que nous présentent les petits pays est déplorable. Pour la seule raison que l'Europe - d'après ce que l'on dit - est en décadence, et, par conséquent, ne s'occupe plus de commander, chaque nation, même la plus minuscule, bondit, gesticule, se met sens dessus dessous, ou se redresse et s'étire pour se donner des airs de grande personne, qui conduit elle-même son propre destin. De là, ce *vibrionique* panorama de « nationalismes » que l'on nous offre de tous côtés.

Dans les chapitres précédents, j'ai tenté d'esquisser un nouveau type d'homme qui prédomine aujourd'hui dans le monde ; je l'ai appelé l'homme-masse, et j'ai fait remarquer que sa principale caractéristique consiste en ce que, se sachant vulgaire, il proclame le droit à la vulgarité, et se défend de se reconnaître des instances supérieures. Il est naturel que si cette manière d'être prédomine en chaque pays, le phénomène se produise également lorsque nous regardons l'ensemble des nations. Il y a aussi -relativement -des peuples-masse tout disposés à s'insurger contre les grands peuple créateurs, minorité de souches humaines, qui ont organisé l'histoire. Il est vraiment comique de contempler telle ou telle petite république qui, de son petit coin·perdu, se hausse sur la pointe des pieds, tance l'Europe et déclare que les Européens n'ont plus de rôle à jouer dans l'histoire universelle.

Qu'en résulte-t-il ? L'Europe avait créé un système de normes dont les siècles ont démontré l'efficacité et la fertilité. Ces normes ne sont pas les meilleures - il s'en faut de beaucoup, certes - mais elles sont, sans aucun doute, définitives tant qu'il n'en existe pas d'autres, ou s'il ne s'en annonce pas d'autres. Pour les dépasser, il est indispensable d'en enfanter d'autres. Aujourd'hui les peuples-masse ont résolu de tenir pour caduc ce système de normes qu'est la civilisation. Mais comme ils sont incapables d'en créer un autre, ils ne savent que faire, et pour passer le temps, ils se livrent à la cabriole.

Telle est la première conséquence qui survient lorsque dans le monde quelqu'un cesse de commander ; les autres, en se révoltant, se trouvent sans avoir rien à faire, sans programme de vie.

III

Le gitane s'en vint à confesse. Mais le curé, prudemment, commença par lui demander s'il connaissait les commandements de Dieu. À quoi le gitane répondit : « Voilà, mon père, j'allais me mettre à les apprendre, mais le bruit court qu'on va les supprimer. »

N'est-ce point là la situation présente du monde ? Le bruit se répand que déjà les commandements européens n'ont plus cours ; aussi les gens - hommes et peuples - profitent-ils de l'occasion pour vivre sans impératifs. Car les impératifs européens existaient seuls. Et il ne s'agit pas ici -. comme cela s'est déjà produit d'autres fois -d'une germination de normes nouvelles qui déplace les anciennes ou d'une ferveur nouvelle absorbant dans son jeune feu les vieux enthousiasmes refroidis. Ce serait là un phénomène courant. Il y a plus : ce qui est vieux est devenu vieux, non pas à cause de sa propre sénilité, mais parce qu'il y a déjà un nouveau principe qui, du seul fait de sa jeunesse, vieillit tout d'un coup le préexistant. Si nous n'avions pas de fils, nous ne serions pas « vieux », ou tout au moins, nous tarderions beaucoup plus à l'être. Il en est même avec les machines. Une automobile d'il y a dix ans nous paraît plus vieille qu'une locomotive il y a vingt ans, tout simplement parce que les inventions de la technique de l'automobile se sont succédé avec plus de rapidité. Cette décadence, qui prend sa source dans le jaillissement de nouvelles jeunesses, est un symptôme de santé.

Mais ce qui se passe maintenant en Europe est insalubre et étrange. Les commandements européens ont perdu leur vigueur sans que l'on en aperçoive· d'autres à l'horizon. L'Europe - dit-on -cesse de commander, mais l'on ne voit guère qui pourrait bien lui être substitué. Par Europe, on entend, avant tout et surtout, la trinité France, Angleterre, Allemagne. C'est dans la région du globe qu'occupent ces trois puissances qu'a mûri le mode d'existence humaine conformément auquel s'est organisé le monde ; Si, comme on. le prétend, ces trois pays sont en décadence, et si leur programme de vie a perdu sa force, il n'est point étonnant que le monde se démoralise.

Or c'est la pure vérité. Tout le monde -nations, individus - est démoralisé. Pendant un certain temps, cette démoralisation amuse et fait vaguement illusion. Les plus humbles, les inférieurs pensent qu'on leur a ôté le poids sous lequel ils étaient courbés. Les décalogues conservent, du temps ancien où ils étaient inscrits sur la pierre ou sur le bronze, leur caractère pesant. Étymologiquement, commander signifie charger, mettre une chose entre les mains de quelqu'un. Celui qui commande est sans rémission, insupportable. Dans tout le monde, les inférieurs en ont assez d'être chargés, et jouissent, avec un air de fête, d'un temps exonéré de lourds impératifs. Mais la fête dure peu. Sans commandements qui nous forcent à vivre d'une certaine façon, notre vie demeure dans une pure disponibilité. Telle est la tragique situation intime dans laquelle se trouvent déjà les meilleures jeunesses du monde. De se sentir libres, exemptes d'entraves, elles se sentent vides. Une vie en disponibilité est une plus grande négation de soi-même que la mort. Car vivre, c'est avoir à faire quelque chose de déterminé, - remplir une charge, - et dans la mesure où nous évitons de vouer notre existence à quelque chose, nous rendons notre vie de plus en plus vide. On entendra bientôt par toute la planète un immense cri, qui montera vers les étoiles, comme le hurlement de chiens innombrables, demandant quelqu'un, quelque chose qui commande, qui impose une activité ou une obligation.

Voilà ce que nous avons à dire à tous ceux qui, avec une inconscience enfantine, nous annoncent que l'Europe ne commande déjà plus. Commander c'est imposer une tâche aux gens, c'est les mettre dans leur destin, les replacer dans leurs gonds, réduire leur extravagance qui est généralement vacance, fainéantise, vacuité de la vie, désolation.

Il importerait peu que l'Europe cessât de commander, s'il y avait quelqu'un qui fût capable de la remplacer. Mais nous ne voyons pas même l'ombre d'un remplaçant. New-York et Moscou ne sont rien de nouveau par rapport à l'Europe. Elles ne sont l'une et l'autre que deux parcelles du commandement européen qui, en se dissociant du reste, ont perdu leur sens. Et il est réellement pénible de parler de New-York ou de Moscou, car on ne sait pas exactement ce qu'elles sont, on sait seulement que ni sur l'une ni sur l'autre, il n'a encore été dit de paroles vraiment décisives. Mais même sans savoir pleinement ce qu'elles sont, on en sait assez pour comprendre leur caractère générique. Toutes deux, en effet, appartiennent de droit à ce que j'ai parfois appelé des « phénomènes de camouflage historique ». Le camouflage est, par essence, une réalité qui n'est pas en effet celle qu'elle paraît. Son aspect cache sa substance au lieu de la révéler. C'est pourquoi il trompe la majorité des gens. Seul peut se délivrer de l'illusion que produit le camouflage, celui qui sait auparavant qu'en général le camouflage existe. Il en est de même avec le mirage. Le concept corrige les yeux.

Dans tout fait de camouflage historique, il y a deux réalités qui se superposent : l'une, profonde, effective·, substantielle ; l'autre, apparente, accidentelle, et superficielle. Ainsi, à Moscou, il y a une mince pellicule d'idées européennes -le marxisme - pensées en Europe en vue de réalités et de problèmes européens. Mais en dessous, il y a un peuple différent de l'européen, non seulement du point de vue ethnique, mais - ce qui est beaucoup plus important -d'un âge différent du nôtre. Un peuple encore en fermentation, c'est-à-dire juvénile. Que le marxisme ait triomphé en Russie -où il n'y a pas d'industrie - serait la plus grande contradiction qui puisse survenir au marxisme. Mais une telle contradiction n'existe pas, parce qu'un tel triomphe n'a pas eu lieu. La Russie est marxiste, à peu près. comme étaient romains les Tudesques du saint Empire *romain*. Les peuples nouveaux n'ont pas *d'idées*. Quand ils grandissent dans une ambiance où existe, ou vient de mourir une vieille culture, ils s'abritent derrière l'idée que celle-ci leur offre. C'est là le camouflage et sa raison. On oublie - comme je l'ai déjà noté d'autres fois - qu'il y a pour un peuple deux grands types d'évolution. Il y a le peuple qui naît dans un « monde » vide de toute civilisation. Exemple :l'Égyptien, le Chinois. Chez un tel peuple, tout est autochtone, et ses gestes ont un sens clair et direct. Mais il est d'autres peuples qui germent et se développent dans une ambiance pénétrée déjà par une culture d'un long passé historique. Ainsi Rome ; elle croît en pleine Méditerranée dont les eaux étaient déjà imprégnées de culture gréco-orientale. Aussi la moitié des gestes romains ne sont point authentiques, mais appris. Le geste appris, acquis, est toujours double, et sa véritable signification n'est pas directe, mais oblique. Celui qui fait un geste appris - ou qui prononce par exemple un mot d'une autre langue - fait en dessous le geste authentique, traduit en sa propre langue le mot exotique. C'est pourquoi, pour bien comprendre les camouflages, un regard oblique est nécessaire ; le regard de celui qui traduit un texte, avec le dictionnaire à son côté. J'attends le livre dans lequel le marxisme de Staline apparaîtrait traduit dans l'histoire de la Russie ; parce que ce qu'il a de vraiment russe, c'est ce qu'il a de vraiment fort, et non ce qu'il a de communiste. Mais allez donc prévoir ce que ce sera ! La seule chose dont on puisse être sûr, c'est que la Russie a encore besoin de bien des siècles, avant de pouvoir *aspirer à commander.* C'est parce qu'elle manque encore de commandements qui lui soient propres qu'elle a eu besoin de feindre son adhésion au principe européen de Marx. Elle est encore jeune et cette fiction lui suffit. Le jeune homme n'a pas besoin de raisons pour vivre ; il n'a besoin que de prétextes.

Il se produit une chose analogue avec New-York. Il est également erroné d'attribuer sa force actuelle aux commandements auxquels elle obéit. En dernier ressort, ils se réduisent à celui-ci : la technique. Mais quelle coïncidence ! C'est là encore une autre invention européenne, et en aucune façon américaine. La technique est inventée par l'Europe pendant les XVIIIe et XIXe siècles. Quelle rencontre ! Précisément pendant les siècles mêmes où l'Amérique naissait. Et l'on nous raconte sérieusement que l'essence de l'Amérique est sa conception pratique et technique de la vie ! Alors qu'on devrait nous dire : l'Amérique est, comme le sont toutes les colonies, un renouvellement, un rajeunissement des races anciennes, et surtout de l'Europe. Comme la Russie, mais pour d'autres raisons, les États-Unis présentent un cas de cette spécifique réalité historique que nous appelons un « peuple nouveau ». On pourrait croire que ce n'est là qu'une phrase, alors que c'est une chose aussi effective que la jeunesse d'un homme. L'Amérique est forte par sa jeunesse, qui s'est mise au service de ce commandement contemporain appelé « technique », comme elle aurait tout aussi bien pu se mettre au service du bouddhisme, si celui-ci avait été à l'ordre du jour. Mais en agissant ainsi, l'Amérique ne fait rien d'autre que de commencer son histoire. Maintenant vont commencer ses angoisses, ses dissensions, ses conflits ; elle devra subir maintes métamorphoses, parmi lesquelles il y en aura de bien opposées à la technique et à l'utilitarisme. L'Amérique est plus jeune que la Russie. J'avais toujours soutenu, dans la crainte d'exagérer, qu'elle était un peuple primitif, camouflé par les dernières inventions.[77] Aujourd'hui Waldo Frank, dans sa *Nouvelle Découverte de l'Amérique,* le déclare franchement. L'Amérique n'a pas encore souffert ; et il est illusoire de penser qu'elle puisse posséder les vertus nécessaires pour commander.

Celui qui veut éviter de tomber dans la conséquence pessimiste où mène la croyance que personne ne va commander et que, de ce fait, le monde historique va retourner au chaos, devra revenir au point de départ et se demander sérieusement : Est-il aussi certain qu'on le dit, que l'Europe soit en décadence et abandonne le commandement, en un mot, abdique ? Cette apparente décadence ne serait-elle pas la crise bienfaisante qui permettrait à l'Europe d'être véritablement l'Europe ? L'évidente décadence des *nations* européennes, n'est-elle pas *a priori* nécessaire au cas où les États-Unis d'Europe seraient possibles quelque jour, et la pluralité européenne substituée par sa réelle unité ?

IV

La fonction de commander et d'obéir est la fonction décisive en toute société. Si cette question de savoir qui commande et qui obéit est mal résolue, tout le reste ira de travers. Il n'est jusqu'à la plus profonde intimité de chaque individu - sauf de géniales exceptions -qui n'en demeurera troublée, et falsifiée. Si l'homme était un être solitaire, qui ne se trouverait qu'accidentellement lié aux autres, peut-être ne serait-il pas touché par de telles répercussions, qui naissent des déplacements et des crises du commandement, du pouvoir. Mais comme il est sociable, jusque dans sa texture la plus

---

[77] Cf. *El F.specfador* (VII : » Hégel et l'Amérique »).

fondamentale, il est ébranlé, dans son être intime, dans sa vie « privée », par des changements qui, à vrai dire, n'affectent d'une manière immédiate que la collectivité. C'est pourquoi, si l'on prend à part un individu, et qu'on l'analyse, on peut déduire sans avoir besoin d'autres données, quelle est la conscience qu'on a, dans son pays, du commandement et de l'obéissance.

Il serait intéressant, et même utile, de soumettre à un tel examen le caractère individuel de l'espagnol moyen. L'opération, cependant, serait douloureuse et bien qu'utile, déprimante ; aussi vais-je l'éluder. Mais elle ferait voir l'énorme dose de démoralisation intime, d'encanaillement que produit dans l'homme moyen de notre pays, le fait de ce que l'Espagne est une nation qui, depuis des siècles, vit avec une conscience trouble en tout ce qui touche le commandement et l'obéissance. L'encanaillement n'est rien d'autre que l'acceptation, en tant qu'état habituel et normal, d'une irrégularité, d'une chose qui continue de paraître anormale, mais que l'on continue d'accepter. Or, comme il n'est pas possible de convertir en une saine normalité ce qui, dans son essence même, est criminel et anormal, l'individu décide de s'adapter lui-même à la faute essentielle et de devenir ainsi « partie intégrante » du crime et de l'irrégularité qu'il entraîne. C'est là un mécanisme semblable à celui que l'adage populaire énonce lorsqu'il dit qu' « un mensonge en produit cent ». Toutes les nations ont traversé des époques pendant lesquelles quelqu'un qui ne devait pas les commander aspirait pourtant à le faire. Mais un fort instinct leur fit concentrer sur-le-champ leurs énergies et expulser cette illégitime prétention au commandement. Elles repoussèrent l'irrégularité transitoire et reconstruisirent ainsi leur morale publique. Mais l'Espagnol a fait tout le contraire : au lieu de s'opposer à être commandé par quelqu'un qui lui répugnait dans son for intérieur, il a préféré falsifier tout le reste de son être pour l'accommoder à cette fraude initiale. Tant que cet état de choses persistera dans notre pays, il sera vain d'espérer quoi que ce soit des hommes de notre race. Une société dont l'État, dont le pouvoir de commandement est constitutivement frauduleux, ne peut pas avoir la vigueur, l'élasticité nécessaires pour la difficile besogne de se soutenir honorablement dans l'histoire.

Il n'y a donc pas lieu de s'étonner qu'il ait suffi du plus léger doute, d'une simple vacillation à propos de qui commande dans le monde, pour que tout le monde - dans la vie publique comme dans la vie privée - ait commencé à se démoraliser.

La vie humaine, de par sa nature même, doit être vouée à quelque chose, à une entreprise glorieuse ou humble, à un destin illustre ou obscur. Il s'agit là d'une condition étrange, mais inexorable, inscrite dans notre existence. D'une part, vivre est une chose que chacun *fait* pour soi et par soi. D'un autre côté, si cette vie qui est mienne, qui n'importe qu'à moi seulement, je ne la dévoue pas à quelque chose, elle cheminera disjointe, sans tension, sans « forme ». Nous assistons, en ces dernières années, au gigantesque spectacle d'innombrables vies humaines, qui marchent perdues dans leur propre labyrinthe, sans avoir rien à quoi réellement se vouer. Tous les impératifs, tous les ordres sont restés en suspens. Il semble que la situation aurait dû être idéale, puisque chaque vie obtient ainsi la plus grande latitude pour ce que bon lui semble. De même pour chaque peuple, puisque l'Europe a relâché sa pression sur le monde. Mais le résultat a été contraire à ce que l'on pouvait en attendre. Livrée à elle-même, chaque vie reste seule, en présence d'elle-même, vide, sans rien à faire. Mais il faut bien faire quelque chose ; alors la vie « se feint » frivolement elle-même, s'emploie à de fausses occupations, que rien de vraiment intime et sincère ne lui impose. Aujourd'hui, c'est une chose ; demain, une autre, opposée à la première. Elle est perdue lorsqu'elle se trouve seule avec elle-même. L'égoïsme est un labyrinthe.

On le comprend. Vivre, c'est se diriger vers quelque chose, c'est cheminer vers un but. Le but n'est pas mon chemin, n'est pas ma vie. C'est quelque chose à quoi je la dévoue et qui, par cela même, est hors d'elle, au-delà d'elle. Si je me résous à marcher seulement dans l'intérieur de ma vie, comme fait l'égoïste, je n'avance pas, je ne vais nulle part, je vais et viens dans un même lieu. Le voilà le vrai labyrinthe, c'est un chemin qui ne conduit nulle part, qui se perd en soi-même à force de n'être qu'un chemin en soi-même.

Depuis la guerre, l'Européen s'est replié sur lui-même, n'a plus rien entrepris, ni pour lui, ni pour les autres. C'est pourquoi nous ne sommes pas plus avancés, historiquement, que voilà dix ans.

Le commandement n'a pas son sens en lui-même. Le commandement consiste en une pression que l'on exerce sur les autres. Mais il ne consiste pas simplement qu'en cela. S'il se résumait à cette pression, il ne serait que violence. On ne doit pas oublier que commander a un double effet : on commande à quelqu'un, mais on lui commande quelque chose. Et ce qu'on lui commande est, en fin de compte, de participer à une entreprise, à un grand destin historique. C'est pour cette raison qu'il n'y a pas d'empire sans un programme de vie, plus précisément sans un plan de vie impériale.

Comme le dit le vers de Schiller :

Quand les rois construisent, les charrons ont à [faire.

Il convient de ne pas s'embarquer dans ce bateau que nous montre une méchante opinion qui croit voir dans le comportement des grands peuples -comme des hommes -une inspiration purement égoïste. Il n'est pas aussi facile qu'on le croit d'être un pur égoïste, et d'ailleurs personne n'a triomphé en l'étant vraiment. L'.égoïsme apparent des grands peuples, et des grands hommes, est l'inévitable dureté avec laquelle doit se comporter celui qui a dévoué sa vie à quelque entreprise. Lorsqu'on va vraiment accomplir quelque chose et que nous nous sommes donnés tout entier à un projet, on ne peut vraiment pas nous demander de rester en disponibilité pour prendre égard aux passants, ou nous livrer à de petits altruitismes de hasard. Une des choses qui enchantent le plus les voyageurs qui parcourent l'Espagne, c'est que s'ils demandent à quelqu'un dans la rue où se trouve telle place ou tel édifice, très souvent celui qu'ils interrogent délaisse son chemin, et généreusement se dérange pour l'étranger, et le conduit jusqu'au lieu qui l'intéresse. Je ne nie pas qu'il ne puisse y avoir dans ce caractère de bon celtibère quelque facteur de générosité, et je me réjouis de ce que l'étranger interprète ainsi sa conduite. Mais en entendant raconter ce trait ou en le lisant, je n'ai jamais pu réprimer ce soupçon : « Le compatriote que l'on interrogeait allait-il vraiment quelque part ? » Parce qu'il peut très bien arriver que, dans bien des cas, l'Espagnol n'aille nulle part, n'ait aucun projet, ni aucune mission, mais que plutôt il sorte à la vie pour voir si celle des autres ne va pas remplir un peu la sienne. Dans bien des cas, je suis certain que mes compatriotes sortent dans la rue pour voir s'ils ne vont pas rencontrer quelque étranger qu'ils pourront accompagner.

Il est grave que ce doute sur le commandement du monde, exercé jusqu'aujourd'hui par l'Europe, ait démoralisé le reste des peuples, sauf ceux-là qui, par leur jeunesse, sont encore dans leur préhistoire. Mais il est beaucoup plus grave que ce *piétinement sur place*[78] arrive à démoraliser complètement l'Européen lui-même. Ce n'est pas parce que je suis Européen - ou quelque chose d'analogue ! - que je pense ainsi. Ce n'est pas que je dise : « Si l'Européen ne doit plus commander dans l'avenir prochain, la vie du monde ne m'intéresse pas. » Que l'Européen cesse de commander, ne m'importerait en rien s'il

---

[78] En français dans le texte.

existait aujourd'hui un autre groupe de peuples capables de le remplacer au pouvoir et à la direction de la planète. Je n'en demanderais même pas tant. J'accepterais que personne ne commande, si cela n'entraînait pas la volatilisation de toutes les vertus et tous les dons de l'homme européen.

Or, ce dernier point est irrémissible. Si l'"Européen lui-même s'habitue à ne pas commander, il suffira d'une génération et demie pour que l'ancien continent, et avec lui le monde entier, tombe dans l'inertie morale, dans la stérilité intellectuelle et dans la barbarie générale. Seule l'illusion du pouvoir et la discipline de responsabilité qu'elle inspire peuvent maintenir tendues les âmes d'Occident. La science, l'art, la technique et tout le reste vivent de l'atmosphère tonique que crée la conscience du commandement. Si celle-ci manque, l'Européen s'avilira. Les esprits n'auront plus cette foi radicale en eux-mêmes qui les lance, énergiques, audacieux, tenaces, à la capture des grandes idées, nouvelles dans tous les ordres. L'Européen deviendra définitivement quotidien. Incapable de tout effort créateur et gratuit, il retombera dans le passé, dans l'habitude, dans la routine. Il deviendra une créature vulgaire, formaliste, vide comme les Grecs de la décadence et ceux de l'histoire byzantine.

La vie créatrice suppose un régime de haute hygiène, de grande noblesse, de constants stimulants qui excitent la conscience de la dignité. La vie créatrice est une vie énergique, et celle-ci n'est possible que dans l'une des situations suivantes : ou bien être celui qui commande, ou bien se trouver logé dans un monde où commande quelqu'un auquel nous reconnaissons de pleins droits pour une telle fonction ; ou je commande, ou j'obéis. Mais obéir n'est pas supporter, - supporter c'est s'avilir, - bien au contraire, c'est estimer celui qui commande et le suivre en se solidarisant avec lui, en se plaçant avec ferveur sous l'ondoiement de sa bannière.

V

Il convient que nous revenions maintenant au point de départ de ces articles : au fait, si curieux, de tous les bruits qui courent ces dernières années sur la décadence de l'Europe. Il est déjà bien surprenant que cette décadence n'ait pas été notée d'abord par les étrangers, mais que la découverte en soit due aux Européens eux-mêmes. Alors que personne ne le pensait hors de l'ancien continent, il vint à l'esprit de quelques hommes d'Allemagne, d'Angleterre, de France, cette idée suggestive : ne commencerions nous pas à être en décadence ? L'idée a eu bonne presse, et aujourd'hui tout le monde parle de la décadence de l'Europe comme d'un fait accompli.

Mais arrêtez l'individu qui l'énonce d'un geste léger, et demandez-lui sur quels phénomènes concrets et évidents il fonde son diagnostic ; vous le verrez faire aussitôt des gestes vagues et pratiquer cette agitation des bras vers la rotondité de l'univers, caractéristique de tout naufragé. De fait, il ne sait pas où s'accrocher. La seule chose qui apparaisse sans grandes précisions lorsqu'on veut définir l'actuelle décadence de l'Europe, c'est l'ensemble des difficultés économiques devant lesquelles se trouve aujourd'hui chacune des nations européennes. Mais quand on veut préciser un peu le caractère de ces difficultés, on remarque qu'aucune d'elles n'affecte sérieusement le pouvoir de création de richesse, et que l'ancien continent est passé par des crises de ce genre beaucoup plus graves.

Est-ce. que, par hasard, l'Allemand ou l'Anglais ne se sentiraient plus capables aujourd'hui de produire plus et mieux que jamais ? Pas du tout. Et il importe beaucoup de définir l'état d'esprit de cet Allemand ou de cet Anglais dans cette dimension de l'économique. Car le fait véritablement curieux est précisément que la dépression de leurs âmes ne provient pas de ce qu'ils se sentent peu capables, mais, au contraire, de ce que sentant en eux un potentiel plus élevé que jamais, ils se heurtent à certaines barrières fatales qui les empêchent de réaliser ce qu'ils pourraient fort bien faire. Ces frontières fatales de l'économie actuelle allemande, anglaise, française, sont les frontières politiques des États respectifs. La véritable - difficulté ne se trouve donc dans aucun des problèmes économiques qui se posent, mais dans ce que la forme de vie publique où doivent se mouvoir les capacités économiques, n'est pas en rapport avec leur intensité. À mon avis, la sensation d'amoindrissement, d'impuissance qui pèse indéniablement ces années ci sur la vitalité européenne, se nourrit de cette disproportion ·entre l'intensité du potentiel européen actuel et le cadre de l'organisation politique dans lequel il doit agir. L'impulsion pour résoudre les graves questions urgentes est peut-être plus vigoureuse que jamais ; mais dès qu'elle veut agir, elle se heurte aux cages réduites où elle est logée, à ces petites nations qui jusqu'à maintenant composent l'organisation de l'Europe. Le pessimisme, le découragement qui pèse aujourd'hui sur l'âme continentale ressemble beaucoup à celui de l'oiseau aux grandes ailes qui, en battant l'air, se blesse contre les barreaux de sa cage.

La meilleure preuve en est que cette combinaison se répète dans tous les domaines, dont les facteurs sont en apparence très distincts du domaine économique. Par exemple dans la vie intellectuelle. Tout bon intellectuel allemand, anglais ou français se sent aujourd'hui à l'étroit dans les limites de sa nation, sent sa nationalité comme une limitation absolue. Le professeur allemand se rend déjà clairement compte que le style de production auquel l'oblige son public immédiat de professeurs allemands est absurde, et qu'il lui manque cette plus grande liberté d'expression dont jouissent l'écrivain français ou l'essayiste britannique. Vice-versa, l'homme de lettres parisien commence à comprendre que la tradition de mandarinisme littéraire, de formalisme verbal, auxquels le condamna son origine française, est épuisée, et il préférerait, tout en conservant les meilleures qualités de cette tradition, l'intégrer à quelques vertus du professeur allemand.

Il en est de même en ce qui concerne la politique intérieure. On n'a pas encore analysé à fond la raison de l'agonie de la vie politique de toutes les grandes nations. On dit que les institutions démocratiques ont perdu leur prestige. Mais c'est justement cela qu'il conviendrait d'expliquer. Car il s'agit d'un discrédit fort étrange ; en effet, on parle mal du Parlement de tous côtés, mais on ne voit en aucun lieu, parmi ceux qui comptent, une tentative de substitution ; on ne voit même pas qu'il existe des ébauches utopiques d'autres formes d'État, qui, idéalement tout au moins, paraîtraient préférables. Il ne faut donc pas se fier à l'authenticité de cet apparent discrédit. Ce ne sont pas les institutions - en tant qu'instruments de vie publique - qui marchent mal en Europe, mais les travaux où il faut les employer. Ce qui manque, ce sont des programmes proportionnés aux dimensions effectives que la vie est arrivée à prendre à l'intérieur de chaque individu européen.

Il y a là une erreur d'optique qu'il convient de corriger une fois pour toutes, car il est pénible d'écouter les inepties qui se disent à toute heure, à propos du Parlement par exemple. Il existe toute une série d'objections qu'on peut opposer valablement à la façon dont se conduisent les Parlements traditionnels. Néanmoins, si on les prend une à une, on voit qu'aucune d'elles ne permet de conclure à la nécessité de supprimer le Parlement ; mais que par contre, toutes, par une voie directe et évidente, conduisent à la nécessité de le réformer. Or, le meilleur que l'on puisse dire humainement d'une chose, c'est qu'elle a besoin d'être réformée, car cela implique qu'elle est indispensable et susceptible d'une vie nouvelle. L'automobile actuelle est sortie des objections faites à l'automobile de 1910. Mais le discrédit banal où est tombé le Parlement ne procède pas de ces objections. On dit, par exemple, qu'il n'est pas efficace. Il nous faut alors demander : à quelle fin n'est-il pas efficace ? Car l'efficacité est la vertu que possède un instrument en vue d'une finalité. Dans ce cas la finalité serait la solution des problèmes publics dans chaque nation. C'est pourquoi nous exigeons de celui qui proclame l'inefficacité du Parlement qu'il possède une idée claire de ce qu'est la solution des problèmes publics actuels. S'il ne possède cette idée claire, si en aucun pays on ne sait clairement aujourd'hui - pas même en théorie - ce qu'il faut faire, accuser d'inefficacité les instruments des institutions n'a pas de sens. Il vaudrait mieux rappeler que jamais aucune institution n'a créé dans l'histoire des États plus formidables, plus efficients, que les États parlementaires du XIXe siècle. Le fait est si indiscutable que l'oublier démontre une franche stupidité. Qu'on ne confonde donc pas la possibilité et l'urgence qu'il y a à réformer profondément les Assemblées législatives pour les rendre « encore plus » efficaces, avec le fait de les déclarer inutiles.

Le·discrédit des Parlements n'a rien à voir avec leurs défauts notoires. Il procède d'une autre cause, complètement étrangère aux Parlements eux-mêmes, en tant qu'instruments politiques. Il provient de ce que l'Européen ne sait à quoi les employer, de ce qu'il n'estime pas la finalité de la vie publique traditionnelle ; en somme, de ce qu'il ne ressent pas d'enthousiasme pour les États nationaux dans lesquels il est inscrit et prisonnier. Si l'on regarde avec un peu d'attention ce fameux discrédit, ce que l'on voit c'est que le citoyen, dans la plus grande partie des pays, n'a aucun respect pour son État. Il serait inutile de réformer les détails de leurs institutions, car ce qui n'est plus respectable, ce n'est pas l'une ou l'autre de ces institutions en particulier, mais l'État lui-même, qui est devenu trop petit.

Pour la première fois, l'Européen en se heurtant dans ses projets économiques, politiques, intellectuels, aux limites de sa nation, sent que ces projets -c'est-à-dire ses possibilités de vie, son style vital - sont en disproportion avec le cadre du corps collectif dans lequel il est enfermé. Il a découvert alors qu'être Anglais, Allemand ou Français c'est être provincial. Il a donc découvert qu'il est moins qu'avant, puisqu'autrefois l'Anglais, le Français et l'Allemand croyaient, chacun de son côté, qu'ils étaient l'univers. C'est là qu'il faut voir, à ce qu'il me semble, la véritable origine de cette impression de décadence qui afflige l'Européen. Il s'agit donc d'une origine purement intime et paradoxale, puisque la présomption d'avoir diminué naît précisément du fait que sa capacité s'est accrue et se heurte à une organisation vieillie, à l'intérieur de laquelle elle ne peut plus se développer à l'aise.

Pour donner à ce que je dis ici un soutien plastique qui l'éclairera, prenons quelque activité concrète ; par exemple, la fabrication des automobiles. L'automobile est une invention purement européenne. Cependant, la fabrication de cette machine est aujourd'hui supérieure en Amérique du Nord. Conséquence : l'automobile européenne est en décadence. Et pourtant le fabricant européen d'automobiles -industriel et technique -sait très bien que la supériorité du produit américain ne provient d'aucune vertu spécifique dont jouisse· l'homme d'outre-mer, mais simplement de ce que l'usine américaine peut offrir son produit sans aucune difficulté à cent vingt millions d'hommes. Imaginez qu'une usine européenne voit devant elle un champ d'action commercial formé par tous les États européens avec leurs colonies et protectorats. Personne ne doute que cette automobile prévue pour cinq ou six cent millions d'hommes serait meilleure et meilleur marché que la Ford. Tous les avantages particuliers de la technique américaine sont à peu près sûrement les effets et non les causes de l'amplitude et de l'homogénéité de son marché. La « rationalisation » de l'industrie est la conséquence automatique de son ampleur.

La véritable situation de l'Europe en arriverait donc à être celle-ci : son vaste et magnifique passé l'a fait parvenir à un nouveau stade de vie où tout s'est accru ; mais en même temps, les structures survivantes de ce passé sont petites et paralysent son expansion actuelle. L'Europe s'est constituée sous forme de petites nations. En un certain sens, l'idée et les sentiments nationaux ont été son invention la plus caractéristique. Et maintenant elle se voit obligée de se dépasser elle-même. Tel est le schéma du drame énorme qui va se jouer dans les années à venir. Saura-t-elle se libérer de ses survivances ou en restera-t-elle prisonnière ? Car il est déjà arrivé une fois dans l'histoire qu'une grande civilisation est morte de n'avoir pu modifier son idée traditionnelle de l'État...

VI

J'ai conté ailleurs la passion et la mort du monde gréco-romain, et, pour certains détails, je m'en remets à ce que je disais alors[79]. Mais aujourd'hui, nous pouvons prendre le sujet sous un autre aspect. Les Grecs et les Romains apparaissent dans l'histoire, logés -comme des abeilles dans leurs ruches - dans les villes, *poleis*. C'est là un fait que, dans ces pages, nous devons considérer comme absolu et de genèse mystérieuse ; un fait d'où il faut partir, sans plus, comme le zoologue part du fait brut et inexpliqué que le sphex vit solitaire, errant et voyageur, et qu'au contraire, la blonde abeille ne vit qu'en essaim constructeur de rayons.[80] Les fouilles et l'archéologie nous permettent, en effet, d'entrevoir ce qu'il y avait dans le

---

[79] *El Espectador*, VI.

[80] C'est ce que fait la raison physique et biologique, « la raison naturaliste » » démontrant par là qu'elle est moins raisonnable que la « raison historique ». Parce que celle-ci, lorsqu'elle traite des choses à fond, et non de biais comme dans ces pages, se refuse à reconnaître aucun fait, comme étant absolu. Pour elle, raisonner consiste à rendre « fluide » tout fait en en découvrant la genèse. Voir de l'auteur l'essai « *History as system* »

sol d'Athènes et dans celui de Rome avant l'existence de ces deux villes. Mais la transition entre cette préhistoire, purement rurale et sans caractère spécifique, et l'apparition de la cité, fruit de nouvelle espèce que produit le sol des deux péninsules, reste mystérieuse ; nous ne voyons même pas clairement la connexion ethnique unissant ces peuples protohistoriques et ces étranges communautés qui apportent au répertoire humain une grande innovation : la construction d'une place publique, et, autour d'elle, une ville fermée au champ environnant. De fait, la définition la plus approchante de ce qu'est la ville, la *polis,* est très semblable à celle que l'on fait comiquement du canon : vous « prenez » un trou, vous l'entourez de fil de fer très resserré, et cela vous fait un canon. De même, l'urbs, la *polis* commence par être un creux : le forum, l'agora ; et tout le reste est un prétexte pour protéger ce vide, pour délimiter son contour. La *polis* n'est pas tout d'abord un ensemble de maisons habitables, mais un lieu destiné à l'unité civile, un municipe, un espace aménagé pour les fonctions publiques. La ville, l'urbs, n'est pas faite, comme la cabane ou la *domus,* pour s'abriter de l'intempérie et pour procréer (ce sont là des besoins privés et familiaux), mais pour discuter sur la chose publique. Remarquez que cela ne signifie rien de moins que l'invention d'une nouvelle sorte d'espace, beaucoup plus nouveau que l'espace d'Einstein. Il n'existait jusqu'alors qu'un seul espace : le champ, et l'on y vivait avec toutes les conséquences que cela implique pour *l'être* de l'homme. L'homme des champs est encore un végétal. En tant qu'il pense et désire, son existence conserve l'engourdissement inconscient où vit la plante. Dans ce sens, les grandes civilisations asiatiques et africaines furent de grandes végétations anthropomorphes. Mais le Gréco-Romain décide de quitter le champ, la « nature », le cosmos géobotanique. Comment cela est-il possible ? Comment l'homme peut-il se retirer du champ ? Où ira-t-il, si le champ est toute la terre, s'il est illimité ? Très simple : en limitant un morceau de champ avec quelques murs qui opposent l'espace inclus et fini à l'espace amorphe et sans fin. Voilà la place publique. Ce n'est pas comme la maison, un « intérieur » fermé par en haut, pareil aux grottes qui existent dans le champ, c'est, purement et simplement, la négation du champ. La place, grâce aux murs qui la bornent, est un morceau de champ qui tourne le dos au reste, qui s'en passe et s'y oppose. Ce champ, plus petit et rebelle, qui se sépare du champ infini et se réserve pour lui-même en s'opposant à l'autre, est un champ aboli et, par conséquent, un espace *sui generis* tout nouveau, dans lequel l'homme se libère de toute communauté avec la plante et l'animal, les laisse dehors et crée une atmosphère à part, purement humaine. C'est l'espace civil. C'est pourquoi Socrate, urbain par excellence, quintessence de ce suc que sécrète la *polis*, dira : « Je n'ai rien à faire avec les arbres dans le champ ; je n'ai à faire qu'avec les hommes dans la cité. » L'Hindou, le Persan, le Chinois ou l'Égyptien ont-ils jamais rien connu de semblable ?

Jusqu'à Alexandre et César, respectivement, l'histoire de la Grèce et de Rome consiste dans la lutte incessante entre ces deux espaces : entre la cité rationnelle et le champ végétal, entre le juriste et le laboureur, entre le *ius* et le *rus*.

Qu'on ne croie pas que cette origine de la cité soit une pure construction de mon esprit, et que seule lui corresponde une vérité symbolique. Avec une rare insistance, dans les couches primaires, les plus profondes de leur mémoire, les habitants de la cité gréco-latine conservent le souvenir d'un *synoikismos*. Il n'y a donc pas à solliciter les textes ; il suffit de les traduire. *Synoikismos*, c'est l'accord d'aller vivre « conjointement », par conséquent une conjonction vitale, une *commune*, dans un double sens physique et juridique. À la dispersion végétative à travers la campagne succède la concentration civile dans la cité. L'urbs, la cité, c'est la sur-maison, c'est ce qui dépasse la maison, l'aire infra-humaine ; c'est la création d'une entité plus abstraite et plus élevée que le *oikos* familial. C'est la *république,* la *politeia,* qui ne se compose pas d'hommes ou de femmes, mais de citoyens. Une dimension nouvelle, irréductible aux dimensions primitives et plus proches de l'animal, s'offre à l'existence humaine, et c'est en elle que ceux qui, autrefois, étaient seulement des hommes, vont placer désormais leurs meilleures énergies. C'est ainsi que dès sa naissance, la cité est déjà l'État.

D'un certain point de vue, toute la côte méditerranéenne a toujours montré une tendance spontanée vers ce type d'État. Avec plus ou moins de pureté, le Nord de l'Afrique (Carthage = la cité) répète le même phénomène. Jusqu'au XIXe siècle, l'Italie ne sortit pas de l'État-cité, et notre Levant espagnol tombe dans la mesure où il peut dans le cantonalisme, qui est un arrière-goût de cette inspiration millénaire.[81]

L'État-cité, par la relative petitesse de ses éléments, permet de voir clairement ce qui constitue le caractère spécifique du principe d'État. D'une part le mot « État » indique que les forces historiques parviennent à une combinaison d'équilibre historique, d'assiette. En ce sens, il signifie le contraire de mouvement historique : l'État est une communauté stabilisée, constituée, statique. Mais ce caractère d'immobilité, de forme tranquille et définie, cache, comme tout équilibre, le dynamisme qui a produit et qui soutient l'État. Il fait oublier, en somme, que l'État constitué n'est que le résultat d'un mouvement antérieur de luttes, d'efforts qui y tendaient. L'État constitué est précédé de l'État constituant, et celui-ci est un principe de mouvement.

Je veux dire par là que l'État n'est pas une forme de société qui soit donnée à l'homme et gratuitement, mais qu'il

---

[81] Il serait intéressant de montrer comment, en Catalogne, collaborent deux inspirations antagonistes : le nationalisme européen et le *citadisme* de Barcelone, où survit toujours la tendance du vieil homme méditerranéen. J'ai déjà dit que l'homme du Levant espagnol est tout ce qu'il reste sur la Péninsule de *l'homo antiquus.*

est nécessaire de la forger péniblement. L'État n'est pas comme la horde, comme la tribu ou comme les autres sociétés fondées sur la consanguinité et que la nature se charge d'établir sans la collaboration de l'effort humain. Au contraire, l'État commence le jour où l'homme fait son possible pour s'évader de la société native à laquelle il appartient par le sang. Et·qui dit le sang, dit également quelqu'autre principe naturel : par exemple : la langue. À l'origine, l'État consiste dans le mélange des sangs et des langues. Il représente une victoire sur toute société naturelle. Il est métis et polyglotte.

Ainsi, la cité naît de la réunion de peuples différents. Elle construit sur l'hétérogénéité zoologique une homogénéité de jurisprudence.[82] Il est évident que l'unité juridique n'est pas l'aspiration qui produit le mouvement créateur de l'État. L'impulsion est plus substantive que tout droit, c'est un projet d'entreprises vitales plus vastes que celles qui sont possibles aux minuscules sociétés consanguines. Dans la genèse de tout État, nous voyons ou nous entrevoyons toujours le profil d'un grand impresario.

Si nous observons la situation historique qui précède immédiatement la naissance d'un État, nous trouvons toujours le schéma suivant : diverses petites collectivités dont la structure sociale est faite pour que chacune vive à l'intérieur d'elle-même. La forme sociale de chacune d'elles sert seulement à la communauté interne. Cela indique que dans le passé elles vécurent effectivement isolées, chacune par soi et pour soi, sans rien d'autre que d'exceptionnels contacts avec les collectivités limitrophes. Mais à cet isolement effectif a succédé en fait, une communauté externe, surtout économique. L'individu de chaque collectivité ne vit plus seulement de celle-ci, mais une partie de sa vie est liée à des individus d'autres collectivités avec lesquels il fait des échanges

---

[82] Homogénéité juridique qui n'implique pas forcément la centralisation.

commerciaux et intellectuels. Il survient donc un déséquilibre entre deux communautés : l'interne et l'externe. La forme sociale établie - droits, « coutumes » et religion - favorise l'interne et gêne l'externe, plus ample et plus neuve. Dans cette situation, le principe d'État est le mouvement qui conduit à annihiler les formes sociales de communauté interne, en les remplaçant par une forme sociale adéquate à la nouvelle communauté externe. Appliquez tout ceci au moment européen actuel, et ces expressions abstraites prendront figure et couleur.

Il n'y a pas de création d'État si l'esprit de certains peuples n'est pas capable d'abandonner la structure traditionnelle d'une forme de communauté, et de plus d'en imaginer une autre qui n'ait encore jamais existé. C'est seulement par cela qu'il est une création authentique. L'État commence par être une œuvre d'imagination absolue. L'imagination est le pouvoir libérateur de l'homme. Un peuple est capable de créer un État dans la mesure où il sait imaginer. Aussi, tous les peuples ont-ils eu une limite à l'évolution de leur État, précisément la limite imposée par la nature à leur imagination.

Le Grec et le Romain, capables d'imaginer la cité qui triomphe de la dispersion rurale, s'en tinrent aux murs urbains. Quelqu'un voulut entraîner plus loin les esprits gréco-romains, tenta de les libérer de la cité, mais ce fut en vain. L'imagination bornée du Romain, représentée par Brutus, se chargea d'assassiner César la plus grande imagination de l'antiquité. Il nous importe beaucoup à nous autres, Européens modernes, de nous rappeler cette histoire, car la nôtre en est arrivée au même chapitre.

VII

Des esprits clairs, ce que l'on appelle des esprits clairs, il n'y en eut probablement pas plus de deux dans tout le monde antique : Thémistocle et César ; deux politiciens. La chose est surprenante, parce qu'en général le politicien, même le plus fameux, est politicien, précisément *parce* qu'il est maladroit. Sans doute, il y eut en Grèce et à Rome d'autres hommes qui pensèrent avec des idées claires sur bien des choses - philosophes, mathématiciens, naturalistes. Mais leur clarté fut d'ordre scientifique, c'est-à-dire une clarté sur des choses abstraites. Toutes les choses dont parle la science, quelle qu'elle soit, sont abstraites et les choses abstraites sont toujours claires. De sorte que la clarté de la science n'est pas tant dans la tête de ceux qui la font que dans les choses dont ils parlent. Ce qui est essentiellement confus, embrouillé, c'est la réalité vitale concrète, qui est toujours unique. Celui qui est capable de s'orienter en elle avec précision ; celui qui distingue, sous le chaos que présente toute situation vitale, l'anatomie secrète de l'instant ; en somme celui qui ne se perd pas dans la vie, celui-là est vraiment un esprit clair. Observez ceux qui vous entourent et vous verrez comme ils avancent, perdus dans la vie ; ils vont comme des somnambules, dans leur bonne ou mauvaise chance, sans avoir le plus léger soupçon de ce qui leur arrive. Vous les entendez parler en formules tranchantes sur eux-mêmes et sur leur entourage, ce qui pourrait indiquer qu'ils ont des idées sur tout cela. Mais si vous analysez sommairement ces idées, vous remarquerez qu'elles ne reflètent en rien la réalité à laquelle elles semblent pourtant se rapporter, et si vous approfondissez davantage votre analyse, vous trouverez qu'elles ne prétendent pas même s'ajuster à une telle réalité. Tout au contraire : l'individu essaie, grâce à elles, d'intercepter sa propre vision du réel, celle de sa vie même. Parce que la vie est tout d'abord un chaos où l'homme est perdu. Il s'en doute ; mais il s'effraie de se trouver en tête-à-tête avec cette terrible réalité, et tente de la cacher derrière un écran fantasmagorique sur lequel tout est très clair. Peu lui importe au fond que ses « idées » ne soient pas vraies, il les emploie comme des tranchées pour se défendre de sa vie, comme des épouvantails pour faire fuir la réalité.

L'homme à l'esprit clair est celui qui se libère de ces « idées » fantasmagoriques, regarde la vie en face, et se rend compte que tout en elle est problématique, et se sent perdu. Vivre, c'est se sentir perdu ; voilà la stricte vérité, et celui qui l'accepte a déjà commencé à se retrouver, à découvrir son authentique réalité, à aborder sur un terrain ferme. Instinctivement, de même que le naufragé, il cherchera quelque chose où s'accrocher, et ce regard tragique, péremptoire, absolument véridique, car il s'agit de se sauver, lui fera ordonner le chaos de sa vie. Les idées des naufragés sont les seules idées vraies. Tout le reste est rhétorique, pose, tromperie intime. Celui qui ne se sent pas vraiment perdu se perd inexorablement ; c'est-à-dire, ne se trouve jamais, ne touche jamais de ses doigts la réalité propre.

Cette assertion est valable dans tous les domaines, même dans la science, bien que la science elle-même soit une fuite devant la vie. (La majorité des hommes de science se sont voués à elle par terreur d'affronter leur vie. Ce ne sont pas des esprits clairs ; de là leur gaucherie notoire devant n'importe quelle situation concrète.) Nos idées scientifiques ne valent que dans la mesure où nous nous sommes sentis perdus devant une question, que dans la mesure où nous avons bien vu son caractère problématique ; que dans la mesure où nous comprenons que nous ne pouvons nous appuyer ni sur des idées reçues, ni sur des recettes, ni sur des sentences, ni sur des mots. Celui qui découvre une nouvelle vérité scientifique a dû brasser auparavant presque tout ce qu'il avait appris, et il arrive à cette nouvelle vérité les mains sanglantes d'avoir égorgé d'innombrables lieux communs.

La politique est beaucoup plus réelle que la science, car elle se compose de situations uniques où l'homme se trouve brusquement submergé, qu'il le veuille ou non. C'est donc elle qui nous permet le mieux de distinguer quels sont les esprits clairs et quels sont les esprits routiniers.

César offre le plus bel exemple d'esprit clair ; il possède au plus haut degré le don de retrouver le profil de la réalité substantive en un moment d'effrayante confusion, à l'une des heures les plus chaotiques qu'ait jamais vécues l'humanité. Et comme si le destin se fût complu à en souligner la singularité, il mit à son côté une magnifique tête d'intellectuel, celle de Cicéron, vouée durant toute son existence à confondre les choses.

L'excès même de la réussite avait disloqué le corps politique romain. La cité du Tibre, maîtresse de l'Italie, de l'Espagne, de l'Afrique mineure, de l'Orient classique et hellénique, était sur le point de voler en éclats. Ses institutions publiques avaient une substance municipale et étaient inséparables de la cité, comme les amadryades demeurent, sous peine de consomption, attachées à l'arbre qu'elles protègent.

La santé des démocraties - quel que soit leur type et leur degré - dépend d'un misérable détail technique : le procédé électoral. Tout le reste est secondaire. Si le régime des comices est opportun, s'il s'ajuste à la réalité, tout va bien ; sinon, même quand tout le reste marcherait aussi bien que possible, tout ira mal. Rome, au commencement du 1er siècle avant Jésus-Christ, est puissante, riche, sans ennemis. Et pourtant elle est sur le point de mourir, parce qu'elle s'obstine à conserver un régime électoral stupide. Or un régime électoral est stupide quand il est faux. Il fallait voter dans la cité ; déjà les citoyens des champs ne pouvaient plus assister aux comices. Et bien moins encore ceux qui vivaient répartis par tout le territoire romain. Comme les élections étaient impossibles, il fallut les falsifier, et les candidats organisèrent des tournées de matraques - avec des vétérans de l'armée, des athlètes du cirque - qui se chargeaient de casser les urnes.

Sans l'appui d'un suffrage authentique, les institutions démocratiques sont en l'air. Dans l'air sont les mots. « La République n'était plus qu'un mot. » L'expression est de César. Aucune magistrature ne conservait d'autorité. Les généraux de la gauche et de la droite -les Marius et les Sylla -devenaient arrogants dans des dictatures vides qui ne conduisaient à rien.

César n'a jamais expliqué sa politique ; apparemment, il perdit son temps à la faire. Mais le hasard fit qu'il fût précisément César, et non le manuel du césarisme qui vient ordinairement après. Nous n'avons pas d'autre moyen, si nous voulons comprendre cette politique, que de considérer ses actes et de leur donner son nom. Le secret réside dans son principal exploit : la conquête des Gaules. Pour l'entreprendre, il lui fallut se déclarer rebelle au pouvoir constitué. Pourquoi ?

Le pouvoir appartenait aux républicains, c'est-à-dire aux conservateurs, aux fidèles de l'État-cité. Leur politique peut se résumer en deux clauses : 1)Les troubles de la vie publique romaine proviennent de son expansion excessive. La cité ne peut gouverner tant de nations. Toute nouvelle conquête est un délit de lèse-république ; 2) pour éviter la dissolution des institutions, il faut un *prince*.

Pour nous le mot « prince » a un sens presque opposé à celui qu'il avait pour un Romain. Pour celui-ci il s'agissait d'un citoyen comme les autres, mais investi de pouvoirs supérieurs, afin de régler le fonctionnement des institutions républicaines. Cicéron, dans son livre « De la République » et Salluste, dans ses mémoires dirigés à César, résument la pensée de tous les publicistes en demandant un *princeps civitatis*, un *rector rerum publicarum*, un *moderator*.

La solution de César est totalement opposée à celle des conservateurs. Il comprend que pour éviter les conséquences des précédentes conquêtes romaines, il n'y avait d'autre moyen que de les continuer en acceptant jusqu'au bout un si énergique destin. Et surtout, il était urgent de conquérir les peuples nouveaux, plus dangereux dans un proche avenir que les nations corrompues d'Orient. César soutiendra la nécessité de romaniser à fond les peuples barbares d'Occident.

On a dit (Spengler) que les Gréco-Romains étaient incapables de saisir le temps, de voir leur vie comme une dilatation dans le temporel ; qu'ils existaient dans un présent immédiat. Je soupçonne que ce diagnostic est erroné, ou pour le moins, qu'il confond deux choses : Le Gréco-Romain souffre d'un surprenant aveuglement à l'égard du futur. Il ne le voit pas, tout comme le malade atteint de daltonisme ne voit pas la couleur rouge. Mais en échange il vit enraciné dans le passé. Avant de faire quelque chose aujourd'hui, il fait un pas en arrière, comme le toréador Lagartijo, au moment de tuer le taureau ; il cherche dans le passé un modèle pour la situation présente, et ainsi renseigné, il se plonge dans l'actualité, protégé et déformé par l'illustre scaphandre. Aussi toute sa manière de vivre est-elle en quelque sorte une manière de *revivre*. C'est en cela que consiste l'archaïsme, et l'on peut dire avec raison que l'homme de l'antiquité fut presque toujours archaïsant. Mais ceci n'implique pas qu'il était insensible au temps. Tout simplement, cela signifie un sens incomplet de la notion de chronologie, une amputation du sens du futur, une hypertrophie du passé. Nous autres Européens, nous avons gravité depuis toujours vers le futur et nous sentons qu'il constitue la dimension la plus substantielle du temps, lequel, pour nous, commence par un « après » et non par un « avant ». On comprend donc que la vie gréco-romaine nous paraisse « sans âge », a-chronique.

Cette espèce de manie de vouloir prendre tout présent entre les pinces d'un passé exemplaire s'est transmise de l'homme antique au philologue moderne. Le philologue est également aveugle devant l'avenir. Lui aussi rétrograde, cherche à toute actualité un précédent, qu'il dénomme d'un joli mot d'églogue, « sa source ». Je dis cela parce que les anciens biographes de César se refusaient déjà à la compréhension de cette énorme figure en supposant qu'il voulait imiter Alexandre. La comparaison s'imposait : si Alexandre ne pouvait dormir en pensant aux lauriers de Miltiade, César devait forcément souffrir d'insomnie à cause de ceux d'Alexandre. Et ainsi de suite. Toujours le pas en arrière et les pieds d'aujourd'hui dans les traces de ceux d'antan. Le philologue contemporain répète le biographe classique.

Croire que César ait aspiré à faire quelque chose de semblable à ce que fit Alexandre - et presque tous les historiens l'ont cru - c'est renoncer radicalement à le comprendre. César est à peu près le contraire d'Alexandre. L'idée d'un royaume universel est la seule chose qui les rapproche. Mais cette idée n'est pas d'Alexandre, elle vient de la Perse. L'image d'Alexandre aurait poussé César vers l'Orient, vers le prestigieux passé. Sa préférence radicale pour l'Occident révèle plutôt la volonté de contredire le Macédonien. Mais en outre, ce n'est pas un royaume universel, sans plus, que se propose César. Son but est plus profond. Il veut un Empire romain qui ne vive pas de Rome, mais de la périphérie, des provinces ; et cela implique fa négation absolue de l'État-cité. Un État où les peuples les plus divers collaborent, dont ils se sentent tous solidaires. Non pas un centre qui commande et une périphérie qui obéit, mais un gigantesque corps social dont chaque élément soit un sujet à la fois passif et actif de l'État. Tel est l'État moderne, et ce fut là la fabuleuse anticipation de son génie futuriste. Mais cela supposait un pouvoir extra-romain, anti-aristocrate, infiniment au-dessus de l'oligarchie républicaine, de son *prince* qui n'était seulement qu'un *primus inter pares*. Ce pouvoir qui réalise et représente la démocratie universelle ne pouvait être que la monarchie avec son siège hors de Rome.

République ! Monarchie ! Voilà deux mots qui dans l'histoire changent constamment de sens *authentique* et qu'il est par là même nécessaire de critiquer à chaque instant, pour s'assurer de leur éventuelle substance.

Les hommes de confiance de César, ses instruments les plus immédiats, n'étaient pas d'archaïques illustrations de la cité, mais des hommes nouveaux, des provinciaux, des personnages actifs et énergiques. Son vrai ministre fut Cornelius Balbus, un homme d'affaires de Cadix, un homme de l'Atlantique, un « colonial ».

Mais l'anticipation du nouvel État était excessive : les esprits lents du Latium ne pouvaient faire un si grand effort. L'image de la cité, dans son tangible matérialisme, empêcha que les Romains *vissent* cette organisation toute nouvelle du corps public. Comment des hommes qui ne vivaient pas dans une cité pouvaient-ils former un État ? Quel genre d'unité était-ce, que cette unité si subtile et pour ainsi dire mystique ?

Je le répète une fois de plus : la réalité que nous appelons État n'est pas la communauté spontanée d'hommes unis par la consanguinité. L'État commence lorsque des groupes séparés par la naissance sont obligés de vivre en communauté. Cette obligation n'est pas une simple violence ; elle suppose un projet qui incite à la collaboration, une tâche commune proposée aux groupes épars. Avant tout l'État est le projet d'une action et un programme de collaboration. On appelle les gens pour qu'ils fassent quelque chose ensemble. L'État n'est pas consanguinité, ni unité linguistique, ni unité territoriale, ni continuité d'habitation. Il n'est en rien matériel, inerte, donné ou limité. Il est un dynamisme pur - la volonté de faire quelque chose en commun -et grâce à lui l'idée de l'État n'est limitée par aucun terme physique.[83]

Très subtile la devise politique bien connue de Saavedra Fajardo : une flèche, et au-dessous : « elle monte ou descend » Tel est l'État. Non pas une chose mais un mouvement. L'État est à tout instant quelque chose qui *vient de* et *va vers*. Comme tout mouvement il a un *terminus a quo* et un *terminus ad quem*. Faites une coupe à n'importe quel moment dans la vie d'un État, qui en soit vraiment un, et vous trouverez une unité de communauté qui *semble* fondée sur tel ou tel attribut matériel : sang, idiome, « frontières naturelles ». L'interprétation statique nous amènera à dire : c'est là l'État. Mais tout de suite nous remarquons que ce groupement humain fait quelque chose en commun : il conquiert d'autres peuples, fonde des colonies, se fédère avec d'autres États ; c'est-à-dire qu'à toute heure, il est en train de dépasser ce qui semblait le principe· matériel de son unité. C'est le *terminus ad quem*, l'État véritable, dont l'unité consiste précisément à surpasser toute unité donnée. Quand cette impulsion vers l'au-delà cesse, l'État succombe automatiquement, et l'unité qui existait déjà et paraissait physiquement cimentée - race, idiome, frontière naturelle - ne sert de rien : l'État se désagrège, se disperse, s'atomise.

Cette dualité de moments dans l'État - l'unité qu'il est déjà et celle plus vaste qu'il se propose de devenir - permet de comprendre l'essence de l'État national. On sait que l'on n'est pas encore arrivé à dire en quoi consiste une nation si nous donnons à ce mot son acception moderne. L'État-cité était une idée claire, que l'on *voyait* à l'œil nu. Mais le nouveau type d'unité publique qui germait chez les Gaulois et les Germains, l'inspiration politique de l'Occident, est une chose beaucoup plus vague, beaucoup plus fuyante. Le philologue, qui déjà par

---

[83] Voir du même auteur : « L'origine sportive de l'État ». (El Espectador, t. VII).c'est pas bizzare ?

lui-même est archaïsant, se trouve devant ce formidable fait presque aussi perplexe que César ou Tacite lorsqu'ils voulaient désigner avec leur terminologie romaine, ce qu'étaient ces États à leurs débuts, États transalpins, ultra-rhénans ou espagnols. Ils les appellent *civitas, gens, natio*, en se rendant compte qu'aucun de ces mots ne convient bien à la chose.[84] Ce ne sont pas des *civitas* pour la simple raison que ce ne sont pas des cités.[85] Mais on ne peut même pas rendre le terme plus vague et s'en servir pour faire allusion à un territoire délimité. Les peuples nouveaux changent de territoire, avec une très grande facilité, ou, du moins, étendent ou réduisent celui qu'ils occupaient. Ce ne sont pas non plus des unités ethniques - *gentes, nationes*. Aussi loin que nous remontions, les nouveaux États apparaissent déjà formés par des groupes de naissance indépendants. Ils sont des combinaisons de sangs différents. Qu'est-ce donc qu'une nation, si ce n'est ni une communauté de sang, ni un attachement à un territoire, ni quelque autre chose de cet ordre ?

Comme il arrive toujours, nous obtenons la solution du problème en nous soumettant franchement aux faits. Qu'est-ce qui saute aux yeux quand nous repassons l'évolution de n'importe laquelle des « nations modernes » - France, Angleterre, Allemagne ? Simplement ceci : ce qui, à une certaine date, semblait constituer la nationalité, apparaît réfuté plus tard. D'abord la nation semble la tribu et la non-nation, la tribu d'à côté. Bientôt la nation se compose des deux tribus, plus tard c'est une contrée et peu après c'est déjà un comté, ou un duché ou un « royaume ». La nation est León, et non Castille ; bientôt c'est le León et la Castille, mais non l'Aragon.

---

[84] Voir Dopsch, *(Fondements économiques et sociaux de la Civilisation européenne)*, 1924, t. II, pp. 3 et 4.

[85] Les Romains ne se résolurent jamais à appeler cités les villes des barbares, aussi nombreuses que pussent en être les populations. Ils les appelaient, « faute de mieux », *sedes oratorum*.

La présence de deux principes est évidente : l'un, variable et toujours dépassé - tribu, contrée, duché, « royaume », avec sa langue ou son dialecte - l'autre, permanent, qui franchit librement toutes ces limites et postule comme unité ce que le premier considérait précisément comme une radicale opposition.

Les philologues - j'appelle ainsi ceux qui, aujourd'hui, prétendent au nom d'historiens - se livrent à la plus délicieuse des naïvetés lorsque, partant de ce que sont aujourd'hui, à cette date fugitive, en ces deux ou trois siècles, les nations d'Occident, ils supposent que Vercingétorix ou le Cid Campeador voulaient déjà une France s'étendant de Saint-Malo à Strasbourg - exactement - ou une *Spania* qui s'étendît du Finistère galicien à Gibraltar. Ces philologues -comme le dramaturge naïf - font presque toujours partir leurs héros pour la guerre de Trente ans. Pour nous expliquer comment se sont formées la France et l'Espagne, ils supposent que la France et l'Espagne préexistaient en tant qu'unités au fond des âmes françaises et espagnoles. Comme s'il avait existé dès l'origine des Français et des Espagnols avant l'existence même de la France et de l'Espagne ! Comme si le Français et l'Espagnol n'étaient pas simplement des êtres qu'il fallut deux mille ans de travail à élaborer !

La vérité toute simple c'est que les nations actuelles ne sont que la manifestation actuelle de ce principe variable, condamné à un perpétuel progrès. Ce principe n'est maintenant ni le sang ni la langue, puisque la communauté de sang et de langue en France et en Espagne a été un effet et non une cause de l'unification de l'État ; ce principe est actuellement la « frontière naturelle ».

Il est bon que, dans son escrime subtile, un diplomate emploie ce concept des frontières naturelles, comme *ultima ratio* de son argumentation. Mais un historien ne peut s'abriter derrière lui comme s'il était un retranchement définitif. Il n'est pas définitif, ni même suffisamment spécifique.

N'oublions pas la question que nous avions rigoureusement posée. Il s'agit de rechercher ce qu'est l'État national - ce que nous appelons d'ordinaire nation - en opposition avec d'autres types d'État, comme l'État-cité, ou en nous tournant vers l'autre extrême, comme l'empire que fonda Auguste[86] Si l'on veut formuler le thème d'une façon encore plus claire et précise, qu'on dise ceci : quelle force réelle a produit cette communauté de millions d'hommes sous la souveraineté d'un pouvoir public que nous appelons France, Angleterre, Espagne, Italie ou Allemagne ? Cette force ne fut pas une préalable communauté de sang, puisque en chacun de ces corps collectifs coulaient des sangs très divers. Ce n'a pas été non plus l'unité linguistique, puisque les peuples aujourd'hui réunis en un État parlaient ou parlent encore des idiomes différents. L'homogénéité relative de race et de langue dont ils jouissent - à supposer que ce soit une jouissance - est le résultat de la préalable unification politique. Par conséquent, ni le sang, ni l'idiome ne font l'État national ; au contraire, c'est l'État national qui nivelle les différences originelles des globules rouges et des sons articulés. Et il en fut toujours ainsi. Rarement, pour ne pas dire jamais, *l'État n'aura coïncidé avec une identité préalable de sang et de langage.* Pas plus que l'Espagne n'est aujourd'hui un État national *parce* qu'on y parle partout l'espagnol,[87] l'Aragon et la Catalogne ne furent États nationaux, *parce* qu'un certain jour, arbitrairement choisi, les limites territoriales de leur souveraineté coïncidèrent avec

---

[86] On sait que l'Empire d'Auguste est le *contraire* de celui que son père adoptif César aspira à instaurer. Auguste travaille dans le même sens que Pompée, que les ennemis de César. Jusqu'à présent, le meilleur livre sur le sujet est celui d'Édouard Meyer : *La Monarchie de César et le Principat de Pompée*, 1918.

[87] Il n'est pas vrai en fait que tous les Espagnols parlent espagnol, tous les Anglais l'anglais, ni tous les Allemands le haut allemand.

celles du parler aragonais ou catalan. Nous approcherions davantage de la réalité si, respectant la casuistique qu'offre toute réalité, nous en venions à présumer ceci : toute unité linguistique qui embrasse un territoire de quelque étendue est presque sûrement le précipité de quelque unification politique,[88] L'État a toujours été le grand truchement.

Il y a déjà bien longtemps que l'on sait cela, aussi est-elle très étrange cette obstination avec laquelle on persiste cependant à considérer le sang et la langue comme les fondements de la nationalité. Je vois dans cette obstination autant d'ingratitude que d'incongruité. Car le Français doit sa France actuelle, et l'Espagnol, son Espagne actuelle, à un principe X, dont l'impulsion consista justement à dépasser l'étroite communauté de sang et de langue. De sorte que la France et l'Espagne seraient aujourd'hui le contraire de ce qui les rendit possibles.

On commet une erreur semblable en voulant fonder l'idée de nation sur un cadre territorial, en cherchant le principe d'unité, que le sang et l'idiome ne fournissent pas, dans le mysticisme des « frontières naturelles «. Nous nous heurtons ici à la même erreur d'optique. Le hasard de la date actuelle nous montre les dites nations installées dans de vastes territoires du continent ou dans des îles adjacentes. De ces limites actuelles on veut faire quelque chose de définitif et de spirituel. Ce sont, dit-on, des « frontières naturelles », et avec ce terme, on veut désigner une sorte de. prédétermination magique de l'histoire par la forme tellurique. Mais ce mythe se volatilise dès qu'on le soumet au même raisonnement qui invalida la communauté de sang et de langage *en tant que sources de la nation*. Là aussi, si nous remontons de quelques siècles, nous trouvons la France et l'Espagne dissociées en nations

---

[88] Il est évident que les cas du *Koinon* et de la *Lingua Franca* restent à part, car ce sont des langages non pas nationaux, mais spécifiquement internationaux.

plus petites avec leurs inévitables « frontières naturelles ». La montagne frontière sera moins haute que les Pyrénées et les Alpes et la barrière liquide moins large que le Rhin, le Pas-de-Calais ou le détroit de Gibraltar. Mais cela montre seulement que la « naturalité » des frontières est simplement relative. Elle dépend des moyens économiques et guerriers de l'époque.

La réalité historique de la fameuse « frontière naturelle » consiste simplement à être un obstacle à l'expansion du peuple A sur le peuple B. Étant une gêne -de communauté ou de guerre -pour A, elle est une défense pour B. L'idée de « frontière naturelle » implique donc, naïvement, comme plus naturelle encore que la frontière, la possibilité d'expansion et de fusion illimitée entre les peuples. Apparemment un obstacle matériel seul, leur met un frein. Les frontières d'hier et d'avant-hier ne nous apparaissent pas aujourd'hui comme les fondements de la nation française ou espagnole, mais bien au contraire comme des obstacles que l'idée nationale trouva dans son processus d'unification. Malgré cela nous voulons attribuer un caractère définitif et fondamental aux frontières d'aujourd'hui, bien que les nouveaux moyens de trafic et de guerre aient annulé leur efficacité en tant qu'obstacles.

Quel f ut donc le rôle des frontières dans la formation des nationalités - puisqu'elles n'en ont pas été le fondement positif ? La chose est évidente et de la plus grande importance pour comprendre l'inspiration authentique de l'État national en face de l'État-cité. Les frontières ont servi à consolider à chaque instant l'unification politique déjà obtenue. Elles n'ont donc pas été *l'origine* de la nation, bien au contraire : à *l'origine* elles furent des obstacles, puis une fois surmontées, elles devinrent un moyen matériel d'assurer l'unité.

Or, c'est exactement le rôle qui revient à la race et à la langue. Ce n'est pas la communauté native de l'une ou l'autre qui a *constitué* la nation, mais au contraire : l'État national se trouve toujours dans son désir d'unification, en face des nombreuses races et des nombreuses langues, comme en face de maints autres obstacles. Ceux-ci énergiquement dominés, il se produisit une unification relative de sangs et de langages qui servit à consolider l'unité. Il faut dope rejeter l'erreur traditionnelle de l'idée l'État national et s'habituer à considérer comme des obstacles primitifs pour la nationalité les trois choses en quoi elle croyait consister. Il est évident qu'en dissipant une erreur ce serait moi qui paraîtrais la commettre aujourd'hui.

Il faut se résoudre à chercher le secret de l'État national dans son inspiration particulière en tant qu'État, dans sa politique même, et non dans des principes étrangers de caractère biologique ou géographique.

En définitive, pourquoi croit-on nécessaire de recourir à la race, à la langue, au territoire natal pour comprendre le fait merveilleux des nations modernes ? Purement et simplement parce que nous y trouvons une intimité et une solidarité radicale des individus avec le pouvoir public qui étaient inconnues dans l'État antique. À Athènes et à Rome, quelques hommes seulement formaient l'État ; les autres - esclaves, alliés, provinciaux, colons - n'étaient que des sujets. En Angleterre, en France, en Espagne, l'individu n'a jamais été seulement sujet de l'État, il y a toujours participé ; il n'a fait qu'un avec lui. La forme, surtout juridique, de cette union, avec et dans l'État a été très différente selon les temps. Il y a eu de grandes différences de rang et de statut personnel, des classes relativement privilégiées, et des classes relativement désavantagées. Mais si l'on interprète la réalité effective de la situation politique à chaque époque et que l'on revive son esprit, il apparaît évident que tout individu se sentait sujet actif de l'État, qu'il y participait, qu'il y collaborait.

L'État est toujours, quelle que soit sa forme - primitive, antique, médiévale, ou moderne - l'invitation qu'un groupe d'hommes fait à d'autres groupes humains d'exécuter ensemble une entreprise. Cette entreprise, quelles que soient ses modalités intermédiaires, consiste en définitive à organiser un certain type de vie commune. État et projet de vie, programme d'activité ou de conduite humaine, sont des termes inséparables. Les différentes espèces d'État naissent des manières différentes selon lesquelles le groupe « entrepreneur » établit la collaboration avec les *autres*. Ainsi, l'État antique n'arrive jamais à se fondre avec les *autres*.

Rome commande et éduque les Italiotes et les provinces ; mais elle ne les élève vraiment pas jusqu'au point de s'unir à elle. Dans la cité même, on ne parvint pas à une fusion politique de tous les citoyens. N'oublions pas que pendant la République, Rome se composa à vrai dire de deux Romes : le Sénat et le peuple. L'unification d'État ne fut jamais plus qu'une simple articulation entre les groupes qui restèrent extérieurs et étrangers les uns aux autres. C'est pourquoi l'Empire menacé ne put compter avec le patriotisme des *autres ;* il dut se défendre exclusivement avec ses moyens bureaucratiques d'administration et de guerre.

Cette incapacité de tout groupe grec et romain de se fondre avec d'autres est due à des causes profondes qu'il ne convient pas de scruter en ce moment, et qui se résument en définitive en une seule : l'homme antique a interprété la collaboration en laquelle consiste l'État, qu'on le veuille ou non, d'une manière simple, élémentaire et grossière ; à savoir : comme une dualité de dominants et de dominés.[89] Il revenait à

---

[89] On en trouvera la confirmation dans ce fait qui semble à première vue une contradiction : la concession du droit de citoyen à tous les habitants de l'Empire. Car cette concession fut octroyée précisément quand elle perdait son caractère de statut - politique pour se convertir en simple charge et service à l'État ou en simple titre de droit civil. On ne pouvait attendre autre chose d'une civilisation où l'esclavage avait une

Rome de commander et non d'obéir ; aux autres, d'obéir et non de commander. De cette façon, l'État se matérialise dans le *pomoerium*, dans le corps urbain que quelques murs délimitent physiquement.

Mais les peuples nouveaux apportent une conception moins matérielle de l'État. Si celui-ci est un projet d'entreprise commune, sa réalité est purement dynamique : c'est l'activité même de *faire* la communauté. D'après cela font partie active de l'État, sont sujets politiques, tous ceux qui donnent leur adhésion à l'entreprise. La race. le sang, l'attachement géographique, la classe sociale sont secondaires. Ce n'est pas la communauté précédente, passée, traditionnelle et immémoriale, en somme, fatale et non déformable, qui donne un titre à la communauté politique, mais la communauté future dans une manière d'agir effective. Ce n'est pas ce que nous fûmes hier, mais ce que nous allons faire demain, ensemble, qui nous unit en État. D'où la facilité avec laquelle l'unité politique saute, en Occident, par-dessus toutes les limites qui emprisonnaient l'État antique. Et cela est ainsi parce que l'Européen, par rapport à *l'homo antiquus* se comporte comme un homme ouvert à l'avenir, qui vit consciemment installé en lui, et qui d'après lui, décide de sa conduite présente.

Une semblable tendance politique marchera inexorablement vers des unifications chaque fois plus vastes, sans que rien ne la retienne en principe. La capacité de fusion est illimitée. Non seulement d'un peuple à l'autre, mais ce qui est encore plus caractéristique de l'État national : la fusion de toutes les classes sociales à l'intérieur de chaque corps politique. Plus la nation croît dans le sens territorial et ethnique, plus la collaboration intérieure en devient unie. L'État national est, dans sa racine même, démocratique, en un

---

valeur de principe. Pour nos « nations », au contraire, l'esclavage ne fut qu'un fait résiduel.

sens plus décisif que toutes les différences dans les formes du gouvernement.

Il est intéressant de noter que, lorsqu'on donne de la nation une définition basée sur une communauté de passé, on finit toujours par accepter comme étant la meilleure, la formule de Renan ; tout simplement parce que dans cette formule vient s'ajouter au sang, à la langue, aux traditions communes, un élément nouveau ; la nation est, dit-il, un « plébiscite de tous les jours ». Mais comprend-on bien ce que signifie cette expression ? Ne pouvons-nous lui donner aujourd'hui un contenu de signe contraire à celui que lui insuffla Renan, et cependant beaucoup plus vrai ?

VIII

« Avoir des gloires communes dans le passé, une volonté commune dans le présent ; avoir fait de grandes choses ensemble, vouloir en faire encore ; voilà la condition essentielle pour être un peuple... Dans le passé, un héritage de gloire et de regrets à partager ; dans l'avenir, un même programme à réaliser... L'existence d'une nation est un plébiscite de tous les jours... »

Comment s'explique-t-on la fortune exceptionnelle qu'a connue la célèbre sentence de Renan ? Sans doute par l'esprit de la pointe finale. Cette idée que la nation consiste en un plébiscite « de tous les jours », agit sur nous comme une délivrance. Sang, langue et passé communs sont des principes statiques, fatals, rigides et inertes : ce sont des prisons. Si la nation consistait en cela, et en rien d'autre, elle existerait derrière nous, et nous n'aurions plus rien à voir avec elle. La nation serait une chose que nous « sommes », mais non une chose que nous « faisons ». Il n'y aurait même aucune raison de la défendre, si quelqu'un venait l'attaquer.

Qu'on le veuille ou non, la vie humaine consiste en une constante occupation avec ce qui sera la chose future. Situés dans le présent, nous nous occupons de ce qui survient, de ce qui va être dans le futur ; aussi pouvons-nous dire que vivre, c'est toujours, toujours, sans arrêt ni repos, créer, *faire*.

Pourquoi n'a-t-on jamais remarqué que *faire*, c'est toujours réaliser du futur ? Même lorsque nous nous abandonnons au souvenir. Car dans ce cas nous *faisons* encore quelque chose : de la mémoire, dans cet instant même, pour réaliser quelque chose dans l'instant suivant - quand ce ne serait que le simple désir de revivre le passé. Ce modeste plaisir solitaire s'est présenté à nous, il y a un instant, comme un futur désirable, aussi l'avons-nous *réalisé*. Nous voyons de la sorte que rien n'a de sens pour l'homme, qu'en fonction de l'avenir.[90]

Si la nation ne consistait qu'en passé et présent, personne ne se préoccuperait de la défendre contre une

---

[90] On peut donc en conclure que l'être humain possède irrémédiablement une constitution futuriste, c'est-à-dire qu'il vit avant tout dans le futur et par le futur. Cependant, j'ai opposé l'homme antique à l'Européen, en disant que le premier est relativement fermé au futur, et le second relativement ouvert. Il y aurait donc une apparente contradiction entre les deux thèses. Cette apparence de contradiction surgit lorsqu'on oublie que l'homme est un être à deux faces ; d'un côté, il est ce qu'il est ; de l'autre, il a des idées sur lui-même qui coïncident plus ou moins avec son authentique réalité. Il est évident que nos idées, nos préférences, nos désirs, ne peuvent annuler notre être véritable ; mais elles peuvent le compliquer ou le « moduler ». L'homme ancien et l'Européen sont également préoccupés de l'avenir ; mais le premier soumet le futur an régime du passé, alors que l'Européen laisse plus d'autonomie à l'avenir, à la nouveauté, en tant que nouveauté. Cet antagonisme, non dans l'être, mais dans les préférences, justifie la qualification de « futuriste » que nous donnons à l'Européen, et celle d' « archaïsant » que nous réservons à l'homme antique. Combien -·révélateur est le fait que l'Européen, dès son éveil, à partir du moment même où il prend pleine conscience de soi, commence à appeler sa vie « époque moderne » ! Comme on le sait, « moderne » signifie « ce qui est nouveau », ce qui nie l'usage ancien. Déjà, vers la fin du XIVe siècle, on commence à souligner la « *modernité* » précisément dans les questions qui intéressent le plus profondément l'époque, et l'on parle, par exemple, de *devotio moderna*, sorte d'avant-garde de la « mystique théologique ».

possible attaque ; ceux qui affirment le contraire sont des hypocrites ou des sots. Mais il arrive que le passé national projette sur l'avenir des appâts, - réels ou imaginaires. Nous désirons un avenir dans lequel l'existence de notre nation se poursuive. Et c'est uniquement pour cette raison que nous nous mobilisons pour sa défense ; et non à cause du sang, de la langue, ni du passé commun. En défendant la nation, nous défendons notre avenir, non notre passé.

C'est ce que reflète la phrase de Renan : la nation, excellent programme de l'avenir. Le plébiscite décide du futur. Que le futur consiste dans ce cas en un prolongement du passé, ne modifie pas le moins du monde la question ; mais révèle seulement que la définition de Renan est, elle aussi, archaïsante.

Ainsi l'État national représenterait donc un principe d'État plus proche de la pure idée de l'État que l'antique *polis*, ou que la « tribu » des arabes, circonscrite par le sang. De fait, l'idée nationale est encore lestée de maintes adhérences au passé, au territoire, à la race ; mais par là même, il est surprenant de noter de quelle manière finit toujours par triompher en elle le pur principe d'une collectivité humaine, qui se groupe autour d'un programme de vie attractif. Mieux encore : je devrais dire que ce lest de passé et cette relative limitation dans des principes matériels. n'ont pas été et ne sont pas complètement « spontanés » dans les âmes d'Occident ; ils procèdent de l'interprétation érudite que le romantisme a donnée de l'idée de nation. Si ce concept des nationalités, propre au XIXe siècle, avait existé au moyen âge, l'Angleterre, la France, l'Espagne, l'Allemagne seraient restées à un stade embryonnaire.[91] Car cette interprétation confond ce qui cause l'impulsion et constitue une nation avec ce qui se contente de

---

[91] Le principe des nationalités est, sur le plan chronologique, un des premiers symptômes du romantisme, vers la fin du XVIIIe siècle.

la consolider et de la conserver. Ce n'est pas le patriotisme - disons-le enfin - qui a fait les nations. Celui qui le croit commet cette touchante naïveté dont nous parlions plus haut et dont Renan lui-même est victime lorsqu'il nous donne sa fameuse définition. S'il est nécessaire, pour qu'une nation existe, qu'un groupe d'hommes aient un passé commun, quel nom devrons-nous donner à ce même groupe d'hommes alors qu'il existait dans *son* présent, dans ce lointain présent qui, vu d'aujourd'hui, est un passé ? Apparemment, il était nécessaire que cette existence commune s'éteignît, disparût, pour qu'il fût possible de dire : « Nous sommes une nation. « C'est ici que se fait jour la déformation professionnelle du philologue, de l'archiviste, cette particulière optique, inhérente au métier, qui les empêche de voir la réalité tant qu'elle n'est pas passée. C'est le philologue qui, pour être philologue, a besoin avant tout, qu'il existe un passé ; la nation, elle, n'a pas besoin que ce passé existe. Avant de posséder un passé commun, il fallut créer cette communauté, et avant de la créer, il fallut la rêver, la vouloir, en tracer le projet. Et il suffit qu'elle ait le projet de sa propre existence pour qu'une nation existe, même si l'exécution échoue, comme cela s'est produit tant de fois. Nous pourrions parler dans ce dernier cas, d'une nation avortée (la Bourgogne, par exemple).

L'Espagne et les peuples du Centre et du Sud de l'Amérique ont un passé commun, une race commune, un langage commun. Cependant, l'Espagne ne forme pas avec eux une nation. Pourquoi ? Parce qu'il leur manque une chose, une seule, mais essentielle : l'avenir commun. L'Espagne n'a pas su inventer un programme d'avenir collectif qui ait de l'attrait pour ces groupes zoologiquement proches. Le plébiscite du futur décida contre l'Espagne. Et dès lors, les archives, les mémoires, les aïeux, la « patrie », ne servirent plus à rien. Quand l'avenir commun existe, ces autres choses servent de forces de consolidation ; rien de plus.[92]

Je vois donc dans l'État national une structure historique de caractère plébiscitaire. Tout ce qu'il paraît avoir en plus possède une valeur transitoire, changeante et représente le contenu, la forme ou la consolidation qu'à chaque moment requiert le plébiscite. Renan a trouvé la parole magique qui éclate de lumière ; elle nous permet de distinguer cathodiquement le fond essentiel d'une nation, qui se compose de deux ingrédients d'abord un projet de communauté totale dans une entreprise commune ; ensuite : l'adhésion des hommes à ce projet incitant. L'adhésion de tous engendre cette solidité interne qui distingue l'État national de tous les États antiques dans lesquels l'union ne se produit et ne se maintient que par la pression externe de l'État sur les groupes différents. Ici la vigueur de l'État naît de la cohésion spontanée et profonde de tous ses « sujets ». En réalité les sujets sont déjà l'État et ils ne peuvent le sentir - c'est ce qu'il y a de nouveau, de merveilleux dans la nationalité - comme quelque chose qui leur est étranger.

Et cependant Renan annule son assertion, - ou peu s'en faut - en donnant au plébiscite une contenu rétrospectif qui se rapporte à une nation déjà faite, dont il décide la perpétuation. Je préférerais en changer le signe et le faire valoir pour la nation *in statu nascendi*. C'est là l'optique décisive. Car, en vérité, une nation n'est jamais faite. C'est en ceci qu'elle se différencie des autres types d'États. La nation est toujours en train de se faire ou de se défaire. *Tertium non datur.* Ou elle est en train de gagner des adhésions, ou d'en perdre, suivant que son État

---

[92] Nous allons assister de nos jours à un exemple gigantesque et frappant, semblable à une expérience de laboratoire. Nous allons voir si l'Angleterre parvient à maintenir en une souveraine unité de communauté, les différentes parties de son Empire, en leur proposant un programme attrayant.

représente ou non une entreprise vivante, à l'époque dont il s'agit.

Il serait instructif au plus haut point de reconstruire la série des entreprises d'unification qui successivement ont enflammé les groupes humains d'occident. On verrait alors comment les Européens en ont nourri leur vie, non seulement leur vie publique, mais leur existence la plus privée ; on verrait comment ils se sont « entraînés » ou démoralisés, selon qu'ils avaient ou non une entreprise en vue.

Une étude établie ainsi révélerait clairement une autre conclusion. Les entreprises d'État des anciens, par le fait même qu'elles n'impliquaient pas une adhésion capable de fondre les groupes humains sur lesquels elles se tentaient, par le fait même que l'État proprement dit restait toujours inscrit dans une limitation fatale - tribu ou cité - étaient pratiquement illimitées. Un peuple - persan, macédonien, romain - pouvait soumettre à l'unité de souveraineté n'importe quelle partie de la terre. Comme l'unité n'était ni authentique, ni interne, ni définitive, elle n'était sujette à d'autres conditions qu'à la seule efficacité guerrière et administrative du conquérant. Mais en Occident, l'unification nationale a dû suivre une série d'étapes inexorables. Nous devrions être plus étonnés que nous ne le sommes par le fait qu'en Europe, aucun empire de l'ampleur atteinte par ceux de la Perse, d'Alexandre et d'Auguste n'ait été possible.

Le processus de la création d'une nation a toujours suivi ce rythme en Europe. *Premier temps :* l'instinct occidental bien particulier qui fait sentir l'État comme une fusion de peuples différents dans une seule communauté politique et morale commence à agir sur les groupes les plus rapprochés géographiquement, ethniquement et linguistiquement. Non par le fait que cette proximité fonde la nation, mais parce que la diversité entre proches est plus facile à dominer. *Deuxième temps :* période de consolidation dans laquelle on sent les *autres* peuples, ceux qui sont le plus éloignés du nouvel l'État, comme étant étrangers et plus ou moins ennemis. C'est la période pendant laquelle le processus national prend un aspect d'exclusivisme, se ferme vers l'intérieur de l'État ; c'est en somme ce que nous appelons aujourd'hui le *nationalisme*. Mais le fait est que pendant cette période où *politiquement* on considère les *autres* comme des étrangers et des concurrents, on vit avec eux, économiquement, intellectuellement et moralement. Les guerres nationalistes servent à niveler les différences de technique et d'esprit. Les ennemis habituels deviennent historiquement homogènes.[93] Peu à peu, la conscience se fait plus claire à l'horizon, que ces peuples ennemis appartiennent au même cercle humain que notre État. Cependant, on continue à les considérer comme étrangers et hostiles. *Troisième temps :* l'État jouit d'une pleine consolidation. C'est alors que surgit pour lui l'entreprise nouvelle : s'unir aux peuples qui, hier encore, étaient ses ennemis. La conviction grandit qu'ils ont des affinités avec le nôtre, des affinités de morale autant que d'intérêt, et qu'ensemble nous formons un cercle national en face d'autres groupes plus distants, c'est-à-dire plus étrangers. Voilà la nouvelle idée nationale qui commence à mûrir.

Un exemple éclairera ce que je veux dire. On affirme généralement qu'au temps du Cid, l'Espagne - Spania - était déjà une idée nationale. Et pour surenchérir sur cette thèse, on ajoute que, de nombreux siècles auparavant, saint Isidore parlait déjà de la « Mère Espagne ». À mon avis, c'est une lourde erreur de perspective historique. Au temps du Cid, on commençait à préparer la fusion de l'État Léon-Castille, et l'unité de ces deux États était l'idée nationale du temps, l'idée politiquement efficace. *Spania* en échange était une idée surtout

---

[93] Si bien que cette homogénéité n'annule pas la pluralité des conditions originaires, mais qu'elle la respecte au contraire.

érudite ; en tous cas, l'une de ces idées fécondes dont l'Empire romain avait laissé la semence en Occident. Les « Espagnols » s'étaient accoutumés à être unis par Rome dans une unité administrative, en un *diocesis* du Bas-Empire. Mais cette notion géographico-administrative était une pure idée reçue, non une intime inspiration, et en aucune manière une aspiration.

Quelle que soit la « réalité » que l'on voudra donner à cette idée au XIe siècle, on reconnaîtra qu'elle n'atteint pas même à la vigueur et à la précision qu'avait déjà pour les Grecs du IVe siècle l'idée d'Hellade. Et cependant l'Hellade ne fut jamais une véritable idée nationale. La correspondance historique effective serait plutôt la suivante :

l'Hellade fut pour les Grecs du IVe siècle et *Spania* pour les « Espagnols » du XIe et même du XIVe ce que l'Europe fut pour les « Européens » pendant le XIXe siècle.

Ces remarques nous suggèrent que les entreprises d'unité nationale arrivent à leur heure comme les sons dans une mélodie. La simple affinité d'hier devra attendre jusqu'à demain pour devenir une véritable inspiration nationale. Mais en échange il est presque sûr que son heure arrivera à son tour.

Le temps est maintenant arrivé pour les *Européens* où l'Europe peut se convertir en idée nationale. Et il est beaucoup moins utopique de croire et de penser aujourd'hui de la sorte, qu'il l'aurait été de prédire au XIe siècle l'unité de l'Espagne ou de la France. Plus l'État national d'Occident demeure fidèle à son authentique substance, plus il va directement se dépurer en un gigantesque État continental.

IX

À peine les nations d'Occident remplissent-elles leur contour actuel, que l'Europe surgit autour d'elles et sous elles, comme une toile de fond. C'est dans cette unité de paysage qu'elles se meuvent depuis la Renaissance, et ce paysage européen, elles-mêmes le forment, car, sans s'en rendre compte, elles commencent déjà à faire abstraction de leur belliqueuse pluralité. France, Angleterre, Espagne, Allemagne, Italie se combattent entre elles, forment des ligues opposées, les défont, les recomposent. Mais tout cela, la guerre comme la paix, c'est vivre en commun, d'égal à égal, ce que, ni dans la guerre ni dans la paix, Rome ne put jamais faire, pas plus avec le Celtibère, qu'avec le Gaulois, le Breton ou le Germain. L'Histoire souligna en premier lieu les querelles, et en général, la politique, qui est le terrain le plus tardif pour le mûrissement de l'unité ; mais pendant que l'on bataillait sur une glèbe, sur cent autres on commerçait avec l'ennemi, on échangeait des idées, des formes d'art, des articles de foi. On pourrait dire que ce fracas de bataille n'a été rien d'autre qu'un rideau, derrière lequel travaillait plus tenacement encore le pacifique polype de la paix, entrelaçant la vie des nations hostiles. À chaque nouvelle génération l'homogénéité des âmes s'accentuait. Si l'on veut une plus grande exactitude et plus de précaution, on pourra dire : les âmes françaises, anglaises et espagnoles étaient, sont et seront tout aussi différentes qu'on le voudra ; mais elles possèdent un même plan, une même architecture psychologique et, surtout, l'aptitude d'acquérir un contenu commun. Religion, science, droits, art, valeurs sociales et érotiques sont de plus en plus communes. Or ce sont là les choses spirituelles *dont* on vit. L'homogénéité se trouve donc plus grande que si les âmes mêmes étaient d'un gabarit identique.

Si nous faisions aujourd'hui le bilan de notre contenu mental - opinions, normes, désirs, présomptions - nous remarquerions que la plus grande partie de ce contenu ne vient pas au Français de sa France, ni à l'Espagnol de son Espagne, mais du fond européen commun. En effet, ce que nous avons d'européen pèse beaucoup plus en nous aujourd'hui que notre portion différenciée de français, d'espagnol, etc... Si l'on nous réduisait - expérience purement imaginaire - à vivre uniquement de ce que nous sommes, en tant que « nationaux », et que, par un artifice quelconque, on extirpait du français moyen tout ce dont il se sert, tout ce qu'il sent, tout ce qu'il pense, et qui lui vient des autres pays continentaux, cet homme serait terrifié. Il verrait qu'il ne lui est pas possible de vivre avec ce maigre recours purement national, mais que les quatre cinquièmes de son avoir intime sont des biens de la communauté européenne.

On ne voit guère quelle autre chose d'importance nous pourrions bien *faire,* nous qui existons de ce côté de la planète, si ce n'est de réaliser la promesse que, depuis quatre siècles signifie le mot Europe. Seul s'y oppose le préjugé des vieilles « nations », l'idée de nation en tant que passé. On va voir de nos jours si les Européens sont eux. aussi les enfants de la femme de Loth et s'ils s'obstinent à faire de l'Histoire en regardant derrière eux. L'allusion à Rome et, en général, à l'homme antique, nous a servi d'admonestation ; il est très difficile qu'un certain type d'homme abandonne· l'idée d'État qu'il se mit un jour en tête. Par bonheur, l'idée d'État national que l'Européen, qu'il s'en rende compte ou non, apporta au monde, n'est pas l'idée érudite, philologique, qu'on lui a prêchée.

Je vais maintenant résumer la thèse de cet essai : le monde souffre aujourd'hui d'une grave démoralisation qui se manifeste - entre autres symptômes - par une révolte effrénée des masses ; cette démoralisation générale a son origine dans une démoralisation de l'Europe dont les causes sont multiples. L'une des principales est le déplacement de ce pouvoir que notre continent exerçait autrefois sur le reste du monde et sur lui-même. L'Europe n'est plus sûre de commander, ni le reste du monde d'être commandé. La souveraineté historique se trouve aujourd'hui en pleine dispersion.

La « plénitude des temps » n'existe plus, car elle supposerait un avenir clair, prédéterminé, sans équivoque, comme il l'était au XIXe siècle. On croyait alors savoir ce qui se passerait le lendemain. Mais aujourd'hui, l'horizon s'ouvre une fois de plus sur des perspectives inconnues. Car on ne sait qui va commander ni comment va s'organiser le pouvoir sur la terre. *Qui,* c'est-à-dire quel peuple, quel groupe de peuples, et par conséquent quel type ethnique ; par conséquent quelle idéologie, quel système de préférences, de normes, de ressorts vitaux.

On ne sait vers quel centre vont graviter dans un proche avenir, les choses humaines ; c'est ce qui nous explique pourquoi la vie du monde s'abandonne à un scandaleux provisoire. Tout, tout ce qui se fait aujourd'hui dans la vie publique et privée - et dans la vie intime même - exception faite de quelques rares parties de quelques sciences, est provisoire. Aura raison celui qui ne se sera pas fié à tout ce qu'on vante, à tout ce qu'on montre avec ostentation, à tout ce que l'on essaye et que l'on loue aujourd'hui ; tout cela s'en ira plus vite que cela ne vint. Tout, depuis la manie du sport physique (la manie, non le sport lui-même), jusqu'à la violence en politique, depuis l' « art nouveau » jusqu'aux bains de soleil sur les ridicules plages à la mode. Rien de tout cela n'a vraiment de racines profondes, car tout cela n'est au fond que pure invention, dans le mauvais sens du mot, dans le sens de caprice frivole. Ce n'est pas une création venue du fond substantiel de la vie ; ce n'est pas un besoin, pas un désir authentique. En somme·, tout cela est vitalement faux. Il se présente aujourd'hui le cas contradictoire d'un genre de vie qui cultive la sincérité, et en même temps n'en est qu'une falsification. Il n'y a de vérité dans l'existence que si nous sentons nos actes comme irrévocablement nécessaires. Or, il n'y a aujourd'hui aucun politicien qui sente réellement que sa politique est inévitable ; ou si l'on veut « sincère » ; ses gestes, ses faits sont d'autant plus violents, d'autant plus frivoles qu'ils sont d'autant moins exigés par le destin. Il n'y a de vie vraiment enracinée, de vie véritablement autochtone que celle qui se compose de « scènes » inévitables. Le reste, ce que nous pouvons à volonté prendre, laisser ou remplacer, n'est précisément qu'une falsification de la vie.

La vie actuelle est le fruit d'un interrègne, d'un vide entre deux organisations du commandement historique : celle qui fut et celle qui sera. C'est ce qui explique pourquoi elle est essentiellement provisoire. Les hommes ne savent pas plus quelles institutions ils doivent vraiment servir que les femmes ne savent quels types d'homme elles préfèrent réellement.

Les Européens ne savent pas vivre s'ils ne sont engagés dans une grande entreprise qui les unit. Quand elle fait défaut, ils s'avilissent, s'amollissent, leur âme se désagrège. Nous avons aujourd'hui un commencement de désagrégation sous nos yeux. Les cercles qui, jusqu'à nos jours, se sont appelés nations, parvinrent, il y a un siècle, ou à peu près, à leur plus grande· expansion. On ne peut plus rien faire avec eux si ce n'est que les dépasser. Il ne sont plus qu'un passé. qui s'accumule autour et au-dessous de l'Européen, un passé qui l'emprisonne et l'alourdit. Avec plus de liberté vitale que jamais, nous sentons tous que l'air est irrespirable à l'intérieur de chaque peuple, parce que c'est un air confiné. Chaque nation qui était autrefois la grande atmosphère ouverte est devenue une province, un « intérieur ». Dans la super-nation européenne que nous imaginons, la pluralité actuelle ne peut, ni ne doit disparaître. Alors que l'État antique annulait la différence entre les peuples, ou la laissait inactive, ou tout au plus, la leur conservait cristallisée, l'idée nationale plus purement dynamique exige la permanence active de cette pluralité qui a toujours été la vie de l'Occident.

Tout le monde perçoit l'urgence d'un nouveau principe de vie. Mais - comme il arrive toujours en de semblables crises

- quelques-uns essayent de sauver l'instant présent par une intensification extrême et artificielle de ce principe qui, précisément est depuis longtemps caduc. Tel est le sens de l'irruption de « nationalismes » de ces dernières années. Et je ne cesse de le redire : il en a toujours été ainsi. C'est la dernière flamme qui est la plus longue ; le dernier soupir, qui est le plus profond. A la veille de disparaître, les frontières deviennent plus sensibles que jamais - les frontières militaires et les frontières économiques.

Mais tous ces nationalismes sont des impasses ; qu'on essaye de les projeter vers le futur et l'on ressentira le contre-coup. Ils n'offrent aucune issue. Le nationalisme consiste toujours en une impulsion de direction opposée au principe même de la nationalisation. Il est exclusiviste alors que celui-ci est inclusiviste. Aux époques de consolidation, il revêt cependant une valeur positive, il s'érige en une norme élevée. Mais en Europe tout est plus que consolidé et le nationalisme n'est rien qu'une manie, un prétexte qui s'offre pour éluder le pouvoir d'invention, le devoir de grandes entreprises. D'ailleurs, la simplicité des moyens avec lesquels il opère et la catégorie des hommes qu'il exalte, révèlent amplement qu'il est le contraire d'une création historique.

Seule, la décision de construire une grande nation avec le groupe des peuples continentaux relèverait le pouls de l'Europe. Celle-ci recommencerait à croire en elle-même et automatiquement à exiger beaucoup d'elle, à se discipliner.

Mais la situation est bien plus dangereuse qu'on ne le pense généralement. Les années passent et l'on court le risque que l'Européen ne s'habitue à ce ton mineur d'existence qu'il traîne maintenant ; il risque de s'accoutumer à ne pas commander, à ne pas se commander. Et dans un tel cas toutes ses vertus et ses capacités supérieures se volatiliseraient.

Mais à l'union de l'Europe s'opposent, comme il est toujours arrivé, dans le processus de nationalisation, les classes conservatrices. Cela peut entraîner pour elles la catastrophe, car à ce danger de démoralisation définitive et de perte complète de son énergie historique, qui menace l'Europe, s'en ajoute un autre très concret et imminent. Quand le communisme triompha en Russie. beaucoup ont cru que tout l'Occident serait inondé par le torrent rouge. Je ne participai point à de semblables pronostics. Au contraire : j'écrivis à ce moment que le communisme russe était une substance inassimilable pour les Européens, caste qui joue tous les efforts et les ferveurs de son histoire sur la carte Individualité. Le temps a passé et aujourd'hui, les peureux de jadis sont devenus· tranquilles. Ils sont redevenus tranquilles au moment où justement se présente l'heure de ne l'être plus. Car, c'est maintenant que le communisme pourrait dévaler sur l'Europe, dévastateur et victorieux.

J'avance là-dessus les suggestions suivantes : aujourd'hui, comme autrefois, le contenu du credo communiste russe n'intéresse, n'attire, ne dessine aucun avenir désirable pour les Européens. Et non pour les raisons banales que « verbifient » ses apôtres têtus, sourds, dépourvus de sens critique, - comme tous les apôtres.

Les « bourgeois » d'Occident savent très bien que, même sans communisme, l'homme qui vit exclusivement de ses rentes et qui les transmet à ses fils, a ses jours comptés. Ce n'est pas cela qui immunise l'Europe contre la foi russe et c'est encore bien moins la peur. Aujourd'hui, nous paraissent assez ridicules les données arbitraires sur lesquelles il y a vingt ans, Sorel fondait sa doctrine de la violence. Le bourgeois n'est pas lâche comme il le croyait, et par le temps qui court, il est plus disposé à la violence que les ouvriers. Personne n'ignore que si le bolchevisme triompha en Russie, ce fut parce qu'en Russie, il n'y avait pas de bourgeois.[94] Le fascisme, qui est un mouvement petit bourgeois s'est révélé plus violent que tous les mouvements ouvriers réunis. Ce n'est donc rien de tout cela qui empêche l'Européen de s'enthousiasmer pour le communisme, mais une raison plus simple et antérieure. Celle-ci l'Européen ne voit pas dans l'organisation communiste un accroissement de la félicité humaine.

Et cependant, - je le répète - il me semble tout à fait possible que dans les prochaines années, l'Europe en vienne à s'enthousiasmer pour le bolchevisme. Non pour lui-même, mais malgré lui.

Qu'on imagine que le « plan de cinq ans poursuivi herculéennement par le Gouvernement soviétique réussisse dans ses prévisions et que l'énorme économie russe en ressorte, non seulement restaurée, mais pleine de vie. Quel que soit le contenu du bolchevisme, il représente un gigantesque essai d'entreprise humaine. Avec lui les hommes ont embrassé résolument un destin de réforme et vivent tendus sous la haute discipline que leur injecte une telle foi. Si la matière cosmique, indocile aux enthousiasmes de l'homme, ne fait échouer gravement la tentative, son splendide caractère de magnifique entreprise rayonnera sur l'horizon continental comme une constellation neuve et brûlante, même s'il ne lui entr'ouvre qu'à peine la voie.

Si l'Europe, en attendant, persiste dans le vil régime végétatif de ces dernières années, les nerfs amollis par le manque de discipline, sans projet de vie nouvelle, comment pourrait-elle éviter l'effet de contamination d'une entreprise aussi imposante ? C'est ne pas connaître l'Européen, que

---

[94] Cela suffirait pour nous convaincre une fois pour toutes que je socialisme de Marx et le bolchevisme sont deux phénomènes historiques qui ont à peine quelque dimension commune.

d'espérer qu'il puisse entendre sans s'enflammer cet appel d'un nouveau *faire,* alors qu'il n'aura rien d'aussi « actif » à lui opposer. L'Européen veut avant tout se mettre au service de quelque chose, qui donne un sens à la vie ; il veut fuir le vide de son existence ; et il n'est pas impossible qu'il oublie ses objections contre le communisme et ne se sente attiré, sinon par sa substance, du moins par son allure morale.

La construction de l'Europe en tant que grand État national, serait, à mon sens, l'unique entreprise qui pourrait s'opposer à la victoire du « plan quinquennal ».

Les techniciens de l'économie politique assurent que cette victoire présente par elle-même de très rares probabilités. Mais il serait trop vil que l'anticommunisme attende tout des difficultés matérielles rencontrées par son adversaire. L'échec de celui-ci équivaudrait ainsi à la déroute universelle : de tous et de tout, en un mot, de l'homme actuel. Le communisme est une « morale » extravagante - quelque chose comme une morale -. Ne paraît-il pas plus décent et plus fécond d'opposer à cette morale slave, une nouvelle morale d'Occident, une incitation à un nouveau programme de vie ?

XV

OÙ L'ON DÉBOUCHE DANS LA VRAIE QUESTION

Telle est donc la question : l'Europe est restée sans morale. Ce n'est pas que l'homme-masse méprise une morale vieillie au profit d'une morale naissante. C'est que le centre de son régime vital consiste précisément dans son aspiration à ne pas se courber sous une morale. Si vous entendez les jeunes gens vous parler de la « morale nouvelle », n'en croyez pas un mot. Je nie absolument qu'il existe aujourd'hui dans aucun coin du continent un groupe imbu d'un nouvel *ethos* qui ait l'apparence d'une morale. Quand on parle de la « morale nouvelle » on ne fait que commettre une immoralité de plus et chercher le moyen le plus commode de faire de la contrebande.

C'est pourquoi il serait vraiment naïf de reprocher à l'homme d'aujourd'hui son manque de morale. L'imputation ne le toucherait pas, ou même le flatterait. L'immoralisme est devenu extrêmement bon marché, et n'importe qui se vante de le pratiquer.

Si nous laissons de côté - comme on l'a fait dans cet essai - tous les groupes qui sont des survivances du passé - chrétiens, « idéalistes », vieux libéraux, etc... - on n'en trouvera pas un seul, parmi tous ceux qui représentent l'époque actuelle, dont l'attitude devant la vie ne se réduise à croire qu'il a tous les droits et aucune obligation. Il est indifférent qu'il prenne un masque de réactionnaire ou de révolutionnaire : de toute façon, et quels que soient les détours qu'il emploie, toujours son état d'âme consistera décisivement à ignorer toute obligation, et à se sentir, sans que lui-même en soupçonne la raison, possesseur de droits illimités.

Quelle que soit la substance qui tombe sur une telle âme, elle donnera toujours un même résultat, et se convertira en prétexte pour ne se soumettre à rien de concret. Si l'homme actuel se présente comme réactionnaire ou anti-libéral, ce sera pour pouvoir affirmer que le salut de la patrie, de l'État, l'autorise à violer toutes les autres lois, et à écraser son prochain, surtout si celui-ci possède une personnalité vigoureuse. Mais il en est de même s'il se présente comme révolutionnaire : son enthousiasme apparent pour l'ouvrier manuel, le misérable et la justice sociale, lui sert de déguisement pour feindre d'ignorer toute obligation - comme la courtoisie, la sincérité et surtout, surtout, le respect et l'estime dus aux individus supérieurs. J'en connais de nombreux qui ne sont entrés dans un parti ouvrier quelconque que pour conquérir en leur for intérieur le droit de mépriser l'intelligence et de s'épargner des politesses à son égard. Quant aux autres dictatures, nous avons bien vu comment elles flattent l'homme-masse, et traitent à coups de botte tout ce qui semble supérieur.

Cette fuite de toute obligation explique en partie ce phénomène mi-ridicule, mi-scandaleux, qu'on ait fait de nos jours une plate-forme à la « jeunesse », et seulement en tant que jeunesse. Notre siècle n'offre peut-être pas de trait plus grotesque. Les gens, comiquement, se déclarent « jeunes » parce qu'ils ont entendu dire que le jeune homme a plus de droits que de devoirs, du fait qu'il peut ajourner l'accomplissement de ces derniers aux calendes grecques de la maturité. Le jeune homme, pris comme tel, s'est toujours considéré comme exempt de *réaliser* ou *d'avoir réalisé* déjà des exploits. Il a toujours vécu sur son crédit. Cela fait partie de la condition humaine. C'était comme un faux droit, moitié ironique, moitié complaisant, que les plus âgés conféraient aux plus jeunes. Mais il est stupéfiant qu'aujourd'hui ceux-ci le prennent comme un droit effectif, précisément pour s'attribuer tous ces autres qui n'appartiennent qu'à ceux qui ont déjà fait quelque chose.

Bien que cela puisse paraître incroyable, on en est arrivé à faire de la jeunesse un *chantage*. En réalité, nous vivons en un temps de chantage universel qui prend deux formes de grimaces complémentaires : le chantage de la violence et le chantage de l'humour. L'un et l'autre poursuivent le même but : que l'inférieur, que l'homme médiocre, puisse se sentir exempt de toute soumission.

C'est pourquoi il ne faut pas, ennoblir la crise présente en la montrant comme un conflit entre deux morales ou deux civilisations, l'une caduque, l'autre naissante. L'homme-masse manque tout simplement de morale, laquelle est toujours par essence, un sentiment de soumission à quelque chose, la conscience de servir et d'avoir des obligations. Mais il est peut-être erroné de dire « tout simplement ». Car il ne suffit pas de dire que ce type de créature se désintéresse de la morale. Non : ne lui faisons pas la tâche aisée. Il n'est pas possible de se désintéresser ainsi, sans plus, de la morale. Ce que l'on désigne par le mot - incorrect même grammaticalement - d' « amoralité » est une chose qui n'existe pas. Si vous ne voulez vous soumettre à aucune loi, il faudra vous soumettre *velis, nolis* à celle qui consiste à nier toute moralité et cela n'est pas amoral, mais immoral. C'est une morale négative qui conserve de l'autre la forme en creux.

Comment a-t-on pu croire à l'amoralité de la vie ? Sans doute parce que toute la culture et la civilisation modernes amènent à cette conviction. L'Europe subit aujourd'hui les pénibles conséquences de sa conduite spirituelle. Elle s'est enthousiasmée sans réserve pour une culture d'aspect magnifique mais sans racines...

On a voulu dans cet essai, dessiner un certain type d'Européen, en analysant surtout son attitude en face de la civilisation même dans laquelle il est né. Il fallait faire ainsi, car ce personnage ne représente pas une autre civilisation luttant contre l'ancienne, mais une pure négation, qui cache un parasitisme effectif. L'homme-masse est encore en train de vivre, précisément de ce qu'il nie, et de ce que les autres construisirent ou accumulèrent. C'est pourquoi il ne fallait pas mêler son « psycho-gramme » avec la grande question : De quelles insuffisances radicales la culture européenne souffre-t-elle ? Car il est évident qu'en dernière instance, c'est d'elles que provient cette forme humaine qui domine aujourd'hui.

Mais cette grande question doit rester en dehors de ces pages, parce qu'elle les dépasse. Elle obligerait à développer complètement la doctrine de la vie humaine qui s'y trouve entrelacée à la manière d'un contre-point ou d'une basse continue. Dans un prochain avenir peut-être se dégagera-t-elle contre le thème essentiel.

FIN

MIRABEAU OU LE POLITIQUE

Source : José Ortega Y Gasset in : *Le Spectateur*

I

J'avais lu le petit livre de Herbert Van Leisen, intitulé *Mirabeau ou la Révolution royale* (Paris, 1926), avec une préface de Jacques Bainville, dans l'espoir qu'une clarté nouvelle serait projetée sur le magnifique Provençal. J'ai toujours cru voir en Mirabeau une cime du type humain le plus opposé à celui auquel j'appartiens, et peu de choses nous sont plus nécessaires que de nous instruire sur notre contraire. C'est la seule manière de compléter un peu notre être. Moi qui n'ai aucune capacité pour la politique, je devine en Mirabeau quelque chose de très proche de l'archétype du politique. Archétype, non pas idéal. Nous ne devrions pas confondre l'un et l'autre. L'immense, le morbide égarement dont nous faisons aujourd'hui les frais en Europe, peut-être vient-il de l'obstination à confondre les archétypes et les idéaux. Les idéaux, ce sont les choses comme nous estimons qu'elles devraient être. Les archétypes, ce sont les choses selon leur inéluctable réalité. Si nous prenions l'habitude de chercher l'archétype de chaque chose, la structure essentielle que la Nature, apparemment, a voulu lui donner, nous éviterions de nous former de cette même chose un idéal absurde, contredisant ses conditions les plus élémentaires. Ainsi pense-t-on généralement que le politique idéal ne devrait pas se contenter d'être un grand homme d'État, mais qu'il devrait être aussi un bon sujet. Seulement, est-ce possible ? Les idéaux sont les choses recréées par notre désir – ce sont des *desiderata*. Mais quel droit avons-nous de prendre en considération l'impossible, de considérer comme idéal le cercle carré ?

J'ai demandé depuis longtemps une hygiène des idéaux, une logique du désir. Ce qui distingue peut-être le plus l'esprit infantile de l'esprit adulte, c'est que le premier ne reconnaît pas la juridiction de la réalité et substitue aux choses leurs images désirées. Il perçoit le réel comme une matière tendre et magique, docile aux combinaisons de notre ambition. La maturité commence lorsque nous découvrons que le monde est solide, que la marge de manœuvre concédée à l'intervention de notre désir est très étroite et que, au-delà de cette limite, se dresse une matière résistante, de constitution rigide et inexorable. On commence alors à mépriser les idéaux du désir pur et à estimer les archétypes, c'est-à-dire à considérer comme un idéal la réalité même en ce qu'elle a de profond et d'essentiel. Ces nouveaux idéaux sont tirés de la Nature et non de notre tête : ils sont beaucoup plus riches de contenu que les pieux désirs et ont beaucoup plus d'attrait. « L'idéalisme », en définitive, vit du manque d'imagination. Tout homme capable d'imaginer son idéal abstrait, exactement réalisé, perd ses illusions, car il voit alors combien il était sordide et misérable, en comparaison de la fabuleuse quantité des choses désirables que la réalité a inventées, sans notre collaboration. Pour la plus grande confusion des « idéalistes », y compris des plus grands, Platon ou Kant, il faudrait qu'un thaumaturge plein d'ironie réduisît l'univers, pour quelques heures, à ce qu'il serait selon leur programme schématique !

L'idéal en lui-même est moins – et non pas plus – que la réalité. Ainsi cet attribut, être une personne de bien, que nous imposons au politique idéal, est très facile à imaginer et à définir ; en revanche, tout ce qui constitue par ailleurs le grand politique, nous ne pourrions jamais l'extraire de notre tête ; nous devons humblement attendre que la Nature veuille bien l'inventer, elle, magnifiquement, et se résolve à enfanter un Titan tel que Mirabeau. Une fois qu'il est là, par le travail et la grâce des puissances cosmiques, nous, ingrats et arrogants, nous nous empressons de censurer le géant qui vient d'être engendré, parce qu'il n'a pas les vertus de l'honnête bourgeois commun. L'humanité est comme la femme qui épouse un artiste parce qu'il est artiste et se lamente ensuite parce qu'il ne se conduit pas comme un chef de bureau.

Le petit livre de Van Leisen est bien loin de nous éclairer sur quelque point important concernant Mirabeau. Il appartient à une classe de produits imprimés, chaque jour plus nombreux malheureusement dans les lettres françaises. Œuvres maniaques, à l'horizon étroit, qui n'aspirent pas même à la finesse intellectuelle. Ainsi Van Leisen, disciple de Maurras, se propose-t-il tout simplement, avec l'approbation de Bainville, de démontrer l'identité radicale entre la politique de Mirabeau et celle de Louis XIV et de Louis XV. Tel est le propos ; évidemment, il n'y a pas même l'apparence de la réussite.

La politique de Mirabeau n'a rien d'obscur. Comme les faits de tout un siècle se sont chargés de le vérifier, ce fut l'œuvre la plus claire qui fut tentée pendant la Révolution française. Si quelque chose dans le monde peut légitimement causer surprise et émerveillement, c'est que cet homme, étranger aux chancelleries et à l'administration, toujours occupé à un commerce d'amours tumultueuses, de procès, de canailleries, traînant de prison en prison, de dette en dette, de fuite en fuite, subitement, à l'occasion des états généraux, se convertisse en un homme public, qu'il improvise, on peut le dire, en quelques heures, toute une politique nouvelle, qui sera la politique du XIXe siècle (la monarchie constitutionnelle) ; et cela, non pas vaguement, non pas à l'état de germe en quelque sorte, mais intégralement et en détail : il ne crée pas seulement les principes, mais les gestes, la terminologie, le style et l'émotion du libéralisme démocratique selon le rite européen. En un instant, Mirabeau voit dans tout son développement futur la nouvelle politique, et il voit même au-delà : il voit ses limites, ses vices, sa dégénérescence et jusqu'aux moyens de la discréditer, tout ce qui, effectivement, un siècle et demi plus tard, lui a fait perdre son prestige. Si l'on veut se convaincre que ce fait prodigieux s'est bien produit, qu'il ne relève ni de l'imagination ni de la louange inexacte, il faut lire n'importe quel livre sur Mirabeau – sauf celui de Van Leisen qui, à dire vrai, ne prétend pas non plus étudier sa physionomie historique.

Seulement, la pensée politique n'est qu'une dimension de la politique. L'autre est l'action. Sans l'avoir prévu lui-même, Mirabeau trouve en lui, magiquement disponible, le formidable instrument de la nouvelle forme de vie publique : l'éloquence romantique, la magnifique muse oratoire des parlements européens qui souffle sur les eaux comme l'esprit divin, sur l'âme liquide des foules, levant des tempêtes et imposant le calme. L'effet de son premier discours fut électrisant. Un témoin de la séance – un homme réfléchi, Dumont – nous le dit : « On n'avait encore rien entendu de cette force et de cette dignité dans le tumultueux prélude des Communes ; ce fut une jouissance nouvelle, car l'éloquence est le charme des hommes assemblés. » Son énorme stature, sa tête gigantesque et la chevelure abondante qui l'augmentait, lui donnaient l'air d'un lion.

On dira que tout cela – l'éloquence, la crinière, l'apparence d'un lion – est rhétorique. Ce n'est déjà pas si mal. Mais il s'en faut que ce soit cela seulement. Son courage personnel, en revanche, n'est pas de la rhétorique, mais le courage spécifique du politique qui est le courage devant le bouillonnement des foules. Si l'Assemblée nationale entière se lève contre lui, Mirabeau ne se trouble pas, il ne perd pas un atome de sérénité ; au contraire, son esprit s'aiguise, il pénètre mieux la situation, il la rend transparente, la dissocie en ses éléments et traverse brillamment l'orage, traînant derrière lui, domestiquée, cette même Assemblée quelques minutes auparavant si intraitable et si féroce. (Il appelait cela *déterminer le troupeau*.) Du lion il aurait donc la rhétorique et la crinière ; mais aussi le courage, la sérénité et la griffe. (Ce lion disait, dans un de ses discours, au chacal Robespierre : Jeune homme, « ne prenons pas l'exaltation des principes pour le sublime des principes ».)

Plus clairvoyant que les historiens un siècle plus tard, il ne s'est pas laissé tromper par les plaintes sur la famine et la pénurie, lieu commun de l'époque que ceux-là ont pris au sérieux, élevant ces deux fléaux au rang de causes de la Révolution. La France allait mieux que jamais et par là même, elle avait besoin d'un État plus important. Mirabeau le comprend de toute évidence et voudrait en convaincre le roi par l'intermédiaire du ministre Montmorin. Aussi écrit-il à ce dernier : « La France n'a jamais été plus forte et mieux portante intrinsèquement parlant ; elle n'a jamais été plus près de développer toute sa stature. Il n'y a de maux ici que ce très passager inconvénient d'une administration peu systématique et la peur ridicule de recourir à la nation pour constituer la nation. »

Mirabeau n'en démord pas. Le temps était inexorablement venu de constituer la nation au moyen de la nation même, et tout le reste était balivernes. Les expédients, les plans empiriques qu'on proposait à Louis XVI, sous la forme du despotisme éclairé, ou non éclairé, de la tyrannie, de la dictature, lui paraissaient superflus ; pire, ils lui paraissaient des chemins funestes. Avec cette vision prophétique qui abonde dans ses discours, il a dit aux courtisans : « C'est ainsi qu'on mène les rois à l'échafaud. »

On ne comprend pas qu'un esprit si sagace ait cru que le roi pouvait se faire une idée de la situation. La clé en est sans doute que Mirabeau, libéral et démocrate d'esprit, est, par la race et par l'âme, un noble. Or, le noble, aussi intelligent qu'il soit, aussi libre de préjugés qu'il s'imagine, souffre généralement de la mystique fatale du courtisan.

Cependant, à ce stade historique où se trouvait la France, il n'y avait plus qu'une possibilité sérieuse : la monarchie constitutionnelle. Mirabeau fut le seul à le voir sans hésitations.

Les autres étaient ou trop monarchistes ou trop constitutionnels. Après que les premiers furent éliminés par la violence populaire, ce furent les seconds – les archirévolutionnaires, les radicaux – qui firent échouer la Révolution. Car on ne doit pas oublier que la Révolution française – l'un des morceaux les plus animés de l'histoire universelle – fut un échec total. Il fallut attendre presque un siècle pour que les principes qu'elle avait défendus fussent approximativement et calmement instaurés. Elle a échoué parce qu'à l'Assemblée nationale il n'y avait pas d'autre politique authentique ; en outre, Mirabeau est mort en 1791. Il avait un dédain suprême pour ses collègues, définisseurs, géomètres de l'État, qui avaient la tête remplie de formules lumineuses, si lumineuses qu'elles les aveuglaient dans le commerce avec les choses. Il disait d'eux : « Je n'ai jamais adopté leur roman, ni leur métaphysique, ni leurs crimes inutiles. »

Doué d'une fabuleuse capacité de travail, Mirabeau était un organisateur-né. Là où il arrivait, il mettait de l'ordre, symptôme suprême du grand politique. Il mettait de l'ordre dans le bon sens du mot, qui exclut la police et les baïonnettes comme instruments ordinaires. L'ordre n'est pas la pression qui s'exerce du dehors sur la société, mais un équilibre qu'on suscite à l'intérieur.

Comme il est toujours agréable de contempler la perfection, on s'émeut de lire l'histoire de ces premiers temps de la Révolution, de cette première étape dans la vie de l'Assemblée, parce qu'on voit un homme qui possède le génie de son office en remplir suprêmement le contour, on le voit se mouvoir, élastique et triomphant, dominant toujours les circonstances. L'Assemblée se voyait forcée de prendre des mesures pour se protéger du pouvoir de suggestion qu'exerçait sur elle cet homme unique. Sa mort fut déclarée deuil national et son énorme cadavre inaugura le Panthéon des Grands Hommes.

Mais voilà qu'on découvrit ensuite les preuves de sa vénalité. Mirabeau, qui était tout ce que je viens de dire, était en outre un homme malhonnête. Aussitôt, le pédant qui est toujours là à point nommé, en l'occurrence Joseph Chénier, demanda la parole à l'Assemblée et proposa que les restes de Mirabeau fussent retirés du Panthéon, « considérant qu'il n'y a point de grand homme sans vertu ». La belle phrase !

Cela nous amène à poser la question. L'histoire de Mirabeau en effet rappelle sérieusement celle de César et, dans une certaine mesure, celle de presque tous les grands politiques. Avec une coïncidence rare, le grand politique a toujours reproduit le même type d'homme, jusqu'aux détails de sa physiologie.

II

« ... considérant qu'il n'y a point de grand homme sans vertu », a dit Joseph Chénier pour dénigrer la mémoire de Mirabeau. On comprend que loin le monde ait fait attention à lui, il avait dit une « phrase » ; pendant longtemps, l'Européen a eu besoin, pour vivre, de respirer des phrases comme des ballons d'oxygène.

Je propose maintenant au lecteur de concentrer un moment son attention sur cette « phrase » et d'essayer d'analyser soigneusement son sens. Chénier se réfère spécialement au grand homme politique ; de sorte que, en entendant ou en lisant la première partie du jugement prononcé par lui, si nous voulons donner un sens aux mots « grand homme », notre esprit s'oriente vers des réalités comme César ou Mirabeau. Nous voyons alors venir à nous, tels d'héroïques fantômes, ces hommes aux qualités cyclopéennes ou leurs congénères. Nous voyons leur inépuisable énergie, leur effort constamment tendu, la fécondité, la monumentalité de leurs projets, la rapidité, l'efficacité dans l'exécution, la prévision géniale des événements, la fermeté et la sérénité dans l'affrontement du danger, l'élégance triomphale de leur attitude en toute circonstance. Si un jour, par une inadvertance grossière, il nous arrive de qualifier leurs actions d'égoïstes, nous nous corrigeons aussitôt, honteux, car nous nous apercevons que l'*ego*, chez ces hommes-là, est presque totalement occupé par des œuvres impersonnelles, mieux, transpersonnelles. Cela a-t-il un sens de dire que César était égoïste, qu'il vivait pour lui-même ? Mais en quoi consistait le « soi-même », le « moi » de César ? Il consistait dans un désir indomptable de créer des choses, d'organiser l'histoire. Aussi prend-il sur lui, avec le même naturel, les grands honneurs et les grandes angoisses. Et il est inacceptable que l'homme médiocre, incapable de rechercher volontairement et de supporter les angoisses, conteste au grand homme le droit aux grands honneurs et aux grands plaisirs.

Notre temps n'aurait jamais inventé ces deux mots : magnanimité et pusillanimité. Il s'est bien plutôt empressé de les oublier, aveugle à la distinction fondamentale qu'ils désignent. Depuis un siècle et demi, tout converge pour nous cacher le fait que les âmes ont des formats différents, qu'il y a de grandes âmes et des âmes petites : grand, petit ne signifient pas ici la valeur que nous attribuons aux âmes, mais la différence réelle de deux structures psychologiques distinctes, de deux modes antagoniques de fonctionnement psychique. Le magnanime et le pusillanime appartiennent à des espèces différentes ; vivre, pour l'un et pour l'autre, est une opération de sens divergent, et ils portent en conséquence en eux deux perspectives morales contraires. Lorsque Nietzsche distingue entre « la morale des seigneurs » et « la morale des esclaves », il donne une forme antipathique, étroite et fausse en définitive, à quelque chose qui est indéniablement réel.

La perspective morale du pusillanime, assurée quand il s'agit de juger ses congénères, est injuste quand elle s'applique aux magnanimes. Et elle est injuste simplement parce qu'elle est fausse, parce qu'elle part de données erronées, parce qu'il manque généralement au pusillanime l'intuition immédiate de ce qui se passe à l'intérieur des grandes âmes. C'est exactement le cas dans la question dont nous allons nous approcher maintenant. Le magnanime est un homme qui a une mission créatrice : vivre et être, c'est, pour lui, faire de grandes choses, produire des œuvres de grand calibre. Le pusillanime en revanche n'a pas de mission ; vivre c'est pour lui simplement exister pour soi, se conserver soi-même, c'est aller parmi les choses qui se trouvent déjà là, qui ont été faites par d'autres – que ce soient des systèmes intellectuels, des styles artistiques, des institutions, des normes traditionnelles, des situations de pouvoir public. Ses actes n'émanent pas d'une nécessité créatrice, originaire, inspirée et inéluctable – inéluctable comme l'enfantement. Le pusillanime, par lui-même, n'a rien à faire : il n'a pas de projets ni aucun désir impérieux de les exécuter. En sorte que, n'ayant pas en son être intime un « destin », n'éprouvant pas la nécessité congénitale de créer, de se répandre en œuvres, il n'agit ainsi que pour des intérêts subjectifs – plaisir et douleur. Il cherche le plaisir, il évite la douleur. Ce mode de fonctionnement vital, qu'il trouve en lui, l'amène à supposer, par exemple, qu'un peintre travaillant avec acharnement est mû par le désir d'être célèbre, riche, etc., comme s'il existait le moindre degré de comparaison entre le désir de célébrité, de richesse, de plaisir et la possibilité de peindre tel ou tel grand tableau, d'inventer un style déterminé ! Le pusillanime devrait se dire que te premier peintre célèbre n'a pas pu se proposer d'être *un* peintre célèbre, mais exclusivement de peindre, obéissant à la pure nécessité de créer une beauté plastique. Ce n'est qu'*a posteriori*, au terme de sa vie et de son œuvre, que s'est formée dans l'esprit des autres, spécialement des pusillanimes, l'idée, ou l'idéal, du « peintre célèbre ». Et alors, alors seulement, séduits effectivement par les avantages égoïstes de ce rôle – « être un peintre célèbre » –, les pusillanimes, c'est-à-dire les mauvais peintres, se sont mis à peindre.

Qualifier César d'ambitieux, n'est-ce pas comique ? Voyons donc ! César prétendait tout simplement être un César ! Et Napoléon eut l'audace d'aspirer toute sa vie durant au poste illustre de Napoléon ! Joli contresens qui vient toujours de ce qu'on considère la vie du grand homme, de l'homme qui crée des œuvres, selon la perspective morale et selon les données psychologiques du petit homme, qui n'a aucun destin de créateur.

Mais la vérité est très différente : la prévision des plaisirs et des honneurs eut sur l'âme de César aussi peu d'influence que, *vice versa*, le désir d'éviter la douleur. Ainsi, comme le désir d'éviter la souffrance ne l'a pas écarté de son œuvre, l'espoir des plaisirs ne l'a pas davantage motivé. C'est ce que le pusillanime ne comprendra jamais bien : que, pour certains hommes, le plaisir suprême soit l'effort frénétique pour créer des choses – peindre chez le peintre ; écrire chez l'écrivain ; organiser l'État chez le politique.

L'opposition entre égoïsme et altruisme perd son sens quand on l'applique au grand, homme parce que son « moi » est rempli jusqu'à ras bord par « l'autre » : son *ego* est un *alter* – l'œuvre. Se préoccuper de soi-même c'est, pour lui, se préoccuper de l'Univers.

La « phrase » de Chénier, dans sa deuxième partie, parle de vertus. Seulement, ces vertus ne sont pas les qualités que nous avons découvertes dans César ou dans Mirabeau – elles ne sont pas les vertus ou les virtualités du grand homme. Elles sont, au contraire, les modes normaux de comportement du petit homme, de l'âme faible. Chénier exige de Mirabeau qu'il soit Mirabeau et en outre qu'il soit monsieur Duval, un des millions de Duval qui composent la médiocrité de la France ou de n'importe quel autre peuple à n'importe quelle autre époque. Car, effectivement, ces millions d'hommes sont vertueux : ils ne sont pas escrocs, ni menteurs ni ne vivent dans le stupre. Toute leur valeur se réduit à *ne faire aucune* de ces choses, en effet immorales.

Je n'ai pas l'intention, bien sûr, de disputer le titre de vertus à l'honnêteté, à la véracité, à la continence sexuelle. Ce sont, sans aucun doute, des vertus ; mais de petites vertus : ce sont les vertus de la pusillanimité. Face à elles, je trouve les vertus créatrices, les vertus de grande dimension, les vertus magnanimes. Chénier ne veut pas reconnaître la valeur substantielle de ces dernières lorsque les premières font défaut ; cela me paraît relever d'une partialité immorale en faveur du petit. Il n'est donc pas seulement immoral de préférer le mal au bien, mais également de préférer un bien inférieur à un bien supérieur. Il y a perversion partout où il y a subversion de ce qui vaut le plus par ce qui vaut le moins. Et il est, sans aucun doute possible, plus facile, plus simple de ne pas mentir que d'être César ou Mirabeau. Il ne serait même pas exagéré d'affirmer que la plus grande immoralité est cette préférence inversée qui exalte le médiocre au détriment du meilleur ; car le choix du mal est généralement décidé hors de toute prétention à la moralité alors que cette subversion des valeurs se recommande presque toujours d'une morale, fausse évidemment et répugnante.

Au lieu de condamner le grand homme parce que les petites vertus lui font défaut et qu'il souffre de petits vices, au lieu de dire qu'» il n'y a point de grand homme sans vertu », au lieu de penser en valet de chambre, il serait opportun de méditer ce fait, presque universel, qu'» il n'y a pas de grand homme vertueux » ; j'entends vertueux comme l'est un petit homme. C'est ce que nous montre l'histoire, avec des penchants divers, mais avec une insistance scandaleuse. Et plutôt que d'éluder le problème grâce à une phrase vaine, nous devons prendre le bistouri de l'analyse. La pensée ne nous a pas été donnée pour éluder les problèmes, les problèmes avec leurs deux cornes aiguisées, mais pour les affronter à corps perdu et les terrasser.

Il est possible que le régime de la magnanimité – surtout chez l'homme public – rende inapte au service des vertus mineures et entraîne automatiquement la propension à certains vices. C'est ce que l'on peut voir assez clairement dans le cas de Mirabeau.

Il est nécessaire d'apprendre à l'Espagne l'optique de la magnanimité, puisqu'elle est un peuple étouffé par l'excès des vertus pusillanimes. Chaque jour, la morale chétive des âmes médiocres acquiert plus de place, morale excellente quand elle est compensée par les coups d'aile rudes et féroces des grandes âmes, mais mortelle lorsqu'elle prétend diriger un peuple et, postée dans tous les lieux stratégiques, se voue à écraser tout germe de supériorité.

Voyons, voyous d'un peu plus près Mirabeau, puisqu'il constitue un cas extrême de notre problème : il est le plus immoral des grands hommes.

III

Voyons ce que fut ce Mirabeau, comme machine psychophysiologique, comme appareil vital. Pour cela, je vais énumérer laconiquement les faits principaux de sa vie, en soulignant surtout ceux qui ont motivé cette réputation d'immoralité.

Il naît en Provence en 1749. Des deux côtés de sa famille, beaucoup de déments. Du côté des Mirabeau surtout, depuis des générations, on trouve des frénétiques. On pourrait appeler les Mirabeau les Karamazov provençaux. Le père de notre héros, parlant de sa famille, l'appellera une « race effrénée ». En 1767, le marquis de Mirabeau – économiste, publiciste, « ami des hommes », absurde, agité – envoie son fils, le petit géant Gabriel, dans un régiment. Gabriel a dix-huit ans. À peine arrivé, il a une formidable algarade avec le colonel. Son père demande un ordre d'emprisonnement et notre diabolique archange Gabriel connaît pour la première fois la prison. Il est libéré peu après. Il revient à la maison. C'est un ouragan d'activité. Il étudie la terre de Mirabeau, dessine des plans pour prévenir les inondations ; il travaille, prend des notes sur l'état des cultures parmi les paysans qui l'adorent. Son père l'appelle *Monsieur le comte de Bourrasque*. Son père le déteste, il déteste son père. Le marquis et la marquise se disputent et se séparent. Commence entre eux un procès d'intérêts. À l'incitation de son père, Gabriel attaque violemment sa mère.

Le vieil économiste veut organiser sur ses terres et les terres voisines un tribunal de *prud'hommes* où les paysans règlent leurs querelles entre eux. Gabriel réussit à l'organiser, ce qui semblait impossible. Il va, il vient, il suggère, il apaise, il harmonise, il convainc. Pendant ce temps, pauvre, il fait des dettes.

Il se marie en 1772. Les dettes augmentent. Il découvre une infidélité de sa femme. Il lui pardonne. Pressé par les créanciers, il doit à nouveau connaître la prison. Il en sort le 8 juin 1774. Le 21 août, on insulte sa sœur, il se bat pour défendre son honneur, et le 20 septembre, le voilà encore en prison, au château d'If, où l'on envoie l'ordre de le traiter avec une extrême rigueur. Sa femme refuse de l'accompagner et Mirabeau, depuis le château d'If, se querelle avec sa femme. Il conquiert la bienveillance du gouverneur, M. d'Allègre, et se rend maître de la situation. Il se rend maître aussi de la seule femme présente dans la prison : la femme du cantinier.

Il est transféré au fort de Joux, avec des ordres aussi sévères. Pas de livres, rien. Il fait la conquête du gouverneur, M. de Saint-Mauris, et probablement de sa femme. Il obtient des livres. Il lit avec frénésie, prend des notes, compose des mémoires ; par exemple, sur les *Salines de la Franche-Comté*, qui est le problème posé par son environnement le plus proche. M. de Saint-Mauris courtise une dame, Sophie de Monnier. Il l'invite à dîner, en même temps que son prisonnier. Sophie tombe amoureuse du prisonnier. Mirabeau sort de sa prison et y rentre quand il veut. Il publie à Neuchâtel l'*Essai sur le despotisme* – livre décousu. Pour le publier, il contracte encore une dette, avec le libraire. Le gouverneur, offensé en tant que rival et compromis par la publicité que sa dette donne aux sorties de Mirabeau, lui écrit de réintégrer la prison. Mirabeau, loin de se soumettre, lui répond par des insultes. Il passe la frontière suisse et s'arrête aux Verrières. Que faire de Sophie ? Sophie est follement amoureuse de lui. Elle abandonnera tout pour son amant. Elle utilise l'une des premières devises romantiques : « Gabriel ou mourir. » Que faire de Sophie, alors qu'il est sans aucune ressource économique, alors qu'il est en train d'amonceler sur ses épaules un univers de dettes ? Sa sœur et sa cousine – âgée de vingt-trois ans – vont à sa rencontre. Mirabeau n'oubliera pas, au passage, de séduire la cousine. Mirabeau dira qu'il est un « athlète en amour ». Que faire de Sophie qu'il aime effectivement ? Il voit bien que l'enlever est une folie qui rendrait définitivement insoluble une situation difficile. Cependant il fait venir Sophie. C'est s'engager à recommencer sa vie. La famille de Sophie lui tombe dessus : nouveaux procès. On l'accusera d'avoir enlevé Sophie pour s'emparer de sa fortune. Et, en effet, Sophie voudrait emporter quelque argent. C'est un fait prouvé par ses lettres.

Parfaitement. Mais c'est un fait aussi que les deux amants fuient sans un sou et arrivent à Amsterdam. Mirabeau se met à faire des traductions pour gagner de l'argent. Il a appris, seul, l'anglais et quatre ou cinq autres langues. Il travaille durement dès six heures du matin. Pendant ce temps, il est poursuivi par le procureur, son père, la famille de sa maîtresse. Il porte avec lui un essaim de procès. Mais lui, tout en s'occupant de ses procès, de ses traductions, de ses amours, cultive la musique et écrit un essai esthétique sur cet art suave, un essai fort bon par le contenu et meilleur encore par son titre : *Le lecteur y mettra le titre*. Tel est le titre. On le croirait d'aujourd'hui.

Comme il avait attaqué sa mère, il écrit maintenant un mémoire contre son père, qui ne cesse de le poursuivre. La conséquence de tout cela est une demande d'extradition. On envoie, pour lui donner la chasse, un policier féroce, Bruguières, qui arrête effectivement le couple, pour devenir peu après son plus fidèle et loyal serviteur. Mirabeau a conquis le policier. Mais entre-temps il doit intégrer le château de Vincennes, une des plus fortes prisons de France. Mirabeau s'élève dans sa carrière de perpétuel incarcéré. Chaque fois sa prison est davantage prison, d'un plus haut rang, avec plus de chaînes.

Cette fois la réclusion va durer de 1777 à 1780. Trois ans « dans une chambre de dix pieds carrés ». Que fera là-dedans ce fauve magnifique ? Vermiller sans aucun doute, avec son âme de grand félin. Pour le moment il s'arrangera pour écrire à Sophie lettre sur lettre. Cette correspondance, publiée plus tard, causera un énorme scandale. Car dans le cachot de dix pieds, la sensualité gigantesque de son tempérament, contrainte, s'échappera dans la dimension littéraire. Dans les lettres à Sophie, il verse des matériaux de toute nature : des essais oratoires et lyriques, des considérations morales, des effusions sincères, de la pornographie et, jusqu'à des morceaux de livres et de revues qu'il donne comme siens. Il commence ainsi une lettre : « Écoute, ma bonne amie, je vais verser mon cœur dans le tien » et il n'y verse en réalité qu'un article du *Mercure de France*. Je tiens beaucoup à souligner cette donnée.

C'est à cette époque qu'il compose, pour se défendre, un Mémoire, rempli de mesure, à l'adresse de son père. Il compose en outre des contes, des dialogues, des tragédies ; il traduit Tacite, Tibulle, Boccace ; il écrit pour Sophie une étude sur l'inoculation et une grammaire ; il étudie l'islam et le Coran ; il commence une histoire des Provinces-Unies. Il écrit encore des livres pornographiques. C'est tout ? Non, il fait bien d'autres choses encore. Il y a parmi les prisonniers un monsieur Baudouin de Guémadeuc, qui a une maîtresse, mademoiselle Julie, que Mirabeau n'a jamais vue, qu'il ne verra jamais. Il entame cependant avec elle une longue correspondance, pleine de grâce, d'aménité et de mensonges. Il se présente comme une personne de grande influence à la cour. La demoiselle Julie n'avait aucune importance. Quel est le but, alors, de cette farce et de l'effort qu'elle suppose ? Que le lecteur curieux souligne aussi ce fait.

Parmi les livres composés à Vincennes, il y en a un dont la publication eut un grand écho : *Des lettres de cachets et des prisons d'État*. Prisonnier, Mirabeau veut organiser sérieusement les prisons en général et réformer les institutions. La politique de l'Assemblée est anticipée dans cet essai. Pendant ce temps, de terribles coliques néphrétiques.

« Nu comme un ver », c'est ainsi que Mirabeau sort du cachot en 1780. Il a dans les trente ans. Pourquoi ne pas se reposer un peu ? Se reposer ? Ses deux procès les plus graves l'attendent à la porte, comme des loups aux aguets. L'un, intenté par le mari de Sophie de Monnier ; l'autre, par ses beaux-parents. La foule se pressait aux séances, qui furent publiques. Tout son passé est exposé aux quatre vents. On ne peut dire le scandale produit dans toute la France par cette vie tumultueuse à laquelle la justice – toujours un peu pédante – se charge de donner une notoriété officielle.

Mirabeau a obtenu la célébrité à force de folies ; une célébrité négative, lestée de péchés capitaux. C'est une ascension à l'envers.

Oui ; seulement, voilà qu'arrive le moment du procès où l'on donne la parole à l'accusé. Et le hasard veut que l'accusé soit Mirabeau. Et le hasard veut que l'accusé ait une petite substance magique, que nous appelons d'un nom stupide, puéril, digne du vocabulaire des contes d'enfants ; il a... du génie. Et il fait une plaidoirie, ce qu'il n'avait jamais fait. Et ce discours est une création parfaite ; les juges, les témoins et le public entendent ce qu'ils n'avaient jamais entendu : la parole, rien, un peu d'air frémissant qui, depuis l'aube confuse de la Genèse, a le pouvoir de création. Si bien qu'en un instant, les circonstances désastreuses de son procès sont métamorphosées en un triomphe. L'ascension négative change de signe, devient positive et la renommée contraire, avec tout son lest de fange, se convertit en gloire. Nous sommes en 1783.

La gloire, mais pas l'argent. La gloire, comme les phénomènes qui lui sont apparentés – le lever et le coucher du soleil –, a un habit d'or, mais non la consistance de l'or ; elle en a la couleur et l'éclat. Mirabeau commence pour la troisième ou la quatrième fois sa vie, glorieux et pauvre. En 1784, il engage au mont-de-piété son « habit brodé d'argent avec veste et culotte, et sa veste drap d'argent petit deuil, et des dentelles d'hiver ». Peu après, il contracte avec sa mère un emprunt usuraire de trente mille livres : autre folie. Et il commence aussitôt une vie opulente, menant grand train, avec carrosse, festins, sans aucun ordre économique. (Pensez à César, à Wagner.) Il est né une fois pour toutes sensuel et il a besoin des plaisirs comme les poumons ont besoin d'air. Mais, attention, lecteur ! Cet homme a passé trois années dans un cachot de dix pieds, sans aucun plaisir. Qu'ont fait ses poumons ? Étouffer ? Nous avons vu l'activité fabuleuse déployée pendant cette incarcération. Qu'en est-il donc ? La contradiction n'est qu'apparente. Une âme forte est forte dans ses appétits ; elle a grand besoin de beaucoup plus de choses ; mais, en même temps, elle est forte dans le renoncement, elle sait n'avoir aucun besoin quand les circonstances l'y contraignent.

Arrive dans sa vie Mme de Nehra, une petite Hollandaise de dix-sept ans, douce et bonne, qui mettra un peu d'ordre et de bon sens dans la vie frénétique de cet homme. Commencent les années de voyage : Angleterre, Allemagne. Mirabeau étudie l'Europe. Il s'instruit, en politique, en économie, des problèmes de l'heure, des possibilités. Il écrit sur ces sujets, surtout il s'occupe de l'art de la finance ; par exemple de la Banque d'Espagne, dite de Saint-Charles. L'écho de ces publications est si grand qu'à un moment donné il fait fléchir à son gré le balancier de la Bourse. La Banque de Saint-Charles a voulu l'acheter pour qu'il se taise. Mais Mirabeau, toujours pauvre, refusa. Ses campagnes en effet développaient une idée politique et Mirabeau n'était pas disposé à combattre ses propres idées. Ce fait va nous donner la clé de ce qu'on a appelé sa vénalité. Nous verrons alors à quel beau paradoxe se réduit cette accusation capitale et qu'on peut résumer par avance ainsi : le vénal Mirabeau est l'un des hommes qui se sont le moins vendus, si l'on tient compte que c'est l'un des hommes qu'on a le plus cherché à acheter. Le pusillanime, en réglant son compte au grand homme, oublie toujours l'autre facteur, le facteur essentiel : ses grandes qualités humaines.

En 1787, il revient en France. La nation est grosse de grands événements. Il y a un trouble universel dans la société. Tous, en haut comme en bas, pressentent qu'il est nécessaire de faire quelque chose ; mais personne ne sait quoi. Mirabeau voit aussitôt, avec une assurance sans défaut, que sa vie va se confondre avec la vie de la France. Toute cette frénésie privée, pendant vingt ans, toute cette accumulation de connaissances, d'informations, de projets, cette énergie, cette capacité de travail, ce goût des conflits, cette voix de trompette du jugement dernier, ce flot verbal vont s'insérer en un certain point de l'histoire.

Mirabeau demande la réunion des états généraux pour 1789. Sa voix de puissance cosmique, d'archange diabolique, annonce le jugement dernier de l'Ancien Régime. Il a quarante ans. C'est un géant obèse, au visage piqué de petite vérole.

IV

Les états généraux sont convoqués. Mirabeau cherche des électeurs dans sa Provence natale. Il va à Aix et à Marseille, où il mesure les dimensions acquises par sa popularité. Cependant, ses frères de race, les nobles provençaux, avec une hypersensibilité de valets de chambre, veulent éviter d'être contaminés par sa présence et l'excluent de leur état. Mirabeau ne se trouble pas.

Quelques jours plus tard, de graves révoltes se produisent à Marseille, si graves que le pouvoir public se déclare incapable de les réprimer ; les nobles de Marseille recourent alors à Mirabeau, le révolutionnaire exclu de leurs rangs pour ses « opinions subversives à l'ordre public et attentatoires à l'autorité du roi ». Que va faire Mirabeau, quand on lui demande d'aller à Marseille pour corriger, contenir et châtier le peuple même qui, peu avant, l'acclamait et dont l'adhésion était son unique force ? Mirabeau est le politique par la grâce de Dieu, l'homme d'État-né ; il n'a pas un instant de doute. Il va à Marseille et, sans perdre une minute, organise les jeunes bourgeois et les ouvriers en une milice citoyenne qui ramène l'ordre rapidement. Mirabeau reste quatre jours consécutifs sans dormir. Il pacifie Marseille ; la révolte gronde à Aix, Mirabeau part à franc étrier, sans prendre de repos, pour la ville dont la noblesse l'a exclu de ses rangs. Il sera élu député du tiers état de la Sénéchaussée d'Aix.

Dès la première séance des états généraux, un vide se forme autour de la place où Mirabeau s'assoit. C'est un pestiféré. Quelques jours plus tard, il est le chef de ce troupeau turbulent. Grâce à lui, le travail parlementaire prend une direction et un ordre. Il fera face lui-même, avec une capacité de travail vraiment légendaire, à toutes les affaires. Pour cela, il a besoin d'entretenir un bureau avec de nombreux secrétaires. Seulement, Mirabeau est sans argent comme toujours. Occupé par la chose publique, il peut difficilement gérer son budget privé. Il vit cependant et maintient sa troupe de collaborateurs, il produit, il crée. C'est un magicien. Les gens soupçonneront des subventions inavouables et chaque mouvement de sa tactique politique sera attribué à quelque simonie. Comme personne ne sait rien de concret, on construit, on imagine l'histoire de sa vénalité. Le duc d'Orléans n'est-il pas l'homme le plus riche et le plus ambitieux de France ? Mirabeau s'est vendu au duc d'Orléans. Mais voici que le comte de La Marck, témoin irrécusable par son caractère et sa position, nous apprend que, tandis qu'on l'accusait de s'être vendu au coffre le mieux garni de France, Mirabeau timidement allait lui demander le prêt de quelques louis. Comprenons bien : il ne refusait pas l'or du duc d'Orléans pour des raisons de vertu intime. Vu selon son optique morale, ce renoncement par honnêteté signifierait une immoralité et une stupidité. Il n'avait pas le droit de retarder son action publique pour se donner le plaisir de préserver son honnêteté privée. Il n'a pas demandé d'argent au duc d'Orléans parce que la personnalité du duc lui paraissait incompatible avec sa politique. La vénalité de Mirabeau – c'est là l'essentiel – fut toujours liée à la trajectoire de sa tactique politique et elle n'en était qu'un ingrédient.

La politique de Mirabeau était une politique claire. Si claire que l'Europe n'a pu suivre, pendant tout un siècle, d'autre politique que celle qu'il anticipa génialement. Or, une politique est claire alors même que sa définition ne l'est pas. Il faut se décider pour l'une de ces deux tâches incompatibles entre elles : ou l'on vient au monde pour faire de la politique, ou l'on y vient pour faire des définitions. La définition est l'idée claire, stricte, sans contradiction ; mais les actes qu'elle inspire sont confus, impossibles, contradictoires. La politique, en revanche, est claire dans ce qu'elle fait, dans ce qu'elle réussit et elle est contradictoire quand on la définit. Il faut se souvenir de ce que disait Einstein à propos de la géométrie, qui est un pur système de définitions. « Les propositions mathématiques, en tant qu'elles ont à voir avec la réalité, ne sont pas certaines, et en tant qu'elles sont certaines, elles n'ont rien à voir avec la réalité. » La physique ressemble beaucoup à la politique, parce que dans l'une comme dans l'autre, te réel exerce son impératif sur l'idéal ou le conceptuel.

La politique de Mirabeau, comme toute politique authentique, postule l'unité des contraires. Il faut, en même temps, une impulsion et un frein, une force d'accélération, de changement social, et une force de retenue qui empêche de céder au vertige. L'impulsion, en 1789, c'était la nouvelle bourgeoisie et son credo rationnel ; le frein, c'était le passé de la France, résumé dans l'autorité royale. À l'occasion de la Déclaration des Droits, la magnifique définition abstraite dans laquelle fructifiaient deux siècles de raison pure, Mirabeau a dit : « Nous ne sommes point des sauvages arrivant des bords de l'Orénoque pour former une société. Nous sommes une nation vieille et sans doute trop vieille pour notre époque. Nous avons un gouvernement préexistant, un roi préexistant, des préjugés préexistants. Il faut, autant qu'il est possible, assortir toutes ces choses à la Révolution, et sauver la soudaineté du passage. »

La soudaineté du passage ! Admirable expression, qui condense toute la méthode politique et la distingue de la magie ! Le révolutionnaire est l'inverse d'un politique : car en agissant il obtient le contraire de ce qu'il se propose. Toute révolution, inexorablement – qu'elle soit rouge ou blanche –, provoque une contre-révolution. Le politique est celui qui prévient cet effet et accomplit en même temps, par lui-même, la révolution et la contre-révolution.

La Révolution, c'était l'Assemblée, que Mirabeau dominait. Il devait aussi dominer la Contre-Révolution, la contrôler. Il avait besoin du roi. De là son désir de pénétrer au palais. Mais les conservateurs – le roi, l'aristocratie – sont aussi des hommes à définitions, comme les radicaux, et ils n'avaient que répulsion à l'égard de Mirabeau. Il est probable que les désastres qui ont suivi auraient été évités si l'on avait accepté l'idée très simple de Mirabeau : l'union du palais et de l'Assemblée dans un ministère tiré de la Représentation nationale. Les radicaux rendirent impossible cette décision en décrétant l'incompatibilité de la charge de ministre avec celle de député. Puisque le chemin le plus simple pour parvenir au palais était bouché, Mirabeau dut prendre le chemin tortueux et secret. Voilà comment le grand homme s'est vendu. La solde qu'il aurait dû recevoir comme ministre, par droit historique, par une obligation supérieure, il la reçut comme conseiller privé. Avec cet argent, la première chose que fit ce lecteur passionné, fut d'acheter la Plus belle bibliothèque de France, la bibliothèque de Buffon. Peu après, le 2 avril 1791,

Mirabeau mourait d'une inflammation du diaphragme. Ensuite, vint le déluge.

Si nous scrutons cette vie en psychologue, nous verrons se détacher clairement certains traits constants. D'abord, l'impulsivité. Pour Mirabeau, vivre c'était répondre immédiatement par un acte à l'excitation reçue de l'entourage. Il réfléchit après s'être projeté hors de soi, après s'être engagé dans l'action. Chez l'homme qui n'est pas impulsif, la pensée précède l'acte ; c'est-à-dire qu'il met l'acte même en question, en l'anticipant sous forme d'une idée. En sorte que l'acte n'est décidé et n'est exécuté que lorsqu'il a été approuvé en tant qu'idée. Comme les relations entre les idées sont très compliquées, le non-impulsif, le réfléchi, décide presque toujours de ne pas agir. Mirabeau ne mettait ses actes en question qu'après s'être engagé dans ses actes et sa pensée ne tendait qu'à en perfectionner l'exécution. Deuxièmement, l'activisme : Conséquence de l'impulsivité, c'est le besoin constant de l'action. Comme Mirabeau le disait de lui-même, il ne pouvait vivre qu'» une vie exécutive ». Vivre, pour lui, ce n'est pas penser, mais faire. Quoi ? Ce qu'on peut : enlever une femme, organiser les salines de la Franche-Comté, puisqu'on se trouve dans une prison proche ; écrire des mensonges à mademoiselle Julie, dénoncer l'agiotage, réprimer des révoltes, organiser l'État et, s'il n'y a rien d'autre à faire, copier, copier des pages de livres. Tout sauf rêver ; c'est-à-dire imaginer qu'on fait quelque chose sans le faire. De telles âmes ressentent une répugnance profonde devant cette substitution de l'acte qu'est son image ou idée, son fantôme.

Il avait vingt-six ans lorsque, incarcéré au fort de Joux, il écrivait à son oncle ces lignes : « Les temps se régénèrent, l'ambition est permise aujourd'hui. [...] Relevez-moi donc, daignez me relever, sauvez-moi de la fermentation terrible ou je suis, et qui pourrait détruire l'effet que les réflexions et l'épreuve du malheur ont produit sur moi. *Il est des hommes qu'il faut occuper.* L'activité, qui peut tout, et sans laquelle on ne peut rien, devient turbulence, alors qu'elle n'a ni emploi ni objet. »

Cette confession révèle à quel point il sentait en son for intérieur le besoin de l'activité. Dans l'inertie, son activisme torrentiel l'étouffait. Voilà la caractéristique majeure de tout grand homme politique.

L'intellectuel ne ressent pas le besoin de l'action. Au contraire, il ressent l'action comme une perturbation qu'il faut éviter et n'exécuter que lorsqu'on y est contraint absolument, à contrecœur et en rechignant. L'intellectuel aime intercaler la réflexion entre l'excitation et l'action. Il est des hommes qu'il ne faut occuper à rien, ce sont les intellectuels. Telle est leur gloire et peut-être leur supériorité. En dernière instance, ils se suffisent à eux-mêmes, ils vivent de leur propre germination interne, de leur magnifique richesse intime. L'intellectuel de pure race n'a besoin de rien ni de personne, parce qu'il est un microcosme. La femme, si perspicace en matière de secrets vitaux, entrevoit cette fête merveilleuse qu'est l'âme d'un pur intellectuel, ce constant divertissement, cette *féerie* qui se produit chez le penseur. Elle l'entrevoit, aussi veut-elle en savoir plus, ouvrir la tête de l'intellectuel, comme on ouvre une bonbonnière, et assister au spectacle secret de la danse des idées. Quand elle n'y parvient pas, elle se fâche et demande au Tétrarque, comme Salomé, sa décapitation, et c'est elle qui danse avec la tête pleine de danses.

Il y a donc deux classes d'hommes : les occupés et les préoccupés ; les politiques et les intellectuels. Penser, c'est s'occuper avant de s'occuper, c'est se préoccuper des choses, c'est interposer des idées entre le désir et l'exécution. La préoccupation extrême mène à l'apraxie, qui est une maladie. L'intellectuel est effectivement presque toujours un peu malade. Le politique, en revanche, au point où nous en sommes, est un animal magnifique, une physiologie splendide – comme Mirabeau, comme César.

La morale, psychologiquement, représente une préoccupation puisqu'elle implique que nous retenions nos impulsions jusqu'à ce que nous ayons déterminé si elles sont justifiées ou non. Chez l'homme normal, l'acte ne s'accomplit pas si rapidement après qu'il a été désiré, qu'il ne laisse le temps de poser la question de sa moralité, de se demander s'il est bon ou mauvais, de le voir sous son aspect éthique. Mais imaginez le fonctionnement d'une âme impulsive : son premier mouvement n'est pas de voir cet aspect de l'acte, mais naturellement de commencer son exécution. Il y a donc beaucoup d'injustice à parler d'immoralisme parce qu'elle a voulu cet acte incorrect. L'a-t-elle voulu ? C'est-à-dire, y a-t-il eu un instant où elle l'a vu, où elle s'est placée devant lui *dans l'attitude de l'examen* ? C'est ce que fait l'intellectuel, l'homme moral : il examine ses propres actes. Aussi, généralement, ne les exécute-t-il pas. Mais l'impulsif n'a pas ces scrupules d'intellectuel. Ce qu'il y a de premier en lui, c'est déjà l'exécution. D'un point de vue moral, la seule chose qu'on puisse exiger de lui est qu'il se repente, après l'accomplissement de l'action, puisqu'à ce moment-là seulement il peut l'examiner.

N'accusons donc pas d'immoralité le grand politique. Disons plutôt qu'il n'a pas de scrupules. Seulement, l'homme scrupuleux ne peut être un homme d'action. Être scrupuleux est une qualité mathématique, intellectuelle, c'est l'exactitude appliquée à l'estimation éthique des actions. Si l'on observe soigneusement la vie de Mirabeau, de César, de Napoléon, on voit que leur prétendue malhonnêteté n'est que l'inévitable manque de scrupules, propre à tout tempérament activiste et par conséquent impulsif. Lorsqu'il décida d'être scrupuleux – avec le stoïcisme –, le monde antique, qui en tout allait jusqu'aux conséquences dernières, dut choisir comme norme suprême l'*épochè*, l'inaction.

V

La vie d'un grand homme politique change d'aspect dès le

moment où il commence à agir en tant qu'homme public. Dans le lit de la vie publique, aux rives largement écartées, ce torrent vital semble atteindre ses dimensions propres et prendre ainsi un cours au rythme magnifique, fertile et majestueux. Alors, les contemporains ou les lecteurs de la biographie commencent à applaudir ; ils se prennent d'enthousiasme pour l'audace, l'infatigabilité, l'efficacité dans tous ses actes, dans tous ses gestes, la fermeté immuable avec laquelle il supporte l'insulte et résiste à l'attaque, la présence d'esprit dans le gouvernement de soi au milieu de la tempête politique. Mais cet enthousiasme tardif est un peu vil : on loue le fruit après avoir dénigré la semence. Les contemporains ou les lecteurs de la biographie sont injustes avec la jeunesse du grand homme politique, qui est la semence et la racine de sa maturité fructueuse. On veut ignorer qu'il n'a pas attendu, pour être un homme public, que soit venue l'heure où s'est manifestée sa popularité, mais qu'il l'était avant, bien sûr, et que l'agitation et la tournure absurde de sa jeunesse viennent précisément de ce qu'il était déjà par sa constitution organique un homme public et qu'il devait vivre dans le moule étroit de la vie privée. Chez Napoléon, cette douloureuse contraction de la jeunesse est moins visible parce que sa vie est inscrite dans le schéma de la discipline militaire, où une ascension rapide permettait l'expansion graduelle de sa nature. Cependant, un léger retard à un moment de sa carrière produit en lui une telle dépression qu'il est décidé, il l'a dit à un intime, à quitter l'armée française et à passer en Turquie pour y fonder un royaume. Ce fondateur de royaumes imaginaires en Turquie était à l'époque un pauvre officier, à l'uniforme passé, au corps malade, au visage verdâtre et aigu, comme celui d'une fouine, si je me souviens bien, marqué par une gale tenace. En règle générale, cependant, la jeunesse du grand homme politique est une période de turbulence, de précipitation, où sa conduite est parfois proche de la stupidité. Ainsi Thémistocle, Alcibiade, César, Mirabeau. À la fin du Moyen Âge on vit cela mieux que nous et on créa un genre littéraire à part pour chanter la préhistoire tumultueuse des grands hommes. On parla des « Enfances » ; ainsi *Les Enfances Guillaume*,

Les Enfances du Cid.

Toutes ces qualités d'excellence, qui se révèlent à l'heure de la célébrité, supposent du génie, assurément ; mais aussi la base de certaines conditions organiques qui, isolées, paraissent monstrueuses. Tels sont l'impulsivité, l'activisme et l'agitation constante, le manque de scrupules. Le génie chevauche ces conditions organiques ; sans ces capacités psychophysiologiques, qui sont comme des forces brutes et des pouvoirs élémentaires – démoniaques, dirait un ancien –, il n'y a pas de grand homme politique. L'histoire le voit, naturellement, sous la forme d'une statue équestre, et ainsi il fait bonne figure ; mais dans sa jeunesse il montait déjà à califourchon sur de l'air, il était un poulain sauvage sans cavalier. Les pièces de la statue équestre, avant l'ajustage, font deux images monstrueuses.

Le scrupule est une forme de la bonté ; mais ce n'est pas la seule. Il est incongru de l'exiger de l'homme d'action, qui est homme d'action parce qu'il est impulsif. Dans l'action il faut éviter le *piétinement sur place*, ce qu'est le scrupule. Nous pouvons seulement demander à l'homme entreprenant une bonté homogène avec son tempérament : c'est l'autre forme de la bonté, la bonté impulsive, qui ne vient pas d'une délibération, comme le scrupule, mais de l'hygiène native des instincts. Or, il est intéressant d'observer que cette hygiène des instincts, cette générosité abondante, est manifeste dans toutes les biographies de grands hommes politiques et qu'elle permet de distinguer le faux politique de l'authentique, Sylla de César.

Nous ne devons pas non plus être étonnés du penchant au mensonge que révèle la vie de Mirabeau. Nous le surprenons souvent mentant effrontément. Le pur intellectuel est toujours saisi par ce don du mensonge que possède le grand politique. Peut-être, dans le fond, envie-t-il cette tranquillité prodigieuse des hommes publics disant le contraire de ce qu'ils pensent, ou pensant le contraire de ce qu'ils voient de leurs propres yeux.

Dans cette envie, se découvre naïvement la vertu spécifique du bon intellectuel. Son existence réside dans l'effort continu pour penser la vérité et, après qu'il l'a pensée, pour la dire, quelle qu'elle soit, dût-on le mettre en pièces. C'est le maximum d'action qui convienne à l'intellectuel : une action qui est en réalité une passion. L'homme de pensée ne peut pas, ne doit pas aspirer à une autre forme d'héroïsme que le martyre. Le plus grand triomphe est le naufrage, pour cet éternel capitaine de Golgothas à trois mâts comme les brigantins.

Réciproquement, le grand politique est émerveillé par ce service héroïque de la vérité qui informe la vie du bon intellectuel. Cette mutuelle admiration des deux tempéraments opposés est sympathique, comme tout luxe généreux ; mais elle est fondée sur une erreur. Chacun des deux projette sur l'autre sa constitution propre et, au vu des résultats contraires qu'elle produit sur l'autre, chacun d'eux les attribue à un effort gigantesque. Mais, en réalité, le mensonge ne coûte rien au politique, ni la vérité à l'intellectuel. L'un et l'autre émanent naturellement de leur condition différente.

L'intellectuel vit principalement une vie intérieure, il vit avec lui-même, attentif au bouillon bouillonnement de ses idées et de ses émotions. Rien au monde n'a autant de réalité à ses yeux que ces choses intimes. Par là même, il les voit et les distingue avec une inévitable clarté. Il sait à chaque instant ce qu'il pense et pourquoi il le pense, L'idée vraie et l'idée fausse accusent terriblement, sous le regard intérieur, leurs profils contrastés. Il est naturel que le mensonge lui demande un effort énorme, parce qu'il faut nier ce qu'on ne peut nier, il faut aveugler sa propre évidence, substituer à sa réalité intime une autre réalité fictive.

L'homme d'action, en revanche, n'existe pas pour lui-même, il ne se voit pas lui-même. Le bruit du dehors, vers lequel son âme se projette naturellement, ne lui permet pas d'entendre le murmure intime. Faute d'attention et de soins, son être intime s'appauvrit.

Il est surprenant d'observer que tous les grands hommes politiques manquent d'une vie intérieure. On peut dire sans paradoxe qu'ils n'ont pas de personnalité. Ce sont leurs actes qui ont une personnalité, leurs œuvres ; mais pas eux. Pour cette raison – le phénomène est très curieux –, ils ne sont pas intéressants. Pour s'en convaincre, il suffit de citer le juge suprême en matière d'hommes intéressants : la femme. N'est-il pas étrange que les grands hommes politiques, qui sont en définitive les grands triomphateurs de la vie, les maîtres du pouvoir, de la richesse, qui se détachent physiquement et élèvent leur auréole au-dessus du reste des hommes, n'aient jamais obtenu, jamais, de grands triomphes auprès des femmes ? César même ne peut être considéré comme une exception.

Le cas de Mirabeau confirme pleinement cette loi générale. Sa sensibilité le portait sans repos à rechercher la femme. Son audace et sa facilité verbale lui permettaient une chasse rapide de la femme prédisposée à être chassée. Mais ce type de chasseurs de femmes n'a rien à avec le véritable séducteur. L'un et l'autre sont absolument différents, comme sont différentes les femmes sur lesquelles s'exerce leur séduction. Une chose est d'obtenir les faveurs d'une femme et une autre d'absorber entièrement son âme. Celle qui est capable d'accorder ses faveurs est généralement incapable d'abandonner son âme, et *vice versa*. Cette dernière est la femme intéressante, celle qui vit hermétiquement refermée sur sa réserve intime et qui ne peut rien concéder si elle ne concède pas sa vie entière. Mme de Nehra mise à part, qui était une enfant, Mirabeau ne connut que jupons, jupons, beaucoup de jupons.

Cette absence de vie intérieure donne à l'existence privée du grand politique un aspect de relative vulgarité, de grossièreté. Ni ses idées ni ses goûts ne sont nets, originaux, raffinés. Considéré à travers l'optique d'un intellectuel, l'homme d'action vit dans un constant *à-peu-près* intime. À peu de choses près, tout lui est égal, parce que tout lui paraît irréel. L'important, pour lui, ce sont les actes. Quand il ment, en toute rigueur il ne ment pas, parce qu'il ne se sent intimement contraint par rien de déterminé. Les paroles et, dans les paroles, les idées, ne sont pour lui que des instruments. Pour le dire autrement, il n'est pas ses idées ; quand il les déguise, il ne se renie pas, parce qu'il ne consiste pas en elles. À l'inverse, il ne réussira pas à voir la réalité intime des autres ; il ne percevra chez eux que leur côté utilisable. « Je ne veux excommunier personne – disait Mirabeau. En vérité, dans un certain sens, tout m'est bon ; les événements, les hommes, les opinions, tout a une anse, une prise. » L'expression est juste : le grand homme politique voit tout en forme d'anse.

Il ne manquerait plus qu'il eût aussi des conflits intérieurs, lui qui est obligé de résoudre les conflits du dehors ! Il existe heureusement ce que j'appelle un épiderme de grand homme, une peau de pachyderme humain, dure et sans pores, qui empêche la pénétration profonde des blessures douloureuses. Il serait aussi incongru d'exiger du politique l'épiderme d'une princesse de Westphalie ou d'une clarisse.

Impulsivité, agitation, histrionisme, imprécision, pauvreté de l'être intime, épaisseur de la peau sont les conditions organiques, élémentaires, d'un génie politique. Il est illusoire de vouloir l'un sans l'autre, et il est par conséquent injuste d'imputer à vice, chez le grand homme, ses composants indispensables.

Mais il est évident qu'il ne suffit pas de les posséder pour être un homme politique de génie. Il est nécessaire d'ajouter le génie. Quand il fait défaut, ces possibilités ne produisent rien d'autre qu'une figure de proue. Rien n'est plus facile à feindre en effet que la grandeur politique. En définitive, si un intellectuel n'a pas d'idées, il n'arrivera pas à feindre, du moins à feindre bien, une intelligence dont il est dépourvu. Tandis que le grand politique, comme celui qui ne l'est pas, se présentent de même avec le pouvoir public en main. Leur tournure, leur allure sont les mêmes pour l'œil non averti.

À quels signes distingue-t-on, en cette matière, l'authentique du faux ? Il y a des signes, quelques signes ; seulement, il est difficile de les décrire et c'est une tentative qui excède mes prétentions.

Le plus sage, de toute façon, est de ne pas se faire d'illusions, pour cette raison même qu'en politique il est si facile de s'en faire. Moi aussi, parfois, j'arrive à me convaincre que je suis Napoléon parce que, comme lui, mon pouls bat à soixante pulsations à la minute. La confusion dans mon cas n'est pas grave, parce que je ne suis qu'un écrivain.

VI

La politique est une activité si complexe, elle contient en elle tant d'opérations partielles, toutes nécessaires, qu'il est très difficile de les définir sans oublier quelque composant important. Il est vrai que, pour la même raison, la politique, dans le sens exact du mot, n'existe presque jamais. Presque tous les hommes politiques le sont simplement d'une manière partielle. Dans le meilleur des cas, ils possèdent avec une pleine conscience l'une ou l'autre dimension du politique et ils s'en contentent, aveugles aux autres dimensions.

On dira que la politique demande du doigté et de l'astuce pour obtenir des autres hommes ce que nous désirons, et on ne peut nier que, en effet, sans cela, il n'y a pas de politique. Mais évidemment il faut autre chose. Certains, hypersensibles aux défauts de la justice sociale, appelleront politique un credo de réforme publique réalisant plus d'équité dans la coexistence humaine. Et il est indubitable que sans un sens assuré, sans en quelque sorte une passion native pour la justice, personne ne peut être un grand politique. Mais cela est plutôt la portion d'idéal moral que l'homme politique apporte à son action publique. Faire consister la politique en cela, c'est la vider d'elle-même et la remplir d'un pauvre mysticisme éthique. Durant plus d'un siècle, on a commis cette erreur de perspective : on situait au centre du programme un corps de doctrines morales et on ne s'occupait du politique proprement dit qu'en second lieu. D'autres diront que la politique n'est rien de cela, mais un bon sens administratif qui sache gérer, comme une industrie, les intérêts matériels et moraux d'une nation, etc.

Je répète que tout cela et beaucoup d'autres choses doivent être réunis chez un homme pour en faire un grand politique. Il ressemble finalement à un édifice élevé où chaque étage soutient l'étage du dessus. La politique est l'architecture complète, y compris les souterrains. Dans les pages précédentes, j'ai souligné à quel point l'homme public a besoin des qualités les plus étranges, dont certaines d'apparence vicieuse, voire réellement vicieuses. Ce sont les fondations souterraines, les racines obscures qui soutiennent le gigantesque organisme d'un grand politique.

Il m'importait beaucoup de découvrir ces possibilités *démoniaques*, presque purement zoologiques, qui fournissent l'énergie nécessaire au mouvement d'une si énorme machine comme l'est un de ces créateurs de l'histoire. Les traits du Titan n'apparaissent, dans aucune autre figure humaine, aussi accusés que dans le grand politique.

Et le Titan est en même temps plus et moins qu'un homme. Il s'enfonce plus loin que notre espèce normale dans les profondeurs cosmiques, dans l'infra-humain, où ses racines absorbent les substances ignées dont se nourrit toute vie avant d'être Vie, c'est-à-dire organisation, règle, ordre, norme. Et la profondeur de ses fondations lui donne la force de dépasser les limites humaines et d'aller au-delà, d'approcher les étoiles. Dans les figures de Michel-Ange, cette double condition transcendante du Titan apparaît magnifiquement : ses hommes sont déjà un peu des dieux et encore un peu des bêtes.

Or, dans aucun ordre, il n'y a de création sans une certaine dose de titanisme – qui est en vérité l'absence de mesure, le luxe absolu de vitalité.

Il m'importait, dis-je, de le souligner, parce que je ne crois pas possible le salut de l'Europe si l'humanité occidentale ne se décide pas, renversant tousses préjugés et ses simagrées de vieille civilisation, à chercher le contact immédiat avec la réalité la plus crue de la vie, c'est-à-dire à accepter celle-ci intégralement dans toutes ses conclusions, sans faire de manières, sans pudeur artificielle. Des siècles durant, l'Europe s'est obstinée à éviter cette reconnaissance sincère de la réalité vitale. Une hypocrisie radicale nous a conduits à refuser de voir, dans la vie, ce que les morales successives déclaraient indésirable, comme si cela suffisait pour pouvoir l'oublier. Il ne s'agit pas de penser que tout ce qui est, puisqu'il est, *doive être* en outre, mais précisément de séparer, comme deux mondes différents, l'un et l'autre. Il n'est pas vrai que ce qui *est*, sans plus, *doive être*, ni, *vice versa*, que ce qui *ne doit pas être*, sans plus, *ne soit pas*. Aucun autre continent ne m'est montré aussi léger, aussi frivole, aussi puéril que l'Europe pour considérer comme inexistante la fatalité. C'est à cela qu'on doit, en bonne part, la continuelle agitation de son histoire. En adoptant des postures qui ne rentraient pas dans le cadre des conditions inexorables imposées à la vie, on rendait cette dernière impossible et on était contraint de chercher une autre situation, et ainsi de suite. Le calme de l'Asie, sa meilleure assise à la surface de l'existence, vient sans doute d'un manque d'héroïsme et de passion, mais aussi de ce qu'elle se trouve mieux enchâssée dans le support ultime de la vie.

L'Asie est conformiste : pour elle, ce qui est doit être. L'Europe est réformiste : pour elle, ce qui ne doit pas être n'est pas. Si le fait de la coexistence internationale qui caractérise le présent a quelque sens transcendant, ce sera, à n'en pas douter, de rendre possible la complémentarité de ces deux tendances exclusives : la réforme, émanée d'une conformité préalable au réel ; la modification idéale de la vie, partant d'une reconnaissance préalable de ses conditions.

Voilà pourquoi il m'est apparu quelque peu opportun de réaliser un écorché du grand homme politique et de montrer, comme dans une préparation anatomique, ses muscles rouges, ses veines bleues, ses tendons livides.

Mais il est évident qu'aucune de ces forces zoologiques – sans lesquelles le grand politique n'existe pas – ne sont sa politique.

VII

Il y a un sens du mot « politique » qui me semble la cime de son signifié complexe et qui est, à mon avis, le don suprême qualifiant le génie de la politique, en le distinguant de l'homme public commun. S'il ne fallait garder dans la définition de la politique qu'un seul attribut, je n'hésiterais pas à choisir celui-ci : la politique consiste à avoir une idée claire de ce qu'on doit faire dans une nation à partir de l'État.

Prenons l'exemple de l'Espagne, pour éviter de nous mouvoir dans de pures expressions abstraites. Supposons qu'on nous dise : « En Espagne, il faut affirmer le principe d'autorité et il faut faire des économies. » Fort bien, je ne nie pas que ces deux entreprises ne soient pertinentes ; mais je nie que cela soit une politique dans le meilleur sens du terme. Pour une raison, selon moi, décisive : l'autorité et les économies qu'on recommande de faire se font dans l'État espagnol, non dans la nation espagnole. Et cette distinction est, à mon avis, décisive.

L'État n'est rien d'autre qu'une machine située dans la nation pour servir la nation. Le petit politique tend toujours à oublier cette relation élémentaire et quand il pense à ce qu'on doit faire en Espagne, il ne pense en réalité qu'à ce qu'il convient de faire dans l'État et pour l'État. Les économies ne se font pas en Espagne, mais dans l'État, et quelque importance qu'il y ait à réaliser ces économies, elles n'ont en elles-mêmes aucune valeur véritable pour la nation. Pareillement, l'autorité est nécessaire comme condition préalable au fonctionnement de la machine d'État ; mais quand on a l'autorité, on n'a encore rien fait d'important. La question commence quand nous nous demandons : cette machine de l'État, avec les économies réalisées et l'autorité, comment va-t-elle fonctionner, comment va-t-elle agir sur la nation ? C'est le point décisif : la réalité historique effective est en effet la nation et non l'État. Le grand politique voit toujours les problèmes de l'État à travers – et en fonction des problèmes de – la nation. Il sait que l'État n'est qu'un instrument pour la vie de la nation. Inversement, le petit politique, comme il se trouve en possession de l'État, tend à le prendre trop au sérieux, à lui donner une valeur absolue, à méconnaître son sens purement instrumental.

Cette erreur conduit à fausser complètement la question essentielle. Je vois que presque tout le monde – les partisans de l'autorité comme les radicaux – mobilise son intelligence dans cette fausse direction : comment est-il possible de créer en Espagne un État le plus parfait qu'on puisse imaginer ? (Pour le partisan de l'autorité et pour le radical, la perfection de l'État consiste en des qualités différentes ; mais le but est le même, obtenir un État parfait.) Si l'on pense que la perfection de l'État se trouve hors de lui, dans la perfection du corps national, la pensée politique doit prendre la question dans l'autre sens : comment faut-il organiser l'État pour que la nation se perfectionne ?

La distinction n'est ni oiseuse ni utopique. Notre peuple arrive à un point où il se voit forcé d'inventer des institutions ; c'est-à-dire une figure de l'État. La solution variera du tout au tout selon qu'on se trouve disposé à voir le problème sous l'une ou l'autre forme. La Russie et l'Italie ont préféré se tromper et au *lieu d'innover profondément* (les innovations sont d'autant plus profondes, sérieuses et utiles qu'elles sont moins spectaculaires. En politique, le spectaculaire est romantisme, retour au passé ou arrêt dans le passé) elles ont suivi la tradition utopique des deux derniers siècles : elles ont préféré le fantôme éphémère d'un État « parfait » à l'avertir d'une nation vigoureuse et saine. Je désire pour l'Espagne une solution inverse, plus complète et de plus longue perspective. En définitive, c'est la nation qui est vivante. L'État même, dont l'action peut être si féconde sur la nation, se nourrit à la longue des sucs de la nation. La grande politique se réduit à disposer le corps national de manière à ce qu'il puisse *fare da se*. Nous verrons, quand le temps aura passé, le résultat de ces solutions qui se proposent le contraire : suspendre toute spontanéité nationale et essayer de *fare dallo stato*, vivre à partir de l'État.

On pourrait dire qu'un État est parfait lorsque, s'accordant à lui-même le minimum d'avantages nécessaires, il contribue à augmenter la vitalité des citoyens. Si nous faisons abstraction de ce dernier point, si nous nous mettons à dessiner un État parfait en soi-même, comme pur système abstrait d'institutions, nous en viendrons inévitablement à construire une machine qui arrêtera toute la vie nationale. Comme toujours, cette *reductio ad absurdum* nous permet de découvrir l'erreur qui affecte cette direction de la pensée politique.

Dans l'histoire, c'est la vitalité des nations qui triomphe, non la perfection formelle des États. Et ce qu'on doit ambitionner pour l'Espagne en un moment comme celui-ci, c'est de trouver des institutions qui arrivent à contraindre au maximum de rendement vital (vital, non pas seulement civil) chaque citoyen espagnol.

Mais on comprend la difficulté énorme qu'enferme la politique quand elle s'engage dans ce sens excellent. Elle suppose des idées claires et précises sur la situation historique des Espagnols, sur les vertus qu'ils possèdent (et qu'ils ont même en excès) et sur celles qui leur manquent, sur la structure sociale effective de notre pays. Face à des sujets si délicats, on trouve une avalanche de lieux communs de café et on est angoissé de voir le nombre extrêmement rare des personnes qui y ont pensé sérieusement et directement.

VIII

On ne reprochera pas à l'auteur de cet essai la tendance à intellectualiser la figure du politique. Je me suis bien plutôt efforcé de souligner ce qui en fait une espèce d'homme opposée à celle de l'intellectuel. Seulement, on le voit maintenant : si dans ses fonctions organiques et dans son mécanisme psychologique le politique est la formule inverse de l'homme destiné à la pensée, il ne sera pas un grand politique s'il ne possède pas une politique de haute mer, de puissante envergure, de longue distance, s'il n'a pas eu la révélation de ce qu'il faut faire, dans une nation, avec l'État. Or, une telle clairvoyance est l'œuvre de l'entendement et il semble par conséquent illusoire de croire que le politique puisse être un politique sans être en même temps, dans une large mesure, un intellectuel.

Cette touche d'intelligence qui, comme un feu de Saint-Elme, couronne la figure énergique de l'homme d'action est, à mon avis, le symptôme qui distingue le politique éminent du ridicule petit gouvernant commun. Les autres composants en effet, sans aucun doute brutaux, qui constituent le support vital, le socle psychophysiologique, apparaissent en beaucoup d'individus. Presque tous les hommes d'action les possèdent. Mais c'est là l'erreur, à mon avis : croire qu'un politique est tout simplement un homme d'action sans voir que c'est le type d'homme le plus rare, le plus difficile à obtenir, précisément parce que les caractères les plus antagoniques doivent s'unir en lui, la force vitale et l'entendement, l'impétuosité et la vivacité d'esprit. De l'esprit absolument clair, un étrange fluide se répand alors sur les puissances inférieures servant à l'action, qui les baigne et les fertilise, leur prêtant une grâce élevée, une élasticité et un rythme si assuré qu'elles écartent d'elles la grossièreté, la barbarie qui les constituent.

En cela, comme eu tout ce qui se réfère au politique, César est le meilleur exemple. Son profil prodigieux peut valoir comme paradigme du genre et de la dose d'intelligence qu'on exige ici du grand politique. Qu'on le compare à Marius, à Pompée, à Marc Antoine, splendide série de fougueux animaux humains. Il leur manque à tous la petite flamme de Saint-Elme que produit sur les cimes la combustion de l'esprit. Aucune vision, aucune prévision chez eux. Ils sont d'énormes automates sous le poids du Destin. Le Destin ne tombe pas du dehors sur César, il est en lui, c'est lui qui le porte et qui est le Destin. En cela, en effet, réside la maîtrise suprême octroyée à l'esprit. Comme toute chose dans l'univers l'esprit aussi est soumis au Destin. (Ce qui n'est pas Destin n'est que frivolité.) Seulement, l'esprit voit ce Destin, il le transperce et le traverse avec le dard de l'intelligence. Comprendre c'est saisir. Le Destin compris, le Destin saisi, c'est le Destin domestiqué. César l'attache à son flanc comme un cerbère docile.

César est un cas exemplaire d'acuité intellectuelle. Personne à son époque ne voyait dans la situation autre chose que des problèmes apparemment insolubles. César a vu la solution claire, rayonnante, féconde. Et cette solution reposait simplement dans une compréhension rigoureusement analytique de ce qu'était la société romaine à ce moment-là ; de ce qu'elle pouvait être, de ce qu'elle ne pouvait plus être. Comme presque toutes les grandes solutions, celle-là prit un aspect paradoxal. Les maux de Rome – tout le monde, et les conservateurs les premiers, insistait sur ce point – venaient de la fabuleuse expansion à laquelle le pouvoir romain en était arrivé. Aussi les conservateurs demandaient-ils qu'on renonçât à tout accroissement nouveau. La solution de

César – que les temps ont confirmée par une expérience millénaire – fut strictement le contraire : l'élargissement illimité, l'empire universel, l'inclusion dans la sphère romaine de l'Occident intact encore – qui était alors, face aux vieilles nations orientales, la terre nouvelle, l'Amérique des Anciens.

Seulement, cette solution qui, tel un médicament, se laisse réduire en une formule si simple, suppose une ample analyse de la situation historique à laquelle Rome était arrivée, une pesée minutieuse des forces composant la société, une visée audacieuse et résolue qui permît de voir la forme de l'État romain, encore en vigueur, installée, consacrée, comme une misérable survivance du passé. Selon moi, ce pouvoir de reconnaître ce qui est mort dans ce qui semble vivant est la caractéristique éminente du génie politique.

Dans le cas de César, je le répète, cette intuition de ce qu'il faut faire avec l'État dans une nation se trouve à découvert et sous une forme paradigmatique.

Chez Mirabeau, qui montre en lui si ostensiblement la force titanesque du politique, cet élément d'inspiration apparaît moins évidemment. Il ne lui a pourtant pas manqué. Nous avons déjà remarqué sa certitude, son assurance quand il pénètre immédiatement le Destin de la France. Seulement, en 1780, ce qu'il y avait à faire avec l'État dans la nation était relativement peu de chose. La nation avait atteint un moment de pleine santé, de richesse morale et matérielle. Cinq, six siècles de travail avaient placé dans l'histoire active la presque totalité du peuple français. La civilisation, pénétrant de strate en strate, avait fécondé presque jusqu'aux dernières couches de la société. Ce qu'il y avait à faire avec l'État était très simple : l'ôter, le réduire à sa plus petite expression, l'interposer le moins possible entre les individus, faire de lui en quelque sorte l'image virtuelle de la société même se regardant dans le grand miroir de l'autorité. Ce fut la Démocratie – le gouvernement de la société par la société.

César avait davantage à faire. Il était nécessaire, avec l'État, de réorganiser la société elle-même. Sa mort prématurée ne lui a permis que de commencer la trajectoire correspondant à ses prévisions, mais malgré quelques infidélités ici ou là, c'est en accord avec ces prévisions que se fit la politique de l'Empire, qui peu à peu forma une société nouvelle (Les successeurs de César furent cependant incapables d'innover à fond et l'Empire, pour cette raison, est né blessé déjà à mort. Le problème de l'Europe, aujourd'hui, si elle veut survivre, revient à éviter une solution comme celle de l'Empire romain).

Selon moi, le cas de l'Espagne actuelle pose un problème de nature semblable. Ce qu'il y a à faire n'est pas tant, ni essentiellement, un État *ad hoc* – comme au temps de Mirabeau – qu'une société nouvelle. Pour cela, bien sûr, un État nouveau est nécessaire ; seulement, la mission qu'il doit remplir-et qui doit orienter l'esprit quand il aspire à inventer cet État ne se trouve pas dans l'État lui-même, mais dans ses effets, c'est-à-dire dans la transformation de la société espagnole actuelle, pratiquement paralysée, en une nouvelle société dynamique.

Cette situation n'est pas particulière à l'Espagne. Avec des facteurs adjacents tout à fait distincts, qui obligeraient à prendre en compte de grandes différences, la situation est la même dans les autres nations d'Europe. À l'inverse de ce qui se passait en France vers 1780, elles manquent toutes de possibilités pour affronter l'existence actuelle. Ce sont des peuples très vieux, et la vieillesse se caractérise par l'accumulation des organes morts, des matières cornées ; les ongles poussent, les cheveux, les callosités, au détriment du nerf et du muscle. Des parties entières de l'organisme se sont ankylosées. Ainsi va l'Europe, navire chargé de lest déposé dans ses flancs et sa quille par un long passé. Difficile navigation ! Il faut alléger le navire ; revenir à l'évidence, à l'essentiel – être pur muscle et nerf et tendon. La réforme doit d'abord être celle de la société, afin d'obtenir un corps public au plus haut point élastique, capable de sauter sur les continents –

Amérique, Asie, Afrique.

Une telle entreprise sera-t-elle possible ? Il est du moins évident qu'il n'y a pas, à l'horizon visible de l'Europe, le type d'homme politique capable d'inspirations assez fines qui mettent sur la piste de ce qu'il faut faire. À mesure qu'avance l'histoire d'un peuple ou d'un groupe de peuples, la figure du vrai politique devient plus insolite. La raison de cela n'a rien de mystérieux. Dans les premiers âges, les sociétés, sans passé derrière elles, ont une structure plus simple et leur analyse est plus facile. L'homme d'action n'a pas besoin d'une grande vigueur intellectuelle pour découvrir ce qu'il y a à découvrir. Mais avec le progrès des temps, la société se complique et les politiques doivent être toujours plus des intellectuels, qu'on le veuille ou non. Or, la difficulté d'unir l'un avec l'autre, l'improbabilité que les deux opposés coïncident chez le même homme augmentent progressivement. Au point que, à un certain moment, à la dernière heure, à l'heure la plus grave, quand ils seraient le plus nécessaires, on ne les trouve pas. Quand on a eu la curiosité de suivre les derniers siècles de Rome, on remarque ce fait tragique : on ne voit plus de grand politique. Au lieu de reconnaître la nécessité d'unir la force avec l'intelligence, on fait des essais exclusifs, en accentuant à l'extrême les qualités de force, et on cherche de purs hommes d'action. Ainsi s'explique-t-on qu'en ces temps où Rome est moribonde, quand il eût été plus opportun d'avoir un César, on ne trouve qu'un Stilichon, un soldat.

Tous les essais, qu'on fait aujourd'hui en Europe comme alors à Rome, sont vains pour tirer en avant des nations enlisées, en éliminant de leur direction l'intelligence. Dans une tribu primitive, voire dans un peuple sain et simplement barbare, le dessein serait peut-être efficace, mais dans des sociétés très anciennes, la prétendue simplification des questions et des méthodes n'est pas la meilleure recette.

Il convient de donner un nom à cette forme d'intelligence qui est le composant essentiel du politique. Appelons-la l'intuition historique. Il suffirait, en toute rigueur, de la posséder. Mais il est très peu vraisemblable qu'elle puisse apparaître dans un esprit qui n'aurait pas été stimulé préalablement par d'autres formes d'intelligence complètement étrangères à la politique. César, lorsqu'il traverse les Alpes en litière, compose un traité d'Analogie, comme Mirabeau écrit en prison une Grammaire et Napoléon, dans son campement sur la neige russe, le minutieux Règlement de la Comédie-Française. Je le regrette beaucoup, mais la vérité m'oblige à dire que je ne croirai jamais aux dons d'un politique dont on n'a pas entendu dire ce genre de choses. Pourquoi ? C'est très simple. Ces créations supplémentaires et superflues sont le symptôme sans équivoque que ces hommes connaissaient la *jouissance intellectuelle*. Quand un esprit jouit de son propre exercice et ajoute à l'allure obligée le saut luxueux – comme le muscle de l'adolescent qui complique la marche par le saut pour le pur plaisir de jouir de sa propre élasticité –, c'est qu'il s'est complètement développé, qu'il est capable de tout comprendre.

Qu'on ne prétende pas exclure du politique la théorie, la vision purement intellectuelle ; l'action doit être en lui précédée d'une prodigieuse contemplation : c'est ainsi seulement qu'elle sera une force dirigée et non un torrent stupide ravageant le fond de la vallée. Le maître Léonard l'a dit joliment il y a cinq siècles : *La teoría è il capitano e la prattica sono i soldati.*

Déjà parus

Omnia Veritas Ltd présente :

LE SILENCE DE HEIDEGGER ET LE SECRET DE LA TRAGÉDIE JUIVE

par

ROGER DOMMERGUE

POSER LA QUESTION DU SILENCE DE HEIDEGGER

Un souci de vérité synthétique motive ce long exposé

Omnia Veritas Ltd présente :

J'ai mal de la terre

par

ROGER DOMMERGUE

Il ne reste qu'une seule valeur digne d'être exprimée : la souffrance de l'âme et du cœur

… votre diagnostic est compatissant mais implacable

Omnia Veritas Ltd présente :

VÉRITÉ ET SYNTHÈSE
LA FIN DES IMPOSTURES

par

ROGER DOMMERGUE

Seul le peuple élu appartient à l'essence même de dieu…

… les autres hommes sont assimilés à des animaux

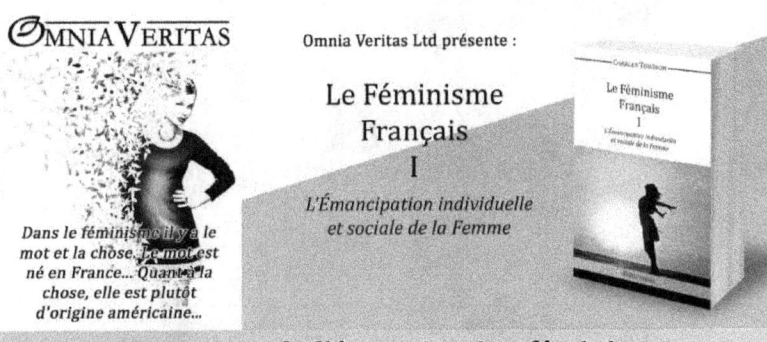
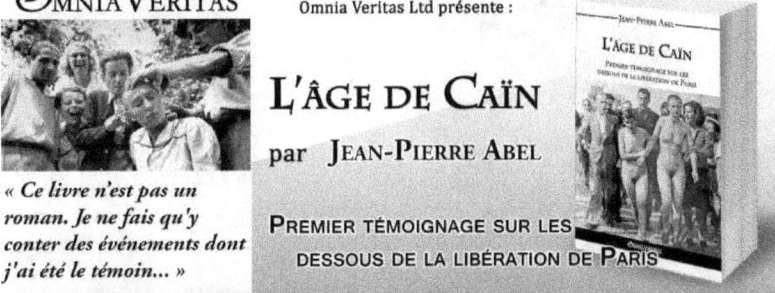

www.omnia-veritas.com

www.ingramcontent.com/pod-product-compliance
Lightning Source LLC
Chambersburg PA
CBHW050131170426
43197CB00011B/1797